军队重点院校和重点学科专业建设教材

水面舰艇指控系统原理

主　编　宁小玲
副主编　傅　冰　刘　健　童继进

西北工业大学出版社

西　安

【内容简介】 本书系统地论述了现代舰艇指挥控制系统诸多方面的问题。全书内容共 5 章,在水面舰艇指控系统基本概念和工作流程的引导下,阐述了水面舰艇指控系统的信息来源、数据融合和目标综合识别、作战辅助决策、多传感器管理和武器控制,系统地构建了水面舰艇指控系统的理论框架。

本书内容丰富,可以作为水面舰艇指控系统相关专业本科生和研究生的教材或教学参考书,也可作为从事水面舰艇指控系统研发工作的工程技术人员、部队装备研制管理和使用人员的参考读物。

图书在版编目(CIP)数据

水面舰艇指控系统原理 / 宁小玲主编. — 西安:西北工业大学出版社,2022.8
ISBN 978-7-5612-8348-6

Ⅰ.①水… Ⅱ.①宁… Ⅲ.①水面舰艇-指挥控制系统 Ⅳ.①U674.7

中国版本图书馆 CIP 数据核字(2022)第 160107 号

SHUIMIAN JIANTING ZHIKONG XITONG YUANLI
水 面 舰 艇 指 控 系 统 原 理
宁小玲　主编

责任编辑:王梦妮		策划编辑:孙显章	
责任校对:胡莉巾　吕颐佳		装帧设计:李　飞	

出版发行:西北工业大学出版社
通信地址:西安市友谊西路 127 号　　邮编:710072
电　　话:(029)88491757,88493844
网　　址:www.nwpup.com
印刷者:西安浩轩印务有限公司
开　　本:787 mm×1 092 mm　　1/16
印　　张:12.25
字　　数:321 千字
版　　次:2022 年 8 月第 1 版　　2022 年 8 月第 1 次印刷
书　　号:ISBN 978-7-5612-8348-6
定　　价:68.00 元

如有印装问题请与出版社联系调换

前　言

舰艇指控系统是指舰艇上用于作战指挥和武器控制的指挥控制系统。其配置在舰艇作战部位，处理来自舰艇预警探测系统、武器系统、综合导航系统等的信息，为指挥员提供战术情报数据，辅助指挥员进行舰艇的对空、对海、对岸、对潜、电子对抗作战，实施指挥控制，一般由作战指挥系统和火力控制系统两大分系统组成。

在强调精确打击的信息化现代战争中，作为水面舰艇作战系统装备的重要组成部分之一，舰艇指控系统具有无可替代的巨大作用。世界舰艇指挥与控制已经有 80 余年的历史，目前正在向网络中心战系统方向发展。未来的舰艇指控系统除具备舰艇指挥和火力控制系统最基本的要求之外，还应当适应未来海上信息化作战的需求，既要保持和发挥单个武器平台的作战能力，更要发挥整个作战网络中的所有软、硬武器的作战能力。

舰艇指控系统运用了数学、系统工程、控制论、运筹学、计算机科学、模式识别与人工智能等多个学科的许多理论方法以及技术原理，使得指挥与控制学科成为应用新理论、新技术、新方法最广泛且最敏感的学科之一。舰艇指控系统涉及的基础理论广泛、专业知识丰富、工程实践要求高。笔者根据多年的教学工作与科研项目实践经验，尽量吸收近年来该领域国内外的最新科研成果汇编本书，其目的是为舰艇火力指挥与控制工程专业本科生及系统工程专业硕士研究生提供一部内容覆盖面较广、理论上有一定深度、综合实践性较强的教材及其他相关专业学习参考书。

本书共 5 章。第 1 章为舰艇指控系统概论，主要介绍舰艇指挥控制系统的基本概念，并概述现代舰艇指挥控制系统的发展趋势。第 2 章为信息源，主要介绍舰艇指控系统的主要信息源，包括目标测量信息、导航气象信息以及卫星和数据链信息等。第 3 章为情报信息处理，主要介绍航迹处理、信息融合、目标综合识别等相关的理论与方法。第 4 章为作战辅助决策，主要介绍与作战指挥有关的辅助决策的概念、辅助决策系统的组成与结构、辅助决策基本模型及求解技术。第 5 章为多传感器管理与武器控制，主要介绍火控系统中的武器通道组织、传感器管理、火力与电磁兼容控制等基本原理和方法。

在编写本书的过程中，笔者参考和引用了许多专家、学者的著作、教材和论文，在此对相关作者表示衷心感谢。在编写本书的过程中，笔者得到了兵器工程学院舰艇指挥与火力控制教研室同人的诸多帮助与支持，深表感谢。尤其感谢主审刘忠教授，他明确了书的定位并提出了修改的意见、建议。感谢石章松院长、傅冰主任以及刘健副教授对本书内容体系的把关。

由于水平有限，并且现代舰艇指控系统的理论和工程实践均在不断发展，书中难免有疏漏与不足之处，恳请读者批评指正。

编　者
2021 年 11 月于海军工程大学

目 录

第 1 章 舰艇指控系统概论 ·· 1

   1.1 指挥与控制 ··· 1

   1.2 指挥控制系统 ·· 9

   1.3 舰艇指挥控制系统 ·· 11

   1.4 舰艇编队指挥中心 ·· 19

   1.5 现代舰艇指挥控制系统的发展趋势 ·· 24

第 2 章 信息源 ··· 29

   2.1 目标测量信息 ·· 29

   2.2 导航气象信息 ·· 53

   2.3 其他信息 ·· 57

第 3 章 情报信息处理 ·· 65

   3.1 航迹处理 ·· 65

   3.2 信息融合 ·· 85

   3.3 目标综合识别 ··· 101

第 4 章 作战辅助决策 ·· 115

   4.1 辅助决策的概念 ··· 115

   4.2 辅助决策系统的组成与结构 ·· 121

   4.3 辅助决策基本模型及求解技术 ··· 126

第 5 章 多传感器管理与武器控制 ··· 141

   5.1 武器通道组织 ·· 141

   5.2 传感器管理 ··· 144

   5.3 火力兼容控制 ·· 162

   5.4 电磁兼容控制 ·· 165

   5.5 反舰导弹武器控制 ·· 169

参考文献 ·· 189

第 1 章 舰艇指控系统概论

指挥控制系统是现代作战体系的"大脑"和"神经中枢",是分散的作战系统的"黏合剂",是作战效能的"倍增器"。指挥控制系统经历了从无到有、从简单到复杂的循序渐进、逐步发展的过程。中国海军舰艇作战指挥系统的研制始于 20 世纪 60 年代,经过数十年的努力,中国舰艇作战指挥系统已经发展了数代,形成了一套完整的体系,并达到了系列化、模块化、通用化和规范化,如 ZKJ 和 ZKT 系列的作战指挥系统、ZBJ 和 ZKB 系列的编队作战指挥系统等,在舰艇作战指挥系统的总体技术水平上,中国已跻身于发达国家的行列。

本章首先介绍指挥与控制的相关概念、指挥与控制方式、结构以及过程模型,接着介绍指挥控制系统的组成、功能和特性等,这有助于理解舰艇指挥控制系统的定义、功能、系统组成以及工作过程,并简单地阐述编队指挥中心的概念,最后概述现代舰艇指挥控制系统的发展趋势。

1.1 指挥与控制

1.1.1 指挥与控制的概念

指挥与控制是指主体为达到一定目的,而对客体进行的支配、调度和操纵。

指挥是主体通过定性谋划和定量计算制订出行动方案并将该方案付诸实施的过程,控制则是施控者影响和支配受控者的行为过程。

控制的前提是受控对象有多种可能的行为状态,有些合乎目的,有些不合乎目的,由此产生了控制的必要性,那就是追求和保持那些合乎目的的状态,避免或消除那些不合乎目的的状态。如果对象只有一种可能状态,则没有控制的必要。控制是施控者的主动行为,施控者应有多种可供选择的手段,不同手段作用于对象的效果不同,由此产生了控制的可能性,就是选择适当的手段作用于对象。因此,控制是施控者选择适当的控制手段作用于受控者,以期引起受控者行为状态发生目的性的变化。

一个完整的指挥过程包括分析问题→制订方案→优选方案→执行方案,如果执行的结果不符合主体的要求,就需要重新分析问题→制订方案→优选方案→执行方案,第二次指挥过程实际上是主体对客体的控制,如此不断往复,体现了指挥和控制相互关联、相互依存的关系。正是由于指挥与控制的这种交叉性、不可分离性,理解指挥和控制应当作为一个整体来看待,即指挥与控制。

指挥控制在美国国防部(United States Department of Defense,DOD)军事辞典中的定义是：在完成使命任务中行使合适地赋予指挥官指派兵力的权威,通过由指挥员在计划、协调和兵力控制中对人员、设备、通信、资源和过程的配置来实现指挥控制功能。

从以上的定义可体会到指挥控制具有以下属性：

目的性——目标是完成使命任务；

有限性——权威的有限和被支配的资源的有限；

匹配性——权威和职责是平衡的。

1.1.2 指挥与控制方式

在主体制订方案后,还需要选择适当的控制方式或策略。指挥与控制是一种策略性行为。同一方案或任务可以采用不同的控制策略加以实现,形成不同的指挥与控制方式。

1. 简单方式

所谓简单方式(亦称开环方式),是主体根据实际需求和对于客体在指挥与控制作用下的可能结果的认识,制订适当的指挥与控制方案或指令作用于客体以实现控制目标。简单方式如图1-1-1所示。

图1-1-1 简单方式

简单方式的特点是主体单一,任务简单,只下达命令,不检查执行结果。它的有效性依赖于对方案的科学性和对忠实执行命令的品质的完全信任,即使发生某些外部干扰,但在不影响整个任务完成的情况下,客体仍然按照既定目标执行任务。

在很多情况下,指挥员对完成某一特定任务的兵力进行简单指挥与控制。如为了保证某一任务的秘密进行,指挥员下达作战任务后,指挥员和所属下级兵力在执行任务过程中不进行通信联络,保持无线电沉默,以保证不被敌对方发现己方的行动。也就是说,在作战过程中,简单方式并不产生反馈。这种方式在信息技术不发达的20世纪50年代至60年代战争中常被使用。

2. 前馈方式

在许多情况下,外界对系统的干扰不能忽略不计,即使受控对象能忠实地执行指挥与控制指令,存在的干扰也会使指挥与控制无法达到预定要求。在制订计划之前,必须首先着眼于消除或减少干扰的影响来制订指挥与控制策略,这就是所谓的"防患于未然"的策略。即在干扰对系统造成重大影响之前,能够预测干扰影响的性质和程度,计算和制订出足以抵消干扰影响的控制策略,并施加于受控对象。

前馈方式在作战指挥活动中得到了大量运用。在作战过程中,前馈方式的指挥与控制过程如图1-1-2所示,指挥人员在作战过程中,如果需要改变或调整行动计划,都需要事先预计各种可能发生的事件,并进行一定的推演,实际上就将未来可能产生的各种干扰因素都作为提前量加入行动计划的制订之中。这种行为实际上体现了前馈方式在指挥与控制中的运用。

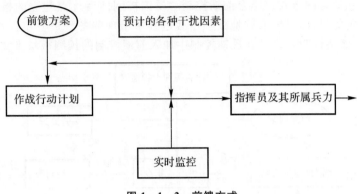

图 1-1-2　前馈方式

3. 反馈方式

在指挥与控制过程中,外部环境是千变万化的,每种因素都有可能对指挥与控制结果产生影响,且这些因素的性质和数量各不相同,所需要的补偿方案也千差万别,使得指挥与控制方案的制订需要考虑的问题非常复杂。前馈控制的前提是精确了解各种战场因素的性质和战场的规模,但在实际作战过程中,这往往做不到。即使主体能够精确地预测客体所在环境态势的发展,但如果在某一环节,由于态势变化过大,主体事实上很难进行前馈补偿。在这种情况下,就需要采取反馈控制策略。这种控制策略并不需要在制订计划之初就预先抵消各种干扰的影响,而是通过实时监测受控体在干扰影响下的行为表现,把它量化,并与控制任务要求的目标值相比较,形成误差,根据误差的性质和程度来制订控制方案,施加控制作用,达到指挥与控制的目的。

反馈方式如图 1-1-3 所示。图中的上半部分相当于一个简单控制方式,控制作用产生一个结果,这个结果与干扰影响造成的结果被一道测量,通过下半部线路方向送回输入端,与目标值进行比较,形成误差,根据误差确定新的控制作用,如此反复施加控制作用,直到误差消除为止。

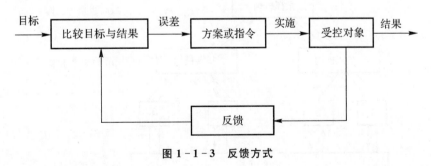

图 1-1-3　反馈方式

反馈原则是控制论的灵魂,是控制论的核心。信息、反馈、控制是有效的指挥与控制策略,也是在实际生活中得到广泛应用的一种指挥与控制方式。特别是当存在模型不确定性和不可测量的扰动时,反馈式指挥与控制能够实现较高的品质要求,典型的指挥与控制模型通常都是反馈式的。

4. 前馈与反馈相结合的方式

前馈与反馈相结合的方式是结合前馈控制和反馈控制两者优点建立的指挥与控制方式，既有利于实现预定的目标，又能有效地处理作战过程中出现的各种突发事件和紧急情况。如图 1-1-4 所示，该类控制方式是在反馈控制中加入前馈控制的预测模块来实现的。

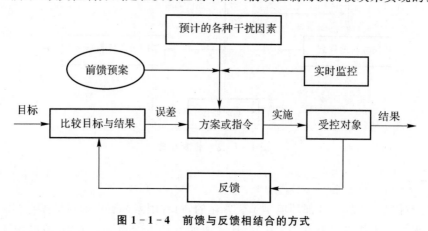

图 1-1-4　前馈与反馈相结合的方式

1.1.3　指挥与控制结构

1. 层次化结构

指挥与控制命令的传递、信息的反馈是在一定的逻辑结构下实现的。较为典型的指挥与控制的组织结构是层次化指挥与控制结构，层次化结构一般是根据指挥与控制的隶属关系来构建的，如图 1-1-5 所示。

按照级别的高低、通过层次化的关系组织作战，保证了指挥与控制指令能够自上往下地贯彻执行，更重要的是，保证本级任务规划是依据上一级的任务来制订的，使整个指挥与控制过程不至于出现混乱的局面。

层次化指挥与控制关系体现在具有两个或两个以上级别的指挥机构的指挥与控制过程中。尤其是在传统的作战指挥与控制过程中，能够较好地体现出层次化指挥与控制的结构。

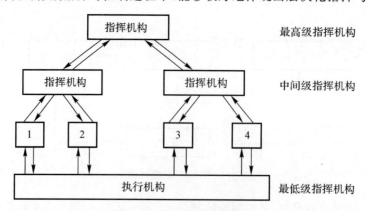

图 1-1-5　层次化结构

层次化指挥与控制结构的优点是：
(1)保证了各种信息的有序性流动；
(2)分散了决策功能,便于指挥实体对布局情况的掌控；
(3)在某一级控制功能受阻的情况下,不影响下一级指挥实体的运行。

2. 集中式结构

集中式结构的特点是所有的指挥与控制命令来自唯一的指挥机构,如图1-1-6所示。这种结构的优点是保证了指挥指令的一致性和唯一性,便于指挥与控制指令的校验,便于指挥机构直接了解客体的各种情况；缺点是如果指挥机构出现问题,则整个指挥与控制系统就无法正常运转。解决这一问题的办法是建立一个备份的指挥机构,若当前的指挥机构出现问题,则自动切换到备份指挥机构。

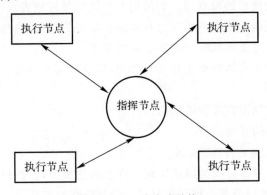

图1-1-6　集中式结构

3. 网络式结构

网络式指挥与控制结构是随着网络技术、计算机技术的发展而逐步发展起来的。网络式指挥与控制方式也就是所谓的以网络为中心的指挥与控制,其结构如图1-1-7所示。

指挥与控制的网络结构产生了大量的信息,需要每一个指挥与控制节点都具备强大的信息处理能力,同时要求整个系统具备较强的通信容量。指挥与控制的网络结构的特点是：
(1)每一个指挥与控制节点可以直接指挥与控制其他执行节点。
(2)每一个指挥与控制节点可以得到任何执行节点的相关信息。
(3)其中任何一个节点出现问题,都不会影响到整个系统的运行,这种结构使得指挥与控制具有优异的稳定性。
(4)每一个指挥节点都可以充分调用网络中的各种资源,便于从整体上优化资源分配。

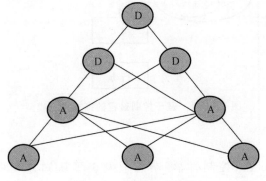

图1-1-7　网络式结构

1.1.4 指挥与控制的概念模型

概念模型是对真实世界活动进行概念抽象与描述,并运用语言、符号和框图等形式,对抽象出的概念进行有机组合而形成的。形成概念模型需要人为地对真实世界(人、物、事等)进行处理,抽取它们的本质特征(如结构特征、功能特征、行为特征等),并把这些特征用各种概念采取一定的形式精确地描述出来,然后,根据概念之间的相互关系,进行有机的组合来共同说明研究的问题。

概念模型是连接真实世界与仿真世界的桥梁,在许多情况下,概念模型常常只存在于开发人员的头脑中,或隐含在程序中,很难得到重用,而且,概念模型的描述也常常出现许多不一致的现象,以至于严重影响模型的逼真度。如何把概念模型显式地表现出来,如何进行一致性的描述,使得概念模型真正成为真实世界与仿真世界相联系的桥梁,是建立概念模型的关键。

对于真实世界来说,建立概念模型的主要目的如下:

(1)用于研究客观世界实体的动作和交互作用,以提高模型和仿真的互操作性和重用性。

(2)确定权威信息源。

(3)继承来自各独立知识获取源的信息。

(4)规范开发与维护的管理过程。

(5)建立一套能广泛应用的概念模型。

长期以来,对指挥与控制过程的描述出现了许多描述模型,但都只突出指挥控制的某一属性,难以有所突破,根本的原因是指挥与控制过程的复杂性和非线性。下面给出几种典型的指挥与控制描述模型。

1. 控制论解释模型

1981年,J. S. Lawson 提出了一种基于控制过程的指挥控制模型,如图 1-1-8 所示。模型的主要不足是对人的作用描述不够,以致在应用中受限。

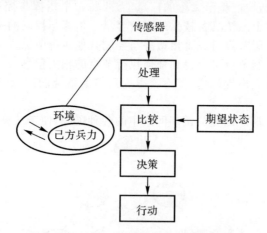

图 1-1-8 基于控制过程的指挥控制模型

2. 认知过程模型

1981年,J. G. Wohl 在《控制科学》杂志上发表了认知过程模型 SHOR(Stimulus, Hypothesis, Option, Response),即激励→假设→选择→反应模型,如图 1-1-9 所示。建立

该模型采用了传统的结构化分析方法,分析了指挥与控制过程中的业务流程和信息走向,建立了指挥与控制过程的数据流图。由于 SHOR 具有良好的可操作性,在指挥与控制模型被广泛采用。

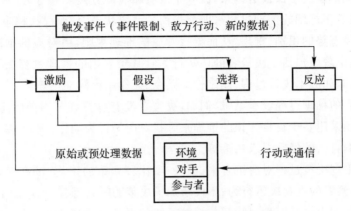

图 1-1-9　Wohl 的指挥控制模型 SHOR

由于采用的是结构化分析方法,认知过程模型突出了对指挥与控制过程中认知活动的描述和解释,但对指挥与控制过程的特点反映不足。

3. 能力层级模型

1983 年,Rasmussen 在《控制科学》杂志上发表了人类思维在管理控制领域中的能力层级模型。该模型对指挥与控制领域的建模产生了较大的影响。Rasmussen 所构建的能力层级模型的核心是将人对外界的反应划分为三个层级:环境感知级、环境认知级和任务执行级。该模型使简单的行为刺激反应、基于规则的认知推理和基于经验知识的处理有机地相互融合起来。能力层级模型如图 1-1-10 所示。

Rasmussen 所建立的指挥与控制过程能力层级模型对指挥与控制过程中人的思维活动进行了自然分割,以更接近人类思维的方式来建立指挥与控制模型,更便于对指挥与控制过程进行结构描述和行为刻画。

按照 Rasmussen 的说法:在决策过程中,人的思维活动是一项繁重的工作,决策者总是试图将认知过程努力最小化。Rasmussen 对能力层级模型具体应用过程的描述体现了他的这一说法的正确性。

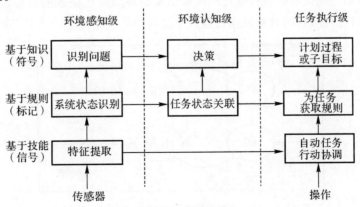

图 1-1-10　能力层级模型

决策者首先对传感器获得的数据进行信号识别,以便在最低级的基于技能的层次采取相应的行动策略,基于技能的反应策略是不需要推理过程的,类似于纯反应式行为。

如果基于技能的反应层次没有结果,就等于没有相应的直接反应行为,那么决策过程将转到下一阶段,应用基于规则的推理过程来匹配当前的系统状态,从而寻找相应的反应行为。该阶段包含了对环境态势的识别、推理,从而寻找对应的推理规则,由对应的推理规则产生一系列的行为动作,这个阶段包括了决策者的认知行为。基于规则的推理过程在军事指挥与控制领域是广泛存在的,如战术决策过程、制定作战条令、操作流程标准化等。

如果基于规则的推理过程没有结果,例如,决策者没有寻找到与当前状态项关联的规则,那么决策者就必须采用基于自身知识的推理来寻找对应的行为动作,例如,基于自己的第一反应作出决策或根据自己的经验寻求决策等。

基于知识的推理决策过程对决策者来说是一项比较繁重的工作,没有现有的决策结果支持,完全变成了决策者的主观决策行为,不仅增加了决策的时延,同时也增加了决策的风险。

Rasmussen的能力层级模型对指挥与控制系统的设计具有巨大的影响,它为决策支持提供了基础,纠正了很多人为的错误处理模型,为指挥与控制系统的分析与设计提供了方法学。

4. OODA 环模型

John R. Boyd 根据在朝鲜战场和越南战场的空战经验,于1987年总结并提出了描述指挥与控制过程的 OODA(Observe,Orient,Decide,Act)环模型,即作战过程的观察→定位→决策→行动模型,也称为指挥与控制环,如图1-1-11所示。

在递交给国防部的简报中,Boyd只对定位过程(Orient)进行了详细的描述,对其他三个过程则仅仅做了简单说明。Boyd对定位过程的描述是:定位作为观察的结果,是用图像、视图或者印象来描述外部世界的。判断则是一个多方面的交互过程,包括了历史传统、文化传统、以往经验以及当前环境信息等的交互参考、相互关联和相互影响。定位属于整个循环模型中的关键技术,它决定着如何去观察、如何进行决策以及采取何种行动。观察过程就是通过与环境的交互,从中获取需要的环境信息。同时观察过程还接收从定位过程、决策过程以及行动过程反馈的内部控制信息,以便获取更有效的环境信息。决策过程就是从多个与环境态势相对应的对策假设中做出选择的过程,决策过程常要接受定位过程的内部控制,同时对观测过程产生内部控制。行动过程是通过执行选定的决策结果与环境发生交互的过程,行动过程接受定位过程与决策过程的控制,同时对观察过程产生反馈。

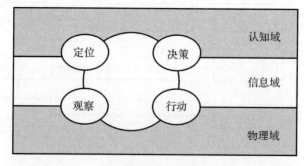

图1-1-11 传统指挥与控制过程的OODA环模型

OODA 环模型的提出对指挥与控制系统的体系结构产生了深刻的影响,同时该模型也被广泛用于针对作战指挥人员的各种教材。可以说,OODA 环模型已经成为描述军事指挥与控制的一种通用模型。

OODA 环模型特别强调速度特性,对此,Boyd 的描述是:为了获得胜利,必须以比对手更快的速度或节奏来完成 OODA 循环,或者破坏掉对手的 OODA 循环。

在 OODA 环模型中,OODA 环具有周期性,周期与作战兵力规模、空间范围、作战样式有关,一个周期的结束是另一个周期的开始,OODA 环以嵌套的形式关联。如在舰队作战系统中,最小的 OODA 环是近程武器系统的火力闭环控制环,在单舰层级上有舰艇指挥与控制环 OODA 环,在编队层级同样有相应的 OODA 环,这些指挥与控制环相互嵌套,内环周期短,外环周期长。

OODA 环模型克服了 J. G. Wohl 基于认知科学的模型和 J. S. Lawson 基于控制过程的模型的不足,得到了广泛的应用,此模型在解释指挥控制战中敌我互动关系时比较成功。

1.2 指挥控制系统

1.2.1 相关定义

在控制系统标准《舰艇及其装备术语指挥控制系统》(GJB 175.5—1987)中,指挥控制系统的定义是:根据分配的任务,指挥员对所属部队实施作战指挥、控制所必需的设备、软件和人员的总称,常简称指控系统,又称 C^2(Command,Control)系统。

在现代作战体系中,指挥控制系统是其"大脑"和"神经中枢",是作战效能的"倍增器"。

1.2.2 指挥控制系统的主要功能和特性

指挥控制系统是海军军事电子信息装备的核心装备,是进行现代战争不可缺少的指挥手段和工具,是获得信息优势、决策优势、行动优势的关键因素,其功能和特性是指挥控制系统的基本素质。

1. 指挥控制系统的主要功能

指挥控制系统的功能取决于系统的应用背景及应用需求。不同的系统功能不尽相同,指挥控制系统的基本功能如下。

(1)情报接收与处理功能。接收来自上级、下级、友邻指挥控制系统的信息以及直属各种探测/侦察设备采集的信息,并进行归一化处理、过滤、相关、综合/融合、质量评估、威胁判断,形成战场态势,并存储、分发、显示等。

(2)作战指挥辅助决策功能。为帮助指挥员科学决策、定下决心,需要进行一系列方案计算,给出辅助决策方案。例如,根据当前敌我态势和作战原则,进行对空/对海目标攻击方案计算(攻击布势图、兵力选择与配备、进入/撤出时间和地点、作战效果评估等),以供指挥员选择等。

(3)软、硬武器的火力控制功能。在作战指挥的基础上,系统组织运用软、硬武器的种类和数量,提供给相关武器系统以相应的目标指示,甚至控制武器的发射。有时还需实施虚拟校射修正、闭环校射以及对武器的导引等。

(4)模拟训练功能。系统提供各种训练手段与案例,如纯模拟、模拟加实兵、模拟对抗等,对作战指挥人员熟练系统的操作、深化对系统功能的理解、检验作战预案及训练作战协同等是十分有效的。

2.指挥控制系统的特性

指挥控制系统是海军军事电子信息系统的核心,主要特性如下:

(1)自动化的信息感知、传输、处理;

(2)指挥人员主导决策;

(3)闭环作用过程;

(4)多功能设备集成;

(5)系统功能可塑;

(6)系统规模可重组。

1.2.3 编队作战指挥体系的模式

指挥控制系统按照不同的分类方法,可分为以下几种。

指挥控制系统按照指挥级,可以分为战略级、战役级和战术级指挥控制系统;按指挥类型可分为单一军兵种指挥控制系统、多兵种合成指挥控制系统和多军(兵)/多国联合作战指挥控制系统。战略和战役级指挥控制系统还可按作战编成和业务需要,划分为若干"中心",如作战指挥中心、情报中心、信息作战中心、通信中心、火力中心、气象中心等,尽管这些"中心"系统也是相应要素的指挥控制系统,负责相关作战业务的计划、协调、组织、指挥,但是,作战指挥中心是这些"中心"的中心,担任着真正的作战指挥控制任务,其他各"中心"则担任作战保障和作战支持的任务。

指挥控制系统按照载体形态,可分为舰载、机载、车载、地面固定式等指挥控制系统。

指挥控制系统按系统控制对象还可分为两类:一类是以下级指挥机关和部队为主要控制对象,系统将战场态势信息转化为指挥员的方案、决心、计划、命令等作战指挥信息,例如战役以上指挥控制系统;另一类则是以武器兵力为主要控制对象,将战场态势信息和打击毁伤信息转化为兵器兵力控制信息,例如陆军旅以下指挥控制系统、导弹旅指挥控制系统、舰艇指挥控制系统等。

美军指挥控制系统分为战略指挥控制系统和战术指挥控制系统。战略指挥控制系统如JC2(2006年前称"联合指挥控制系统"),美陆军战术指挥控制系统主要由军、师级以及旅和旅以下部队使用的二级作战指挥系统(含单兵)组成。

海军战术指挥控制系统分为岸基战术指挥控制系统和海上战术指挥控制系统。岸基战术指挥控制系统主要包括舰队、基地、水警区、舰队航空兵、岸基反潜战等指挥控制系统。海上战术指挥控制系统主要包括编队旗舰指挥中心系统、各类舰载指挥系统和舰载武器控制系统。旗舰指挥中心系统是海上战术数据管理系统,由战术数据处理系统、综合通信系统和数据显示系统等组成。

美空军战术指挥控制系统主要由战术空军控制系统、空军机载战场指挥控制中心、空中机动司令部指挥与控制信息处理系统等组成。

1.3 舰艇指挥控制系统

1.3.1 定义及分类

根据国军标,作战系统是指军用平台上用于执行警戒、跟踪、目标识别、数据处理、威胁估计及控制武器完成对敌作战功能的各要素及人员的综合体。军用平台可以是作战舰艇、飞机、坦克等,例如舰艇就是海军最重要的一类作战平台,它包括船体及其所属的推进系统、电力系统、辅助系统、损管系统、船体属具及舱室设施,以及操作使用这些专业系统和设备的相关人员。舰艇作战系统包括除舰艇作战平台以外的其余专用系统和设备,它是以指挥控制系统为核心的,主要包括各种不同类型及用途的侦察探测传感器分系统、导航分系统、通信分系统、战术数据链,也包括导弹、舰炮、鱼雷等杀伤性武器及其发射装置、水声对抗和电子对抗器材及其发射装置,以及操作使用这些专用系统、设备和武器的相关人员。可见,作战系统是非常复杂的人-机结合的大系统。

舰艇指挥控制系统是舰艇上用于作战指挥和武器控制的指挥控制系统,简称"舰艇指控系统"。它配置在舰艇作战部位,处理来自舰艇探测设备、武器系统、导航系统等的信息,为指挥员提供战术情报数据,辅助指挥员对舰艇的对空、对海、对岸、对潜、电子对抗作战实施指挥控制。它一般由作战指挥系统和火力控制系统两个分系统组成。

作战指挥系统(Combat Command System)完成综合作战情报,拟定作战方案,分配武器以及目标指示等功能。火力控制系统(Fire Control System),亦称武器控制系统(Weapon Control System),其主要功能是控制射击武器或投掷武器自动地实施瞄准与发射。

舰艇指挥控制系统按装备对象分为舰用指挥控制系统、艇用指挥控制系统和潜用指挥控制系统等,还有完成特殊使命的如猎扫雷指控系统等;按作战指挥和武器控制的体系结构的不同,分为分散式舰艇指挥控制系统、集中式舰艇指挥控制系统、分开式舰艇指挥控制系统以及分布式舰艇指挥控制系统。舰用指控系统一般采用舰长统一指挥下的对海、对空、反潜三个方面,作战军官分工负责对海作战、对空作战、反潜作战的组织指挥和作战资源综合使用的指挥模式,艇用和潜用指控系统一般综合了指挥控制武器。

1.3.2 功能及性能

1. 舰艇指控系统的功能

舰艇指控系统的功能包括基本功能以及其他辅助功能。

(1)基本功能包括以下三个方面。

1)情报收集与处理。自动收集舰艇雷达、声呐、光电、电子侦察等探测设备的目标信息,识别设备的识别信息,数据链等通信网络获得的情报信息,导航设备的本舰位置以及姿态等信息,实时进行多传感器信息融合与目标综合识别处理,形成并实时显示本舰战场态势。

2)辅助决策。对目标进行威胁判断,制订对空、对海、对潜单方面作战及多方面综合作战方案,并进行优选,确定打击目标,进行目标指示,辅助舰艇指挥员对本舰艇实施作战指挥,协调与控制作战过程。

3)火控解算。进行火控解算,修正各种影响,求取目标运动参数和武器射击诸元,控制本舰艇武器进行抗击。

(2)辅助功能包括以下几个方面。

1)通信功能。通信是指挥的手段,可靠、畅通的通信系统是指控系统发挥效用的保证。通信系统负责完成多个战斗单位之间的联系。它必须具备以及时、准确、持续的方式处理日益增加的信息的能力。

系统能通过数据链和常规的通信设施实施内外通信。通过数据链可与岸上指挥部、编队内舰艇和飞机自动交换数据，保证协同作战和信息共享；能通过内部通信系统和各种显示装置，实施通信指挥。

2）辅助导航功能。系统能随时给出己舰和目标的位置、预测位置、最佳攻击阵位、规避航向和编队运动所要求的机动要素。

3）信息记录和重演功能。系统具有自动记录和重演战斗、训练和试验中的各种信息的功能，以便积累资料和分析总结。

4）模拟训练功能。系统通常能模拟信息工作状态，可自行生成目标环境的模拟信息、模拟负载、状态反馈乃至作战效果等，以供日常调试、检测和训练使用。

5）检测和诊断功能。系统能对其设备（或模块）的工作状态自动进行检测和故障诊断及处理（或自动修复，或提供故障性质及定位显示等），以提高系统的可靠性和可维修性。

舰艇指控系统是舰艇作战系统的核心，它将舰艇作战系统的设备和分系统综合成一个优化的有机整体，可同时处理与跟踪数百批甚至数千批目标，构成多个武器通道，同时控制多种武器抗击不同层次、不同批次、不同方向的目标，使作战系统更加自动化、反应更快、精度更高、通道组织更加灵活、综合优化利用了各类作战资源，环境适应能力更强，抗干扰能力在一定程度上也得到了提高，同时具有良好的战术辅助决策及火力控制功能和一定的"智能"，还具有通信和数据链管理、模拟训练和记录重放等功能，如图1-3-1所示。

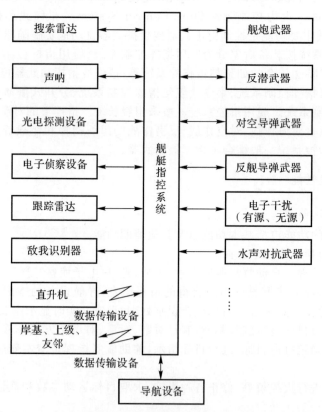

图1-3-1 舰艇指控系统与舰艇作战系统中其他设备的关系图

舰艇指挥控制系统的出现,使舰艇传统的指挥方式发生了很大的变革,指挥员的战位从舰桥(或驾驶室)转移到舰艇作战指挥室,从显控台屏幕上直接掌握战场态势,根据系统的作战辅助决策,选择作战方案,下达作战命令,协调战术行动。新的指挥方式要求舰艇指挥员具有较高的现代科技水平和现代化的指挥能力。

2. 系统性能

系统性能可由度量系统能力的指标集表示,该指标集与系统的使命和任务有关。理想状态的系统指标应分为系统设计指标、试验指标和使用指标。目前,一般系统并没有明确区分这三类指标,具体包括信息处理能力、目标综合识别能力、指挥控制能力、系统使用特性以及环境适应能力等,以下列出各种度量能力的主要指标。

(1)信息处理能力。信息处理能力包括信息处理容量(包括接收处理的目标批数、融合后的目标批数、显示目标批数)、信息处理精度[包括距离、方位、高度(深度)、航速、航向]、稳定跟踪概率、虚情率、漏情率、信息更新频率等。

(2)目标综合识别能力。目标综合识别能力包括:识别出我方、中立方、敌方的正确率和不明目标率,目标类型识别能力(正确判定空中、水面目标,区分大、中、小型舰艇的正确率,将水下目标区分为潜艇、鱼雷、水雷的正确率,辅以目标特征数据库,可进一步识别目标的身份,如机号、舷号、弹雷型号等)。

(3)指挥控制能力。

1)协同作战能力。协同作战能力包括支持协同作战能力和协同作战指挥能力。

A. 支持协同作战能力包括接收上级系统发来的目标态势信息和作战命令(接收信息类型及正确率),上报本系统及所属各设备的运行状态与工作方式、传感器武器指向、武器余弹数以及本系统所辖信息源须上报的融合后目标态势信息。

B. 协同作战指挥能力包括传感器管理与控制能力(所辖相同共用传感器数量、类型,传感器协同共用组网时间)、武器共用控制管理能力(所辖相同共用武器数量、类型,对空武器协同、对海武器协同、对潜武器协同、电子对抗武器协同、水声对抗武器协同的共用组网时间)。

2)辅助决策能力。辅助决策能力包括威胁判断能力(判断威胁的可信度)、辅助战术计算能力(辅助战术计算的时间、距离、方位、航向、航速等要素的分辨率和计算结果正确率)、决策方案制订能力(决策方案生成时间、可行性)。

3)信息分发管理能力。信息分发管理能力包括信息分发方式、类型、正确率,网络设备传输时延,指挥控制系统处理时延的能力。

4)网络传输控制能力。网络传输控制能力包括信息传输延迟(网络平均传输时延、网络最大传输时延)、网络容量、网络管理控制能力(网络组网时间、重组时间)、信息传输可靠性(包错误率、包丢失率)。

5)目标指示能力。目标指示能力包括目标指示范围、目标指示反应时间、目标指示批数[包括对空、对海(含水下)、对岸,抵近干扰、电子防御、水声对抗等的目标指示批数]、目标指示精度(包括对空目标、对海面目标、对水下目标的指示精度)。

6)目标捕获和跟踪能力。目标捕获和跟踪能力包括捕获概率,跟踪传感器从接收到目标指示到稳定跟踪的时间、距离、舷角、高低角。

7)引导能力。引导能力包括以下几方面:

A. 飞机引导能力:引导战斗机批数、指挥引导直升机批数、引导成功概率(精确引导成功率、概略引导成功率)、登陆艇引导能力(指挥引导登陆艇批数)。

B. 无人航行器的指挥控制能力:对无人机、无人水面艇、无人潜航器同时指挥控制批数,操控等级。

C. 打击效果评估能力:目标毁伤程度等级。

8)武器控制能力。武器控制能力指控制电子对抗、舰对舰导弹、舰对空导弹、舰炮、鱼雷、深弹、水声等武器,包括通道组织数、武器的工作方式和状态、武器的发射(开火)时间、制导控制命令和参数、武器的转火和停火时间。

9)打击目标能力。打击目标能力包括目标类型、同时打击目标批数、连续打击目标批数、可打击目标的性能(范围、速度、机动目标、水面目标、水下目标的概率)、目标种类识别(对空中目标区分为飞机、直升机、导弹的正确率和机动性等)。

10)系统安全级水平。系统安全级水平包括网络传输信息系统的安全等级要求、主机信息系统的安全等级要求、指控应用信息系统的安全等级要求。

(4)系统使用特性。

可靠性:在某任务剖面任务完成规定功能的可靠度、规定值、最低可接受值。

保障性:系统使用的可用度、规定值、最低可接受值。

维修性:故障平均修复时间(h)。

测试性:故障检测率、故障检测虚警率、故障隔离率。

安全性:系统不存在大于某风险指数的危险,其他危险源处于可控状态并具有相应的报警提示;电磁兼容性与火力兼容性;系统信息安全等级。

(5)环境适应能力。环境适应能力包括系统各设备在某级海况下不损坏,在某级海况下正常使用;在特定范围温度、湿度、能见度等气象条件下正常使用。

1.3.3 系统组成

舰艇指控系统包括指挥系统和武器控制系统(亦称火控系统)。其分界(界面)是目标指示接口。但是,综合程度高的指控系统难以从硬件上区分两个分系统的界面,或者其就是一个有机的系统。其战术技术性能和自动化程度主要取决于应用软件的质量和水平,因此,软件是舰艇指控系统的灵魂。

舰艇指控系统由情报编辑台、战术指挥台、数据库机柜、大屏幕显示器、指挥桌、网络设备、火控台、机柜等组成。

情报编辑台主要用于收集各类情报信息,并进行信息融合与目标综合识别处理,形成战场态势。

战术指挥台主要用于舰长或作战副长、方面作战军官按照分工进行综合作战指挥决策、对空/对海/反潜等方面作战的指挥决策,以及战场态势研究,一般为单人台。

指挥桌一般为会商式的多人桌,供舰长、情电长使用。

大屏幕显示器为舰长、作战副长、方面作战军官等提供区域大、高清晰的战场态势等显示。

火控台供各种武器的火控解算及操作控制使用。

指挥员和操作手借助于显控台上的态势显示器、表页显示器、键盘、跟踪球、光笔、功能键、鼠标等设备进行人-机对话或对作战过程干预,以实现作战指挥和对武器的指挥控制。网络设备为连接各显控台、数据库机柜、接口机柜等设备的军用或商用高速网络以及与编队其他舰艇通信、与舰载直升机通信的数据链设备。接口设备用于系统内外的对接,实现信息适配功能。数据库机柜用于存储各类作战用数据信息。

图1-3-2为某型具有群指挥功能的舰艇指控系统示意图,它由若干个作战指挥台(桌)、情报台、综合控制台及配套机柜组成。作战指挥台包括舰艇群指挥台。本舰作战指挥台、辅助指挥台、综合控制台可分别控制导弹、舰炮、电子对抗、鱼雷、深弹等软硬武器。登陆舰艇综合指挥控制系统还包括登陆指挥桌、直升机引导台和登陆艇引导台。系统的台位可根据舰艇的作战使命、传感器、武器的数量来决定,也可根据系统状态设定的原则动态定义。

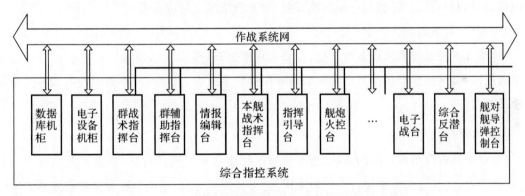

图1-3-2 某型具有群指挥功能的舰艇指控系统示意图

1.3.4 主要工作过程

系统一般有三种工作方式,即战斗、训练、检查。训练工作方式是模拟训练设备或各台位的模拟训练模块驱动系统运行,其他流程和操作与战斗工作方式相同。检查工作方式是专门的系统,包括设备状态检查、通道接口检查、系统精度检查、系统功能检查、系统联动检查等。以下主要描述战斗工作方式的工作过程。

1. 情报处理

接收上级和友邻指挥所发来的情报信息、群所辖兵力情报信息、本舰各传感器情报信息,进行数据融合,形成综合的战场态势描述。

2. 本舰(艇)作战指挥

(1)情报编辑战位根据作战任务分类编辑作战态势,观察战场态势和本舰工作状态,进行情况分析和态势判断,给出辅助指挥决策方案,进行战术决策,组织控制搜索传感器警戒、搜索目标。

(2)战术指挥战位监视并干预作战过程,下达作战命令,提取打击目标,组织武器通道,进行目标指示,完成对空、海、潜及两栖支援作战指挥。

(3)火控战位操控所分配的跟踪传感器捕获、跟踪目标。

(4)舰炮火控台完成弹道、气象修正,求取舰炮射击诸元,控制舰炮开火、转火、停火,必要时完成虚拟校射和射击偏差修正。

(5)反潜战位完成求解鱼雷射击参数,计算鱼雷的有利提前角和占领有利阵位的操舰参数,完成鱼雷射击参数的设定,发射鱼雷。

(6)电子对抗战位进行无源干扰,并发送建议规避航向和航速;操控电子对抗设备进行电子侦察、目标分选,向战术指挥台发送威胁目标的参数、电子对抗设备的工作状态;选择干扰方式和无源干扰弹弹种,控制干扰弹发射。

(7)导弹火控战位对弹装定导弹射击诸元、雷达波门、海情、平飞高度等信息,对导弹进行射前检查,控制导弹正常发射(可单射或齐射)和紧急情况下的应急发射。

(8)通信、导航组织。

(9)综合指控系统要求设备综合化、自动化程度更高,搜索传感器和跟踪传感器的操控不设单独战位,搜索传感器的操控由情报编辑战位操作手负责,跟踪传感器的操控由火控战位操作手负责。

3. 兵力指挥

(1)对于具有群指挥功能的系统,需要根据作战使命和意图,制订一套或多套作战计划和方案,并上报,按批准的方案实行。一般来说,过去的作战方案、平常训练和演习形成的方案均保存在数据库中,如作战任务相似,可采用修改方式形成新方案。战前一般均会拟制多套作战预案。

(2)组织所辖兵力监视、探测,组织协调无线电通信。

(3)充分收集战前和作战过程中的各种情报,分析并判断情况,根据当前情报和战场态势,所辖各飞机、舰艇的工作状态(位置、武器等),制订作战实施计划和方案,系统操作人员根据指挥员的命令,进行战术计算,给出辅助决策方案。

(4)指挥引导飞机、舰艇群完成侦察预警、电子干扰、对空防御、对海突击、反潜、突击上陆(包括垂直着陆和超越登陆)、水雷战等任务。

(5)指挥本舰所辖飞机或舰艇完成搜救、运输等任务。

(6)后勤综合保障管理。

4. 典型运行流程

舰艇指控系统根据使命和任务有许多不同的运行流程,图 1-3-3 和图 1-3-4 所示分别为某典型的舰艇群指挥舰群指挥流程以及本舰指挥控制流程。

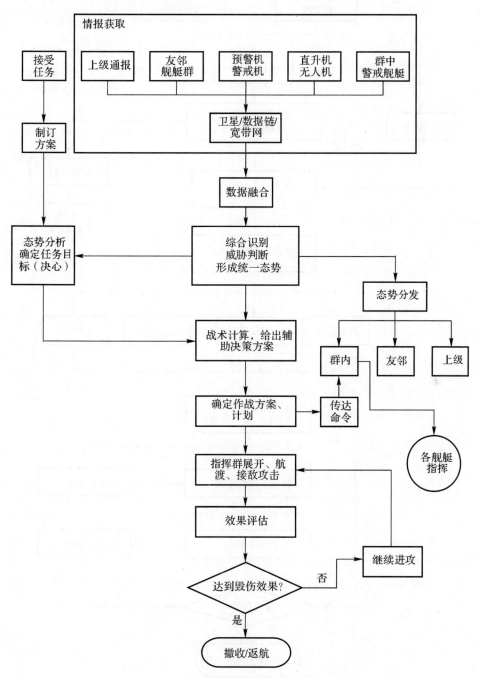

图 1-3-3　舰艇群指挥舰群指挥流程示意图

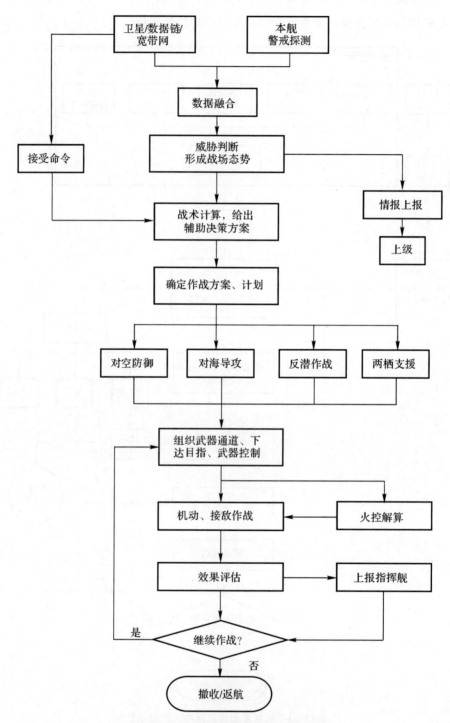

图 1-3-4 本舰指挥控制流程示意图

1.4 舰艇编队指挥中心

1.4.1 编队系统

依据系统论的观点,编队是一个系统,可称为编队作战系统(简称"编队系统")。从编队作战使用的角度来看,编队系统是由人和各型舰艇平台(单元)构成的有机系统,舰艇平台是由人和武器系统构成的子系统,间接地编队系统是由人和武器系统构成的作战系统。该系统必须具备能够摧毁敌方的作战系统或迫使其丧失战斗能力,有效地保护己方系统免受攻击和摧毁等功能。

对于编队系统,可以根据研究的需要进行不同的划分,形成不同的子系统。编队系统可以看成是参与战役(或战斗)系统的子系统,也可以看成是只针对某一具体作战任务而建立的系统。编队系统不仅包含大量的武器装备系统组分,更包含了许多由"人"介入的决策、指挥行为,拥有了由编制编成等形成的组织形式。例如,可将编队系统划分成由各单舰子系统组成,也可将编队系统划分为信息获取系统、通信网络系统、指挥控制系统、火力打击系统等若干子系统。对其中的子系统还可根据需要进一步划分,直至不用再分解或者无法分解为止。例如,对于编队系统中的火力打击系统,还可细分为对海火力打击系统、对空火力打击系统、对潜火力打击系统、对岸火力打击系统等,对空火力打击系统还可再细分成舰空导弹武器系统、舰炮武器系统等,舰炮武器系统又可分解为中口径舰炮武器系统、密集阵武器系统、弹炮合一武器系统等。由于编队系统的复杂性,这些子系统的边界可能是模糊的,不同的问题可能会有不同的划分甚至可能会有交错。因此,认识编队系统,既要有整体意识和层次意识,从整体出发进行考虑,也要根据研究问题的不同,正确地确定层次和确定子系统的范围和边界。

一个编队系统无论其组成与结构如何复杂,都由信息获取系统、通信网络系统、指挥控制系统、火力打击系统(包括电子战系统)四个要素(子系统)组成,这四个要素相互依赖,缺一不可,共同形成一个具有特定功能的编队系统,如图1-4-1所示。

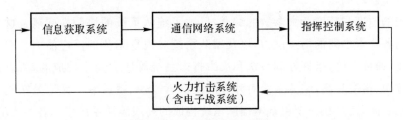

图1-4-1 编队系统示意图

对一个编队系统来说,系统的输入是"信息流",输出为"能量流"。"能量流"的大小体现了编队的攻防能力。一个编队系统功能正常发挥,是以作战流程稳定、顺畅的运转为前提的。作战流程是一个由信息流、控制流、能量流等综合形成的流程,其中,信息流起主导作用,它表现为信息从信息获取系统经过通信系统、指挥控制系统到达火力打击系统,控制火力打击系统对目标实施打击,从而实现了编队系统的功能。

既然编队系统是一个由人和武器装备构成的有机系统,那么,武器装备的性能与人的战斗能力的有机结合,就构成了编队作战系统这一动态系统的性能。性能反映了系统功能的强弱,但对编队作战组织具有指导意义的参数,主要是系统的速度、精度、广度和可靠性。

速度反映在编队作战系统的各个方面,如编队的机动速度、信息的传递速度、作战系统的反应速度和决策速度等。速度决定着编队作战行动的效率,并最终体现在编队的火力效应上,即能否在最短的时间内将编队的能量流释放出来。在构建一个编队系统时,追求高速的系统性能应是指挥官普遍遵循的原则。

精度是衡量编队系统作战效能高低的重要指标。精度的价值最集中地反映在编队的探测精度、编队内武器的命中精度、信息的分辨率和传输的精确度上。系统的精度越高,其作战效能越高。

广度是反映编队作战系统在作战行动中,在空间上所表现出来的能力。它主要表现为作战系统的视距、火力打击距离、通信距离和作战半径等。其中最基本的是作战系统的视距和火力打击距离。广度这一参数又可引申出另一个概念,即编队系统边界。

编队系统边界分为视距边界和火力打击边界。视距边界反映了信息获取系统的信息搜集能力,即信息获取系统能在多大范围发现和掌握敌人的情况,从而在这一范围内为指挥员提供足够的情报,以定下战斗决心。火力打击边界反映了编队系统能在多大范围内对敌实施火力打击。这两个边界不一定相等,在这种情况下,作战系统究竟能在多大范围内发挥它的功能,需先确立另一个概念,即编队系统的有效边界。也就是说,编队系统只有在这一边界内才能有效地发挥其功能,超出这一边界,系统本身就无能为力。这一边界的大小是取视距边界和火力打击边界两者中的最小值。这里只对编队系统本身进行分析,不考虑编队外的引导问题(如果考虑编队外的引导问题,这一概念也是成立的)。

可靠性是反映编队系统功能发挥稳定程度的一个重要指标。系统的可靠性强,编队系统功能的发挥将是完全的、稳定的、持久的;反之,则是有限的、间歇的。一个普遍的规律是,编队系统的复杂程度越高,系统可靠性越低。系统各要素的关系如果是串联的,那么它的可靠性就要低于各要素以并联关系构成的编队系统的可靠性。可靠性问题是编队系统构成和组织编队作战必须高度重视的问题。

编队系统的速度与精度两大参数的综合,反映了编队系统的协调性问题。这主要是指构成编队系统的各要素之间的衔接能力,以及编队系统对战场态势的反应能力。因为系统是由信息获取系统、通信系统、指挥控制系统和火力打击系统等四大要素构成的,所以信息在系统内部流动得越快、精度越高,编队系统对外界的反应就越快、越灵敏。无论是在基本编队系统内的兵力单元之间,还是在一个由基本编队系统构成的高级编队系统中的各兵力群之间、突击兵力与保障兵力之间和各级指挥所之间,在信息交换、兵力机动及火力打击等方面的协调能力,最终都可以从速度和精度两个方面加以衡量。

1.4.2 编队指挥舰

舰艇编队是一支远离基地的独立作战部队,因此它既要保持与岸基司令部直至最高军事当局的联系,又要保证对编队中的水面舰艇、潜艇、预警机、作战飞机、侦察机和卫星通信系统的不间断联系。编队本身还要具有很强的攻防能力——防空、反潜、反舰和电子战的功能,实现对整个编队的指挥是通过舰艇编队的指挥舰进行的。由此可见,指挥舰必须配备功能强大的 C^3I(Communication,Command,Control and Intelligence)系统。

所谓舰艇编队指挥舰,顾名思义就是编队指挥官担任编队指挥任务所在的舰。编队指挥舰是整个编队的核心,而指挥舰的 C^3I 系统又是指挥舰的灵魂。每当谈到舰艇编队,总会想到旗舰、指挥舰、指挥所这三个军语。大约在 16 世纪中叶,就已经在海战中使用旗舰来指挥舰队作战了。旗舰以指挥官的位置而定,它本身可以是任意一种舰艇,并无特殊之处。但在特混编队中,旗舰往往由火力最强的舰担当。指挥舰是指挥舰艇编队的指挥员所在的舰艇,该舰艇具有功能强大的信息采集、数据处理、通信系统和显示功能。这种舰艇既有专职指挥舰也有兼职指挥舰。指挥舰是第二次世界大战中为适应欧美海军在欧洲和太平洋登陆作战中的需求,确保各种协同兵力能在两栖作战指挥官的统一指挥下密切配合,进行协同登陆作战而必须建立一套完善的指挥通信系统,因此便产生了以通信为主的指挥舰,指挥所则是指挥员在指挥舰上对兵力实施作战指挥的机构。从发展的角度讲,旗舰是指挥舰的雏形,旗舰也可充任指挥舰,指挥舰是指挥所的载体。这就是三者简单的内涵及外延关系。

通常,舰艇编队指挥舰不是专职的,而是由编队中如航空母舰、巡洋舰、驱逐舰等大中型水面舰艇兼任。唯有美国出于远洋战略目的,分别于 1967 年和 1969 年动工建造了"蓝岭"级两栖指挥舰。"蓝岭"级指挥舰仅建造了两艘,其中"蓝岭"(BLUERIDGE)号是美国第七舰队指挥舰,另一艘"惠特尼山"(MOUNT WHITNEY)号是美国第二舰队指挥舰。第三舰队指挥舰是"科多纳多"号,第五舰队的指挥舰(旗舰)是"拉萨尔"号,这两艘分别由两型两栖船坞运输舰改装而成。第六舰队的旗舰是"贝尔纳普"(BELKNAP)号导弹巡洋舰。总之,世界上所有的海军舰艇编队中,只有美国有两艘专职指挥舰,其他国家(包括美国的其他下级节点形式的舰艇指挥舰或旗舰)皆为兼职指挥舰。通常情况下,指挥舰(旗舰)是由舰队中吨位最大、C^3I 系统性能最好的舰艇充当的,如在 1982 年的马岛战争中,英国特遣舰队的旗舰是"竞技神"号轻型航母。以美国海军的第七舰队而论,在"蓝岭"号服役之前曾担任过旗舰的有"罗彻斯特"号重型巡洋舰、"衣阿华"级的 4 艘战列舰、"海伦娜"号重型巡洋舰、"圣波尔"号重型巡洋舰、"普罗维登斯"号导弹巡洋舰、"俄克拉荷马"号轻型巡洋舰等。但是,兼职指挥舰上装备的软、硬武器多,电子设备之间产生干扰严重。随着高技术兵器性能的进一步提高,尤其是在现代化的两栖作战中,兼职指挥舰不能满足由多兵种参加的作战需求,因此美国海军推出了"蓝岭"级专职指挥舰。可是,令人颇为费解的是"蓝岭"级指挥舰已服役 1/4 个世纪,至今还是孤家寡人,没有衍生,更无其他专职指挥舰出现。尽管如此,无疑"蓝岭"级专职指挥舰的建成、服役,标志着舰艇编队指挥中心实现了全面的现代化。诚然,在两栖作战中需要两栖指挥舰,但是考虑到经费等因素,在英、法、俄、意等国家,两栖指挥舰都由船坞登陆舰一类的两栖战舰兼顾。法国的"闪电"级船坞登陆舰兼作两栖作战的指挥舰,舰上设有最新的指挥、通信设备。英国拟发展的"海神之子"级船坞登陆舰将装备大量的电子设备,以便充当舰艇编队的指挥舰。俄罗斯的"伊万·罗戈夫"级船坞登陆舰、意大利的"圣·乔治奥"级船坞登陆舰都兼作两栖作战的指挥舰。为了适应现代化登陆作战的需求,船坞登陆舰、两栖攻击舰装载了诸如气垫登陆艇和直升机等,进一步加强了突击能力。据悉,日本从美国购置了 2 艘气垫登陆艇(LCAC),拟装在它的新船坞登陆舰上,用以增强其登陆作战的机动性和突击能力。日本拟发展的新船坞登陆舰也设置了前后贯通的直升机起降甲板,为直升机垂直登陆、垂直补给、警戒、侦察和火力支援等提供两栖作战保证,借此实现两栖指挥的功能。

1.4.3 编队指挥中心

一般地说,在舰艇编队指挥舰(旗舰)上装备的战术旗舰指挥中心(Tactical Flagship Command Center,TFCC)即为编队指挥舰(旗舰) C^3I 系统,也称为编队指挥中心。这三个术语是一回事,只是称谓不同而已。通常 TFCC 具有强大的指挥控制功能。按照美国海军现行的指挥体制,海军控制系统(Naval Command Center Systems,NCCS)由临时舰队指挥中心(Interim Fleet Command Center,NFCC)和战术旗舰指挥中心组成。临时舰队指挥中心是设在岸上的陆基指挥中心。战术旗舰指挥中心,顾名思义是指舰艇编队指挥舰上的 C^3I 系统。在具体的平台指挥中,岸基舰队指挥中心将各种作战指令、战区敌我态势和环境数据等发送给 TFCC,这些情报由 TFCC 进行汇集、分类、相关处理和显示,并通过通信系统将这些情报和命令传送给编队中有关舰艇。同时 TFCC 还会不断地收到下属各部队作战任务的进展情况、海洋监视情报等,TFCC 把这些信息综合处理后又上报给 NFCC。可见 TFCC 是一个具有上情下达、下情上报,对敌我作战态势等情报进行综合分析、作出威胁判断,为编队指挥官确定作战方案提供依据、控制打击手段、实施作战的中心节点。

以"蓝岭"号专职指挥舰 C^3I 系统为例,如图 1-4-2 所示。

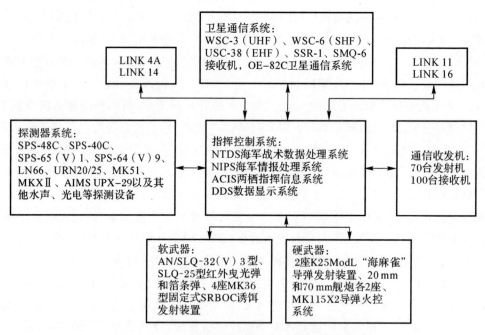

图 1-4-2 "蓝岭"号指挥舰 C^3I 系统组成示意图

C^3I 系统是一个大型综合通信及信息处理系统,它以一定的速度同外界进行信息交流,接收的全部密码可自动进行翻译。通过舰内自动装置将译出的电文送到指挥员手中,同时将这些信息存在综合情报中心的计算机中。

"蓝岭"号战术旗舰指挥中心主要由以下九个系统或指挥中心组成。

1. 两栖编队指挥中心(舱)

两栖编队指挥中心(舱),就是编队指挥官所在舱室,因此它是整个编队的指挥中心。其主要功能是在两栖作战中实施对空、反潜、反舰兵力和登陆编队的指挥。设有两个 $1.1 \text{ m} \times 1.1 \text{ m}$ 的战术态势显示屏幕,可以随时显示整个舰队的活动态势,同时还可以放大显示雷达视频信息和处理后的战术数据,舱内还设有 13 部 TA-980V 卫星电话终端。

2. 登陆部队指挥中心(舱)

它是登陆部队指挥官的指挥舱位。舱内设有海军战术数据系统(Naval Tactical Data System,NTDS)终端,两栖指挥信息系统(Amphibious Command Information System,ACIS)终端和海军情报处理系统(Naval Information Processing System,NIPS)终端。登陆部队指挥官通过该舱内各种不同的设备来监视登陆先头部队的战斗进展,并根据具体情况对两栖突击兵力实施初始阶段的指挥和部署。

3. 两栖指挥中心

两栖指挥中心由两部分组成:其一为火力协调中心,任务是协调舰炮火力支援、航空兵火力支援、舰载武装直升机火力攻击和陆战队岸炮火力支援等,使它们之间互不干扰,以发挥最佳攻击效果;其二是战术飞机管制中心,任务是对战区内的空中飞机进行空中交通管制,保证飞机的安全飞行,并给空中火力支援的飞机下达作战任务。

4. 作战情报中心

作战情报中心由一名战术行动指挥官指挥控制编队内各种兵力和火力,负责协调本舰和编队的防空作战。该情报中心配置有包括各类显示屏、标图板、通信设备、终端机组成的 8 部显控台(如空中拦截显控台、空中优劣形势显控台、战术系统显控台、威胁判断显控台、武器协调显控台等)。

5. 水面及反潜作战协调中心

水面及反潜作战协调中心用来协调水面和反潜作战。装配有海军战术数据系统(NTDS)终端和战术显示屏,以监视远距离的空中、水面和水下目标,以及了解驶离母舰的登陆艇的进度情况。

6. 综合通信中心

综合通信中心设有 70 台发射机,100 台接收机,3 组或 4 组卫星通信设备、NIPS 和 200 多个显示台。其数据库中有世界各国的有关情报,可随时调用参考。

7. 海军战术数据系统(NTDS)

该系统主要由计算机及其相应的软件、显示台和数据链组成。其主要功能是搜集、鉴定作战双方舰艇和飞机的战术情报,并及时地提供给战术指挥人员。它可用于防空、导航、空中交通管制、水面和水下防御、电子战和目标指示等。NTDS 使用四种(4A、11 号、14 号、16 号)通信链,以实现舰-舰-飞机-岸基指挥中心之间的信息交换。

8. 海军情报处理系统(NIPS)

海军情报处理系统由两种信息存储设备组成：一是存储有关国家的政治、经济、军事、水文、人物和技术方面等情报；二是存储战区内的指挥员所关注的每日简况。

9. 两栖指挥信息系统(ACIS)

该系统用来存储和显示空中和岸上、水面、水下的最新情报。

由于"蓝岭"号完全是一艘专职指挥舰，所以在作战中，不同于兼职指挥舰。它几乎不担任什么作战任务，仅配备有少量的近距自卫武器，但是它拥有功能齐全、性能先进的电子设备，从而彻底解决了大规模联合作战的指挥问题。

通过以上描述可见，战术旗舰指挥中心(或称编队指挥舰 C^3I 系统)，其主要特点是解决快速地搜集作战区域空中、海面、水下、电子战等瞬息万变的敌、我(本编队)、友(友邻编队)的战术信息，并加以综合分析，给编队指挥员提供实时或准实时的战场综合态势，以便指挥员定下决心作出正确指挥决策；编队 C^3I 系统能使各舰艇之间和各友军之间及时互通情报，实现资源共享，在指挥舰(旗舰)的实时指挥下能最有效地分配目标，并选用最佳的武器，充分发挥参战协同兵力的作战效果，遂行作战任务；指挥舰上的 C^3I 系统可以记录战斗过程、舰艇编队的训练过程。指挥舰上设置有编队作战模拟训练系统，可以模拟实战环境，可以提供辅助训练项目，可以提供计算机仿真、半实物仿真以及实物仿真。从宏观上讲，舰艇编队 C^3I 系统的特点是指挥控制区域大、范围广、通信能力强，可以实现全球范围内的通信，具有编队攻击、编队防御能力，在紧急状况和战争状态下用于完成编队作战、封锁航道、护航警戒、登陆或抗登陆等任务。

舰艇编队 C^3I 系统是敌人重点攻击的对象，因此必须要加强防护，并要具备编队抗隐身、抗病毒能力以及重组等能力，即使编队指挥舰受损或失去控制功能时，亦由备用的指挥舰顶替，并实施有效的指挥。

1.5 现代舰艇指挥控制系统的发展趋势

纵观20世纪海上舰艇 C^3I 系统的发展历程可以明显地看出，随着计算机的高速发展，牵引和推动着舰载系统不断地更新换代，舰艇 C^3I 系统已从独立式、集中式、分开式(联邦式)发展到分布式乃至全分式体系结构，并向适应信息战需要的综合一体化、智能化方向发展。这个阶段海上舰艇(编队)指挥控制系统主要从以下几个方向发展。

1. 局部网络

局域网是实现分布式体系结构的基础，对于提高编队指挥中心和舰载 C^3I 系统的抗毁性和生存能力是至关重要的，尤其是全分布式编队指挥中心及其整个编队指挥控制系统，必须采用具有高速传输和互连能力的光纤局部网络。这是因为光纤局部网络既可满足全分布式编队指挥控制系统的信息属性在准确性(没有错误)、及时性(在适当的时候得到所需要的信息)和完整性(必要和足够的信息，并由此作出快速、灵活的信息表达和战术决策)的要求，又可满足全分布式编队指挥控制系统的系统属性在保密性(抗干扰能力强、保密性好)、互连性(互连范围大，可互连几千个计算机节点)和传输性(可传输数据、视频音频和模拟信号)的要求，采用光纤局部网络还能满足全分布式编队 C^3I 系统的经济性要求。光纤总线和光纤局部网络是构成全分布式编队指挥控制系统的柱石和基础设施,它可以确保全分布式编队指挥控制系统在作战指挥过程中对资源的有效管理,目标属性的识别、跟踪、分配、射击和效果评估。光纤数据总线和光纤局部网络当属首推产品和技术,其互连性为采用多级分层分布式 C^3I 体系结构提供了可靠的保证,即通过网络互连设备(网关、网桥和路由器等)把各个局部网络(如防空战网、水面战网、反潜战网和电子战网等)互连起来,构成一个由局域网群或工作站网群组成的海上舰艇编队 C^3I 系统。所以说,局部网络技术的深层发展又是编队 C^3I 系统的发展趋势之一。

2. 计算机技术

计算机技术是 C^3I 系统发展的推动力和牵引力,同时它也是 C^3I 系统的核心设备。目前,分布式或全分布式的舰载 C^3I 系统的重要标志是普遍采用了高性能的微处理机和工作站。计算机可以实施目标识别、信号处理、数据融合、辅助决策、目标指示、目标分配、武器控制和作战效果评定。

3. 多传感器信息融合技术

在现代化的海战中,为充分发挥编队舰艇的协同作战能力,在各编配的舰艇上装配了功能各异的雷达、声呐、通信、光电等多种传感器。如何将多种传感器传送来的数据进行融合,使海上舰艇编队的攻、防范围扩大,预警时间提前,反应时间缩短,提高可靠性,增强抗软、硬武器摧毁能力,提高反隐身和抗低空的突防能力,改善系统精度及增强编队 C^3I 系统的有效性,正是舰载多传感器数据融合技术要解决的问题。

数据融合也称信息融合,它是利用计算机技术对来自多传感器的信息按时序和一定准则加以自动分析和综合的信息处理过程,最终得出一个全面的、精确的目标态势,它为编队指挥中心提供了所需的决策和判定的依据。数据融合技术是编队 C^3I 系统的关键支撑技术之一。1990 年美国国防部制订的"国防部关键技术计划",把数据融合技术列为 20 项关键技术之一,它涉及统计学、数据处理、人工智能、模式识别、信息论、传感器技术和计算技术等多种学科。当前,由于编队 C^3I 系统的需求牵引,数据融合技术得以快速发展,同时数据融合技术的发展也推动着编队 C^3I 系统的进步。

4. 发展和协调使用软、硬武器

在区域性的海战中,发展和协调使用海上舰艇编队的软、硬武器,目的是用信息优势和精良武器实现消灭敌人、保存自己。软、硬武器有多种多样,其威力也各不相同。众所周知,软杀伤武器有计算机病毒、高功率微波武器、激光致盲武器、电磁炮、声音欺骗系统、电子侦察和电子对抗等,硬武器有坦克、飞机、火炮、航空母舰、潜艇、核武器等。软杀伤是一种重要的作战样式,但它并不能完全代替硬杀伤。应使二者结合在一起,运用软硬兼施的信息战——在软武器的支持下对敌方实施快速、隐蔽的硬摧毁。

海上舰艇编队软、硬武器的发展重点如下:

(1)计算机战,以计算机为作战对象,这种战争影响范围广、破坏性大。目前,开发和应用的项目有计算机病毒武器,窃取、控制、扰乱计算机网络的武器和训练计算机"黑客"。

(2)电子战武器是制电磁权斗争所用的武器(设备),采用的主要措施有雷达对抗、通信对抗、光电对抗和水声对抗。

(3)定向能武器是一种使用高能量的微波、激光束和电磁脉冲来蔽坏敌方雷达、编队指挥中心、电子战和作战人员,使其丧失作战能力的武器。这是一种尚处于开发试验阶段的新兴武器。

(4)心理战武器,通过电视、广播、报纸等宣传媒介达到混淆视听,以假乱真,动摇军心、民心之目的。

(5)发展隐身技术,隐形舰艇、隐形飞机和隐形导弹将是未来海战上难以对付的主战硬兵器,这些隐身(形)兵器可以悄然无声地接近目标,发起突然的攻击,使敌人陷入绝境。

(6)智能武器,这种武器具有自己的探测器,能自主地捕捉、识别目标。装配的高性能计算机具有高速的信号处理和图像处理能力并应用了知识库管理技术、高逼真度相关算法以及瞄准点选择算法等。在这些高技术支持下的武器具有高度的机动性,能悄悄地接近目标,并能规避敌方的侦察和拦截,还能暂时潜伏下来,等待时机,出其不意地突然发起进攻。这种智能武器的战术特点是:"发射后不管""指到哪打到哪";实施攻击是建立在"敌人已知道了什么,打算干什么"的基础上做出的决策;自主选择攻击那些威胁程度大、经济价值高的目标;机动性大,打击目标的精度高;等等。新的智能反舰导弹、智能反导导弹、智能鱼雷和智能炮弹一旦推出,就标志着未来的海战进入成熟的信息战时代。

在结构系统上实现软、硬一体化,在技术上达到智能化,在战术应用上软、硬兼施,软、硬武器是当前武器装备的发展趋势。

5. 一体化作战指挥技术

未来海上作战是舰艇编队对敌方目标的立体攻防作战,对各兵力/平台之间信息共享、指挥命令交互的实时性提出了更高要求,特别是对航母编队舰载机、岸基支援飞机与舰艇平台、指挥中心之间的互联/互通/互操作提出了更高要求,迫切需要扁平化的作战指挥体系,实现战区到平台的快速信息流转,形成从侦察监视到火力控制的全要素战斗力链条。

在新的全舰公共计算服务体系架构下,显控台、计算机等硬件设备,人-机界面、数据访问等软件中间件将实现技术体制一体化,数据记录、文电处理、电子空海图等共性功能,态势、数据库等共用资源共享、共用,各指挥功能将以专用功能软件形式集成,各专用功能软件在指挥层级、指挥对象类型上进行界面划分。因此,需构建一体化指挥体系架构,对不同的指挥功能软件采用分层模式进行集成,实现一体化作战指挥,实现指挥控制向"网状扁平型"转换,减少指挥层次,缩短信息流程,增加作战指挥效能,提高各方面作战编队内各平台以及平台所属作战资源要素的协调效率,提升海上体系作战能力。

基于公共计算与服务环境,需对编队作战指挥、航空兵指挥、航空管制、本舰作战指挥进行一体化设计。

一是显控台、任务机等硬件设备,人-机界面、数据访问等软件中间件的技术体制一体化,提出软、硬件集成框架和标准,支持硬件通用,软、硬分离,显示与处理解耦,增强运行组织灵活性、功能扩展便捷性,实现战位功能的按需动态部署,功能软件独立升级。

二是编队筹划与航空兵筹划、飞机引导与管制、作战指挥与决策等指挥功能一体化,以相同的软件层次结构整合相关功能,消除功能重复,解决决策冲突,实现战役、战术一体筹划,指控、火控一体决策,兵力、火力一体控制,软、硬资源一体管理。

三是电磁、声、火力、频谱等资源管控一体化,实现对编队舰艇平台、舰载机、岸基支援飞机、各平台装备的武器、传感器等资源,以及空域资源的综合协调、指挥与控制,提高各方面作战的协调配合程度。

四是数据记录、文电处理、安全保密、通信服务与管理、电子空海图等共性功能的共享共用,避免重复建设,实现信息服务完全共享。

五是在不同层级的指挥功能上,编队作战指挥、本舰作战指挥、航空兵指挥引导、航空管制等界面清晰、各有特点、各有侧重。采用智能化决策技术,基于全舰共享、共用数据情报,实现编队战场感知到平台武器控制等一系列指挥要素互联/互通/互操作,形成战区到平台的扁平化指挥结构,支持军委/战区指挥员上舰指挥。

一体化作战指挥基于全舰计算环境,采用分层体系架构,主要分为信息基础层、服务层、应用层。其中信息基础层与全舰计算环境的基础资源统一配置;服务层分为共用服务和业务服务,以软件形式集成,存放在全舰计算环境的软件仓库中;应用层主要是针对多样化的联合作战应用中的作战指挥业务。

6. 基于人工智能的态势分析和作战辅助决策技术

作战数据是作战指挥决策信息的主要来源,指挥控制系统对作战数据的分析和处理能力是获取信息优势的重要途径。随着大数据时代的到来,作战指挥数据呈现"海量"增长的态势,传统的信息处理方法已经不能满足海量数据的处理需求,要求指挥控制系统集成运用大数据、云计算等智能化技术,利用云平台的强大运算能力和大数据挖掘相关算法,分析并处理海量作战数据,挖掘其中蕴含的与作战指挥和协同控制相关的隐含信息,为指挥员作战决策、指挥控制和趋势分析提供科学参考。数据、计算能力、算法是人工智能应用的三个核心要素,数据包括各类渠道收集的作战对象数据、战场环境数据、我方装备特性数据以及模拟对抗演练中生成的各类数据等,并通过共用存储、按需共享满足各类智能算法使用的特定数据结构需求,计算能力依托云计算架构,可通过对计算资源虚拟化集群,满足智能算法的高性能计算需求。

舰艇指控系统的智能化应用包括智能感知和智能认知两个层面,智能感知的结果可进一步支持智能认知。

(1) 智能感知技术。智能感知是指将物理世界的信号通过传感器设备,借助语音、图像识别等前沿技术,映射到数字世界,为进一步将数字信息提升至可认知层次提供支撑。近年来,由于深度学习方法的突破,感知智能取得了重大进展,逐步趋于实用水平。例如:语音识别方面,科大讯飞的语音识别准确率达97%,微软语音识别错误率仅5.9%,已等同于普通人水平;自然语言处理方面,谷歌已能做到大段文字的翻译,覆盖10余个语种,苹果Siri、微软小冰和小娜等已能与人聊天;图像处理方面,谷歌能够让机器从成千上万的图片中准确识别猫;运动方面,波士顿动力的机器"大狗"反应非常灵活,不仅可以适应各种地形,还可经受突然的冲击力而保持不倒。此外,人脸、性别、年龄和情绪等识别也日趋实用化。

海上作战场景中的智能感知主要指通过光频图像目标提取、声频目标检测、射频目标特征深度分析、环境特性分析等多种传感器目标特征提取。例如:对射频探测感知原始回波、一维成像、调制谱、辐射信号等应用大数据挖掘分析技术,获取目标雷达反射截面(Radar Cross Section, RCS)、辐射源特性、物理尺度、微动特性等;对光频图像应用智能识别处理技术,提取目标信息;对声呐噪声探测和主动探测数据应用智能识别处理技术,提取潜艇、鱼雷目标信息;对气象、水文等环境数据进行大数据关联分析,提取环境特征信息。在以上提取的各类特征信息的基础上,进行多源信息融合,结合使用各类数据库信息,采用贝叶斯学习、关联规则学习、聚类分析算法(如层次聚类、模糊聚类等),输出目标敌我属性、平台类型、机舷号等综合感知识别结果。

(2)智能认知技术。智能认知技术以理解、推理和决策为代表,强调会思考和能决策等。因其综合性更强,更接近人类智能,研究难度更大,长期以来一直进展缓慢。IBM(International Business Machine Corporation,国际商业机器公司)的问答智能程序"沃森"及无人车等,是比较接近该类智能的典型应用。"沃森"战胜人类使得人工智能面临重大拐点,它采用专家系统的方式,以大数据的关联分析和统计特征进行推理。谷歌无人驾驶领取驾照标志着无人平台开始融入社会,其中涉及道路识别、行车监视、态势理解、情况判断和准确决策等智能化问题。

指挥决策的过程包括确定目标、制订方案、评选方案、制订计划,其复杂性、困难性往往更多地体现在认识、判断和选择的不确定性上,信息化战争条件下,这种不确定性较之以往大大增加。随着作战指挥信息化程度的提高,在"侦、控、打、评"的作战流程中,作战信息经过信息复合、评估和再生,不断更新形成新的信息,作战指挥决策的时效性、准确性要求越来越高。这就要求指挥控制系统应具有智能决策支持能力,通过指挥控制系统提供的智能化辅助决策,分析处理大量情报,智能化优选确定目标和评估方案,拨开"战争迷雾",为联合作战指挥决策和部队行动提供及时、可靠的辅助支持功能,为获取战场信息优势和决策优势奠定坚实的基础。

将智能认知技术应用到舰艇指控系统,是未来的发展趋势。智能认知侧重对多源异构信息的综合分析处理,包括态势判断预测(局面判断、兵力行动与意图判断等)、作战辅助决策、作战效能评估等。态势判断预测中的局面判断,主要依据敌我双方兵力武器数据,采用影响力地图、强化学习值函数等方法,完成敌我相对时空关系形成的局面优势比较;兵力行动与意图判断可使用外平台通报和本舰任务周期内探测数据,提取目标运动要素、长周期活动趋势、与其他平台活动关系等信息,采用分类、回归预测等算法(如支持向量机、神经网络等),输出对目标后续动向、战术意图等预测结果。

作战辅助决策中的对空防御作战决策,主要针对对空方面作战"多目标-多武器"优化分配需求,使用目标运动要素、目标识别结果、本舰电子装备能力和使用约束条件等数据,分析关联耦合/限制关系,采用深度学习、强化学习等算法生成对空防御作战决策结果。

作战效能评估根据前一次武器打击后收集到的敌目标各类探测信息,进行多源信息融合再处理,与数据库中敌目标完好特征进行比对,得出敌目标损毁程度及战斗力量化评估。健康评估可使用系统历史运行状态、故障及维修记录、实时监控状态等,结合系统设计机理,采用异常检测、分类和半监督学习、支持向量机、主成分分析(Principal Component Analysis,PCA)算法等,生成故障检测结果、系统战备完好性评估结果等。

第 2 章 信 息 源

舰艇周围目标信息收集是通过多种信息源来实现的,主要分为三类,一是目标测量信息的设备,如搜索雷达、跟踪雷达、光电跟踪仪、声呐传感器、电子侦察设备等;二是导航气象信息,包括舰艇导航系统、捷联垂直基准以及水文气象测量设备等;三是包括战术数据链卫星通信等其他信息源。本章对以上三种信息来源进行分类介绍。

2.1 目标测量信息

2.1.1 搜索雷达的测量信息

1. 搜索雷达的用途和主要功能

(1)搜索雷达的用途。舰载搜索雷达的主要用途是通过对空中以及海面目标的搜索、探测和处理,提供视频信号、目标点迹或航迹数据。

(2)搜索雷达的主要功能。

1)在要求的监视空域、海域内及时、准确地发现目标。

2)能够提取并送出目标点迹数据。

3)对录取的目标点迹数据进行航迹处理。

4)具有强抗干扰能力。

2. 搜索雷达的基本组成

搜索雷达一般由天线、馈线系统、发射机、接收机、信号和数据处理机、伺服系统、显示控制和电源等部分组成。

典型舰载搜索雷达的组成原理框图如图 2-1-1 所示。

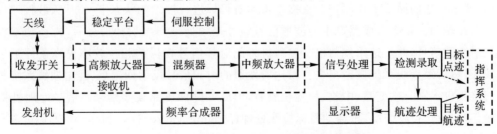

图 2-1-1 典型舰载搜索雷达的组成原理框图

搜索雷达各组成部分功能如下：

(1)天线。天线系统的功能是将来自发射机的微波能量在不同的方向向空间辐射,并接收从目标发射回来的回波信号,经馈线系统送至接收机。搜索雷达的天线系统通常要求方位波束宽度较窄,以保证方位角分辨率;而俯仰方向则要求具有较宽的波束,以得到较大的仰角覆盖,避免丢失仰角较大的近程目标。

(2)收发开关。收发开关的功能是保护接收机前端不被大的电磁能量烧毁。当发射机发射脉冲时,收发开关通过能量阻断保护接收机前端。另外,如果外界有强的电磁能量进入天线到达接收机,收发开关同样能够保护接收机不被损坏。

(3)发射机。发射机的功能是将频率合成器送来的射频信号在保护相位较小失真条件下进行功率放大,然后经天线系统发射出去。

(4)接收机。接收机通常由高频放大器、混频器和中频放大器组成,其功能是将天线送来的高频信号经射频放大、变频、中频放大、相检视放,输出视频信号至信号处理分机。

(5)频率合成器。频率合成器是雷达的基准信号源,它向接收机提供本振、中频相参基准信号,向发射机提供调频发射激励信号,向整机提供时钟信号等。

(6)信号处理。信号处理的功能是通过对接收信号的时间采样的相参或非相参处理,实现从杂波中提取目标的各种信息。

(7)检测录取。检测录取是对信号处理输出的一次视频信号进行检测点迹标定。当判断有目标时,自动录取目标的点迹坐标数据。形成目标点迹数据,将其提供给指控系统。

(8)航迹处理。航迹就是目标运动的轨迹,它是将检测到的多个目标点迹通过航迹处理后形成的。航迹处理通常包括目标航迹的建立、点迹与航迹的相关、航迹的平滑与外推、航迹的质量管理等。搜索雷达通常都具有目标航迹处理功能,可直接提供目标航迹数据给指控系统。

(9)显示器。显示器的功能是显示一次雷达图像信息以及处理后的二次信息,如目标的轨迹、目标的批号、目标的属性等。

(10)稳定平台。稳定平台的功能是保证天线波束不随舰艇的摇摆而变化,使天线平台保持水平,实现波束的稳定,同时保证天线系统以稳定的转速方位旋转。

(11)伺服控制。伺服系统通常由稳定平台控制系统、舷角驱动系统组成。稳定平台控制系统依据舰艇上平台罗经送来的舰艇摇摆姿态信号,控制平台快速跟踪船体的纵横摇摆,使天线平台保持水平。舷角驱动系统则以稳定的转速驱动天线系统旋转。

3.搜索雷达信息测量的基本原理

(1)搜索雷达的简要工作原理。在搜索雷达对目标进行搜索的状态下,雷达天线按照规定的转速匀速转动。频率合成器产生的波形信号经过变频处理产生射频信号后,再经功率放大形成发射激励信号,并发送给发射机。发射机将此射频信号在保持相位较小失真条件下进行功率放大,然后经天线系统发射出去。雷达所发射的射频信号反射回来后,经由馈线系统将回波送至接收机,经场变、变频、中放、相检视放后,形成I、Q两支路视频信号。信号处理机将I、Q视频信号进行A/D变换,再经动目标检测处理(Moving Target Detection,MTD)、正常支路等处理后,输出视频信号进行目标点迹提取和处理,并将检测出的目标点迹数据送至指控系统。

(2) 搜索雷达测量的信息。搜索雷达测量的信息主要是目标点迹数据,目标航迹数据是建立在对目标点迹数据处理的基础上的。对于二坐标搜索雷达,目标点迹数据主要包含目标距离、目标方位角,三坐标的搜索雷达还可以提供目标高低角。

(3) 搜索雷达测量信息的数据率。二坐标搜索雷达的数据率常用天线转速来描述。对同一目标,天线每转一圈只能提供一组数据,天线转速越高,则相邻两次录取采样间隔时间越短,数据率就越高。远程警戒雷达的天线转速通常为 3~6 r/min;中程警戒雷达的天线转速多为 6~12 r/min;近程搜索雷达的天线转速多为 20~60 r/min。高的数据率有利于缩短情报处理部分的反应时间,提高目标航迹的处理精度和对目标机动的适应能力。

搜索雷达通常按照划分的扫描扇区,如 16 或 32 个扇区等,进行目标点迹数据的集中处理和发送。

(4) 目标距离和方位角测量原理。在对目标及背景回波信号进行一系列处理生成视频信号的基础上,搜索雷达的目标距离和方位角测量最终是由点迹提取器完成的。点迹提取器主要包括点迹检测器、点迹录取器和点迹预处理机。搜索雷达目标距离与方位角的测量原理如图 2-1-2 所示。

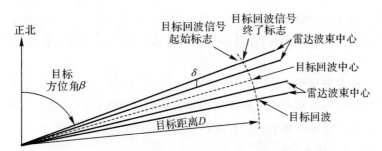

图 2-1-2 搜索雷达目标距离与方位角测量原理示意图

点迹提取器首先将信号处理机输出的视频信号进行分层量化,再将量化后的数字信号发送给点迹检测器,根据信号幅度的检测结果输出"0"或"1"("0"表示信号幅度未超过检测门限,"1"表示信号幅度超过检测门限),同时根据起始门限和终了门限判断出回波信号的起始和终了,并做出目标发现的判决,给点迹录取器发出中断控制信号。

搜索雷达通常是通过天线匀速转动扫描实现全方位探测的,由于雷达的发射脉冲的重复频率通常为几千赫兹,雷达方位波束宽度通常大于 1°,对于同一目标将会被雷达波束多次扫描到。如在天线转速为 30 r/min,脉冲重复频率为 3 kHz 的情况下,雷达发射两个脉冲时天线转动的角度仅为 0.06°,即相邻两个雷达脉冲波束中心的方位角 δ 为 0.06°,假定雷达方位波束宽度为 1°,对于点目标也可保证至少有 16 个目标回波信号,对于单个大发射面积的目标则有更多的目标回波信号,因此,雷达点迹录取器在收到点迹检测器的中断信号后,需要对目标回波信号进行距离上的凝聚,并根据目标回波信号的起始和终了标志,完成距离和方位上的曲线拟合,对目标回波的数字信号进行面积求和,计算出目标回波的方位中心(目标方位角 β)和目标距离 D。

点迹预处理机将目标点迹数据按方位的大小进行排列,按预先划定的方位扇区发送目标点迹数据给指控系统。

影响搜索雷达目标点迹精度的因素主要有目标相关误差（目标信号幅度起伏、目标闪烁、目标动态滞后等）；接收机热噪声；转换误差、角位置传感器误差、稳定平台精度）和传播误差（多路传播和杂波干扰等）。搜索雷达所提供的目标距离误差通常为 30～70 r/min，方位角误差通常为 0.2°～0.5°。

当搜索雷达对超低空小目标，特别是掠海飞行导弹进行探测时，由于目标的飞行高度很低（通常为 10～50 m），会存在严重的多路径效应，目标回波起伏很大，造成雷达探测盲区。雷达探测盲区的位置和大小与雷达的频率、天线架高、目标距离、目标高度以及粗糙海面的反射特性等多种因素有关，在盲区雷达无法检测到目标。舰载搜索雷达为解决这个问题，通常采用双频分级、频率捷变和动目标处理工作机制。双频分集结构是由发射两个不同频率的发射机和两个相对应的接收机组成的，从设计上可以使两个不同频率的探测盲区相互错开，同时辅之以频率捷变和动目标处理，因此，可以有效解决低空补盲问题。

2.1.2 跟踪雷达的测量信息

1. 跟踪雷达的用途和主要功能

(1) 跟踪雷达的用途。舰载跟踪雷达的主要用途是自动或人工辅助完成对空中、海上目标的捕获跟踪，精确测量现在点坐标，以及测量弹丸或水柱与目标之间的偏差，用于火控解算及射击校正。

(2) 跟踪雷达的主要功能。

1) 接收目标指示，即自动或人工辅助完成对目标的捕获跟踪；

2) 自动跟踪目标，即提供精确的目标现在点坐标数据；

3) 具有有效的抗干扰手段；

4) 具有对空弹丸偏差、对海水柱偏差测量功能。

2. 跟踪雷达的基本组成

跟踪雷达一般由天线座、馈线、发射机、接收机、定时器、测距机、伺服系统、信号处理机、显示控制和电源等部分组成。典型舰载跟踪雷达的组成原理如图 2-1-3 所示，跟踪雷达各组成部分功能如下：

(1) 天线和馈线。舰载跟踪雷达多采用单脉冲天线，形成"和"发射波束和"和、差"接收波束，是雷达的角度敏感部件。馈线是连接发射机、天线和微波接收机的纽带，发射机射频大功率通过发射馈线和收发开关或高频环流器，送到天线分机；天线接收到的微弱回波能量通过接收馈线和收发开关，送到微波接收机。

(2) 发射机。发射机的功能是将频率合成器送来的射频信号在保持相位较小失真条件下进行功率放大，然后经天线发射出去。

(3) 频率合成器。频率合成器是雷达系统的频率、相位、定时基准。频率合成器发射机提供全相参的射频激励信号，向接收机提供全相参的本振信号，向中频接收机提供相参基准信号，向定时器提供基准定时信号。

(4) 频率和中频接收机。微波接收机将天线系统感知到的微弱信号回波进行放大，并变频到一个固定的中频。在比幅单脉冲跟踪雷达中，微波接收机通常由三个接收支路构成，分别对和信号、方位误差信号和俯仰误差信号进行放大、变频,并转换成固定中频信号,同时保留信号的相对幅度和相位信息。

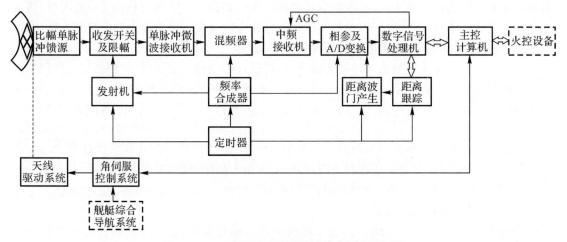

图 2-1-3 典型舰载跟踪雷达的组成原理框图

中频接收机对中频信号进行放大、滤波、变频,得到所需的视频信号,为 A/D 变换和数字信号处理做好准备,为了将回波信号的起伏压缩到 A/D 变换和中频接收机所允许的动态范围内,接收机的自动增益控制(Automatic Gain Control,AGC)使接收机的增益作相应的调整,以适应输入信号动态变化的要求。

(5)数字信号处理机。数字信号处理是对数字化(A/D 变换)后的雷达回波信号进行处理。当雷达工作在目标捕获状态时,能处理多个距离单元的数据,完成恒虚警(Constant False Alarm Rote,CFAR)信号的检测。当雷达工作在跟踪状态时,数字信号处理机对和、差信号进行滤波和速度跟踪;当出现速度模糊时,具有解速度模糊的能力,并产生目标的径向速度值。

(6)定时测距机。定时器产生雷达所有的定时信号、触发信号及各组脉冲重复频率,基准来自频率合成器。测距机完成对目标距离的测量和跟踪。在目标捕获状态下给出距离截获波门,完成对目标距离的截获。在目标跟踪状态下给出目标距离跟踪波门,完成对目标距离的自动跟踪。当出现距离模糊时,具有解距离模糊的能力。在对空校射状态下,设置弹丸测量波门。在对海校射状态下,在跟踪目标距离两侧设置多个距离波门,对弹着水柱进行检测和距离跟踪,输出弹着水柱的距离值。

(7)角伺服系统。在目标指示、手控和捕获状态下,角伺服系统根据天线角坐标与平台罗经提供的纵摇、横摇及航向、航速数据,控制天线,克服舰艇摇摆的影响,实现电轴的空间稳定。在目标指示状态下,按照目标指示数据选择空间稳定的角度,扫描图形捕获目标。在目标跟踪状态下,角伺服系统根据信号处理后的角误差信号,控制天线对目标进行精确跟踪瞄准。

(8)主控计算机。主控计算机主要对雷达整机状态进行实时控制和管理,同时实现各种数据处理功能,以及完成与火控设备的信息交换。

3. 跟踪雷达信息测量的基本原理

(1)跟踪雷达的简要工作原理。在目标跟踪状态下,雷达发射机将来自频率合成器的微波信号激励,经调制和功率放大后,输出大功率高频脉冲信号,经发射支路微波馈线、收发开关至馈源,由天线聚焦成笔状波束向空间定向辐射电磁波。电磁波在传输途中碰到目标后,产生后向散射,将一部分能量反射回来,经天线反射汇聚进入馈源,由馈源分离成合路、舷角差和仰角差三路微波信号。三路微波信号分别经微波进入微波接收模块。在微波接收模块中进行信号限幅和低噪声微波信号放大后,与本振信号混频产生中频信号。中频信号经前中放大后,通过中频滑环发送至中频接收机。和、差三路中频信号在中频接收机中经放大和中交相参检波后,产生和、差三路视频信号,发送给信号处理机。

信号处理机首先将视频信号转换为数字量,再通过多普勒滤波器组,对相参信号分别进行动目标检测和处理。将窄带滤波器输出的和路相参数据送往波形分析器,在波形分析器中求取回波脉冲波形的中心值位置并与跟踪波门的中心位置进行比较,计算出它们之间的距离误差值。距离误差值经滤波器滤波后预测出目标距离,并由此产生新的跟踪波门,实现距离闭环跟踪。信号处理机输出的舷角差和仰角差路相参数据,在进行归一化处理求得目标方位和仰角跟踪偏差后,发送给伺服系统控制天线运动,实现角度的闭环跟踪。

(2)跟踪雷达测量的信息。在传统的雷达火控系统中,跟踪雷达测量提供的目标信息主要是目标距离、目标舷角和高低角。

在现代雷达火控系统中,跟踪雷达除提供上述目标测量信息外,还提供目标舷角跟踪偏差、目标高低角跟踪偏差以及目标径向速度测量信息。

(3)跟踪雷达测量信息的数据率。跟踪雷达测量的目标信息的数据率可以根据火控系统的要求进行设计确定,通常为 10~50 Hz。对于海上目标,由于目标速度较低,通常 10 Hz 的数据率即可满足火控解算的要求,而对于空中目标,特别是超声速的高速目标,采用较高的数据率则有利于提高对目标机动的适应能力。

(4)目标距离测量原理。跟踪雷达是通过测定被目标反射回来的回波信号到达时刻与脉冲发射时刻之间的时间差 ΔT_R 来确定目标距离的。因为电磁波以光速 $c(3\times10^8 \text{m/s})$ 传播,故目标至雷达的距离为

$$D = c\Delta T_R / 2 \qquad (2-1-1)$$

跟踪雷达是通过跟踪波门实现对目标距离跟踪的,跟踪雷达目标距离中心跟踪原理如图 2-1-4 所示。

在雷达距离中心跟踪方式下,在雷达测距机中,通过求取目标回波脉冲波形的中心值位置,并将此面积中心位置与距离跟踪波门的中心位置 D' 进行比较,求出距离误差值 ΔD。距离误差值 ΔD 经处理求出的目标距离 $D(D=D'+\Delta D)$,一方面作为目标斜距离测量数据以规定的数据率发送给火控设备,另一方面用于产生新的距离跟踪波门。距离跟踪波门控制 A/D 变换在新的波门内对目标回波信号进行采样,其处理结果是使距离误差 ΔD 朝着减小的方向变化,从而实现距离上的闭环自动跟踪。

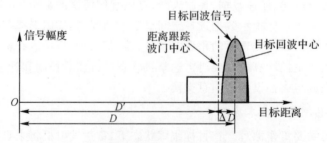

图 2-1-4 跟踪雷达目标距离中心跟踪原理示意图

(5) 目标角度测量原理。在跟踪雷达对目标闭环跟踪的状态下,当角跟踪误差较小时,可近似认为雷达天线电轴准确地指向目标,因此,在传统的雷达火控系统中,跟踪雷达通常将实时采集的天线舷角和俯仰角作为目标的舷角和俯仰角,提供给火控设备,用于计算目标运动参数。

实际上,在跟踪雷达对目标跟踪的状态下,由于多种因素的影响,雷达天线电轴不可能实时准确地指向目标,总是会存在误差的。但由于雷达是通过实时测量的目标角偏差实现角度闭环跟踪的,目标的准确角度可以用雷达波束中心指向角和角偏差综合反映,因此,可以通过在火控解算中使用目标角偏差测量信息 $\Delta\beta$ 和 $\Delta\varepsilon$,提高对目标运动参数的计算精度,跟踪雷达目标角偏差信息测量示意图如图 2-1-5 所示。

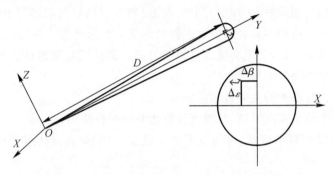

图 2-1-5 跟踪雷达目标角偏差信息测量示意图

目标角偏差信息的测量原理如下:

在目标正常跟踪的状态下,目标回波信号经馈源分离成和路、舷角差量和仰角差量三路信号,再经一系列处理后生成和、差三路视频信号,发送给信号处理机。信号处理机完成动目标处理后输出和路、舷角差量和仰角差量三个测量信息。为了保证雷达测角误差信号与目标偏离电轴的角度成正比,而与目标回波幅度大小、距离和起伏特性等因素无关,还必须对角偏差信息用和路的幅度信息进行归一化处理。归一化后的方位角偏差 $\Delta\beta$ 和仰角偏差 $\Delta\varepsilon$ 在经过数据预处理后,即可提供给火控设备使用。

但是,舰载跟踪雷达处于低角跟踪状态下时,仰角偏差信息通常不能直接使用,还必须进行特殊的数据处理后才能使用。在舰载跟踪雷达跟踪一个靠近海面超低空飞行目标的情况下,雷达波束直接扫描到海面上,会出现多路径效应,即从同一目标可以接收到两个回波信号,其中一个信号是直接从目标反射回来的,而另一个信号是通过海面反射回来的,海面反射信号可认为是由目标对海平面的镜像所产生的,如图 2-1-6 所示。

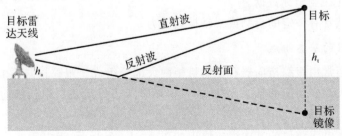

图 2-1-6 雷达跟踪低空目标多路径效应示意图

从目标直接反射回来的回波信号与经海面反射回来的回波信号的相位差为

$$\varphi = \frac{2\pi}{\lambda}\left[\sqrt{d^2+(h_a+h_t)^2}-\sqrt{d^2+(h_a-h_t)^2}\right] \approx \frac{4\pi}{\lambda}\frac{h_a h_t}{D} \quad (2-1-2)$$

式中：λ 为雷达发射信号波长；D 为目标距离；h_a 为雷达天线距海面高度；h_t 为目标飞行高度。

由式(2-1-2)可以看出，目标直接反射回来的回波信号与经海面发射回来的回波信号的相位差与雷达发射频率、目标距离、雷达架高、目标高度等因素有关，随着目标距离的变化，二者的相位差会呈现周期性的变化规律。由于目标直接发射回来的回波信号与经海面发射回来的回波信号一同送入跟踪雷达，而二者在距离上和多普勒频移难以区分开，因此，这两个信号相互干涉的结果，将使得雷达在轴跟踪时仰角误差电压不为零，会产生很大的误差。当直射信号与海面反射信号相位相同时，出现负向最大误差；当直射信号与海面反射信号相位相反时，则出现正向最大误差。这种多路径效应在平静的海面上尤为严重。多路径效应会引起舰载跟踪雷达对目标跟踪的不稳定，甚至会造成目标的丢失。雷达低角跟踪性能的高低直接决定了雷达对超低空目标角度测量的精度。

减小雷达低角跟踪误差的主要技术措施如下：
1) 采用波束更窄的毫米波雷达，与厘米波雷达共轴配合使用；
2) 提高雷达的发射频率带宽，采用宽带频率捷变、数字动目标处理和特殊低角数字滤波技术；
3) 采用偏轴跟踪方法，将天线锁定在正仰角上，可以避免天线上下摆动，但精度不高；
4) 低角跟踪时，综合使用雷达配装的红外、电视和激光测量数据。

2.1.3 光电跟踪仪的测量信息

1. 光电跟踪仪的用途和主要功能

(1) 光电跟踪仪的用途。光电跟踪仪以其独有的抗电磁干扰能力强、精度高、低空探测性能好等特点在火控系统领域逐渐确立了地位和作用。

舰载光电跟踪仪的主要用途是在光学波段对目标进行探测、跟踪，向火控设备发送目标现在点坐标数据。

(2) 光电跟踪仪的主要功能。
1) 自动接收目标指示。
2) 捕获并自动跟踪目标。
3) 激光测距。
4) 输出目标现在点坐标数据。
5) 对指定区域具有一定的自动或手动搜索能力。

2. 光电跟踪仪的基本组成

光电跟踪仪通常由跟踪指向器和控制机柜两大部分组成。跟踪指向器由光电传感器头部和跟踪座组成。跟踪座由俯仰轴系、方向轴系和导电滑环等组成。跟踪指向器通常配有电视摄像机、红外热像仪和激光测距仪三种传感器。

典型的舰载光电跟踪仪的基本组成原理如图 2-1-7 所示，光电跟踪仪各组成部分功能如下：

第2章 信息源

(1) 电视跟踪器。它用于探测目标的可见光图像，测量并输出目标相对电视摄像机光轴的角偏差。电视摄像机主要由物镜、CCD器件、信号处理电路和壳体等组成，通常采用CCD固体摄像机，连续变焦镜头，视场连续可调，自动光圈调整。

(2) 红外跟踪器。它用于探测目标的红外图像，测量并输出目标相对热像仪光轴的角偏差。热像仪主要由物镜、扫描机构、红外探测器、信号处理电路和壳体组成。由于红外传感器受气象条件的影响相对较小，通常使用红外传感器作为主跟踪器。新一代光电跟踪仪通常采用具有焦平面阵列器件的高性能热像仪，工作波段通常为 $3\sim5\ \mu m$ 或 $8\sim12\ \mu m$，视场分档可调。

(3) 激光测距仪。它主要用于目标的距离。脉冲式激光测距仪主要由脉冲激光器、激光发射光学系统、发射脉冲取样器、激光接收光学系统、光电转换器、信号处理电路、距离计数器以及激光电源、冷却装置等组成。激光测距仪发射重复频率通常为 $1\sim25\ Hz$，测距精度通常为 $\pm2.5\ m$。

(4) 随动系统。根据控制信号，驱动跟踪指向器两轴转动，实现对目标的角跟踪。

(5) 测角装置。测量指向器的指向角。

(6) 导航接口。接收舰艇导航系统提供的纵摇、横摇、航向和航速信息，并将这些信息转换成数字量后提供给主控计算机。

(7) 主控计算机。完成计算任务，发出控制命令，是光电跟踪仪的控制中心。

(8) 跟踪座。承载电视摄像机、热像仪和激光测距仪的头部，在随动系统的驱动下实现两轴转动。

(9) 控制机柜。安装各功能单机的电子线路，显示红外图像、电视图像和操控信息，实现对整个光电跟踪仪的操控。

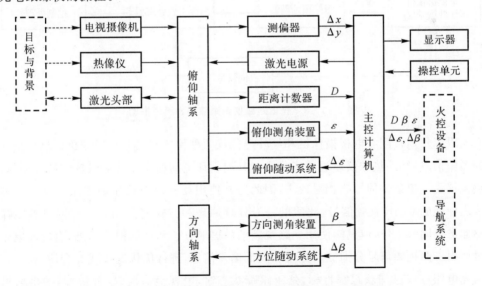

图 2-1-7 典型舰载光电跟踪仪的基本组成原理框图

3. 光电跟踪仪信息测量的基本原理

(1) 光电跟踪仪的简要工作原理。光电跟踪仪的主控计算机从火控设备接收到目标指示后，向方位随动系统发送控制量 $\Delta\beta$，驱动指向器的方位轴系转动到指定位置，并向俯仰随动系

统送控制量 $\Delta\varepsilon$,驱动指向器的俯仰轴系转动,进行小范围的俯仰搜索。目标进入热像仪或电视摄像机视场后,经测偏器测得目标相对于光轴中心的偏差量 Δx,Δy,送入主控计算机。主控计算机进行伺服校正后,向随动系统发出控制信号 $\Delta\beta$,$\Delta\varepsilon$,驱动方位轴系和俯仰轴系转动,使光轴指向目标。在使用热像仪或电视摄像机跟踪到目标后,主控计算机经激光电源控制激光头部发射激光。收到激光回波,距离计数器计取目标距离 D。测角装置测量方位轴系和俯仰轴系的指向——舷角 β 和高低脚 ε。主控计算机采集 D,β,ε 和舰艇导航系统提供舰艇姿态信息,进行数据处理,向随动系统发送控制量 $\Delta\beta$,$\Delta\varepsilon$,实现对目标的精确跟踪。同时,主控计算机向火控设备发送目标现在点坐标数据,供火控解算使用。

(2)光电跟踪仪测量的信息。光电跟踪仪测量提供的目标信息包括目标距离、目标舷角和高低角以及目标舷角跟踪偏差测量、目标高低角跟踪偏差测量信息。

(3)光电跟踪仪测量信息的数据率。光电跟踪仪测量的目标信息的数据率可以根据火控系统的要求进行设计确定,通常为 10~50 Hz。对于海上目标,由于目标速度较低,通常 10 Hz 的数据率即可满足火控解算的要求;而对于空中目标,特别是超声速的高速目标,采用较高的数据率则有利于提高对目标机动的适应能力。

(4)目标角度测量原理。在光电跟踪仪对目标闭环跟踪的状态下,光电跟踪仪通常将实时采集的指向器舷角和俯仰角以及舷角和俯仰角的目标跟踪角偏差提供给火控设备,用于计算目标运动参数。

1)光电跟踪仪的角度跟踪原理。其框图如图 2-1-8 所示。

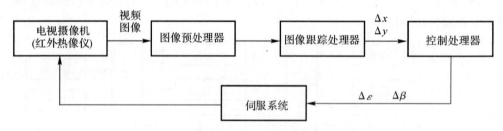

图 2-1-8 光电跟踪仪角跟踪基本原理框图

光电跟踪仪通常配有电视摄像机和红外热像仪两种传感器。电视摄像机通过可见光获取目标的图像信息;红外热像仪通过感应目标与其周围环境的温度差获取目标的红外图像信息。红外热像仪受气象条件的影响相对较小,因此通常使用红外热像仪作为主跟踪器。两种传感器均输出标准的 CCIR 视频信号,此后的信号处理原理和方式完全相同。有的光电跟踪仪两种传感器虽可同时工作,但只能使用一路视频信号提取方位和高低偏差信息;有的光电跟踪仪可同时使用二路视频信号分别提取方位和高低偏差信息,进行优化选用或综合使用。

当光电跟踪仪已捕获跟踪目标,处于跟踪状态时,电视摄像机(红外摄像仪)摄取景物图像,输出电视制式的视频信号,视频预处理器将摄像机输出的视频信号经过 A/D 变换成数字信号,然后经图像检测、滤波或图像分割后变成可用的图像信息。跟踪处理器主要完成对视场内目标位置信息的提取,即提取目标偏离视场中心(光轴)的偏差值,送给波门形成电路,推动波门跟随目标运动,实时地选通被跟踪的目标。控制处理器将跟踪处理器提取的跟踪偏差信号转换为控制信号,驱动伺服系统完成对目标的闭环跟踪,并在光电跟踪仪对目标跟踪的同时,将测量的目标角偏差量、目标角位置信息,实时地发送给火控设备。

2)光电跟踪仪的角度跟踪方式。在目标图像的跟踪技术中,波门跟踪和相关跟踪是最常见的跟踪技术。

A. 跟踪波门也叫跟踪窗或检测窗等,是光电跟踪系统中不可缺少的一部分。设置跟踪波门的目的:一是选通跟踪目标,减少背景干扰;二是减小图像数字化处理的工作量,提高实时性。跟踪波门设置的大小,应随着目标的距离变化而变化。通常目标距离较远时,跟踪波门小;目标距离近时,跟踪波门大。为避免目标临近时充满整个视场,还应对电视或红外视场进行调整,目标临近时,视场加大。二者应结合使用。波门跟踪适用于模拟图像和数字图像,通常有边缘跟踪、区域平衡法跟踪或形心(矩心)跟踪方式。

B. 相关跟踪是用测量两幅图像之间的相关度的方法来计算目标位置的变化,根据位置变化量实现对目标的跟踪,故只适用于图像数字化后的处理。

光电跟踪仪常用的角度跟踪方式包括边缘跟踪、中心跟踪、相关跟踪等。

a. 边缘跟踪是根据目标图像与背景图像在亮度上的差异,提取目标图像边缘的信息,其特点是方法简单。当目标较远时,目标成像近似点目标,这时跟踪精度高。当目标较近时,目标成像会超出跟踪波门。

b. 中心跟踪是以目标图像几何形状的中心为跟踪点,其中一种方法是目标的形状中心利用目标图像的四个特征点来求取的。其特点是计算简单、计算量小。但用这种方法跟踪,跟踪点可能落在目标上,也可能不落在目标上。

c. 相关跟踪的原理是:把已存储的基准图像与搜索或跟踪采样得到的景物图像进行比较,找出采样图像中与基准图像最一致或相关数最大(最小)的子图像来。这个子图像在视场中的位置,表达了基准图像的位移,也就是跟踪偏差量。其特点是:在低对比度、低信噪比的情况下,系统仍能保持稳定而精确的跟踪,相关跟踪比波门跟踪能利用更多的图像信息,具有较好的跟踪能力和抗背景干扰能力。

在几种目标跟踪方式中,相关跟踪是一种跟踪精度高、抗干扰性能好的跟踪方式,但数据处理的工作量也相对较大。

(5)目标距离测量原理。在军用光电跟踪仪中通常使用激光脉冲测距。光电跟踪仪是通过测定被目标反射回来的激光回波信号到达时刻与激光发射时刻之间的时间差 ΔT_R 来确定目标距离的。因为电磁波以光速 $c(3\times10^8 \text{m/s})$ 的速度传播,所以,目标至光电跟踪仪的距离同样可由式(2-1-1)计算出。

激光测距原理是:在使用红外或电视传感器精确、稳定跟踪目标的情况下,才能够进行激光测距。根据激光发射指令,激光电源向脉冲激光器供应电能,使激光器产生激光脉冲。激光脉冲通过激光发射光学系统射向目标。在激光脉冲发射的瞬间,取出激光脉冲的微小部分并转换成电脉冲,作为主波,启动距离计数器开始记数。发射出去的激光脉冲到达目标表面后被发射和吸收。激光接收望远镜接收来自目标的反射激光和目标周围的背景光,经窄带干涉滤光片滤除背景光。余下的目标发射激光被光电转换器转换成电信号,经过放大、整形形成激光回波脉冲,使距离计数器中止计数,得到激光主波和回波之间的时间间隔 ΔT_R,由式(2-1-1)可以计算出目标距离。

激光测距频率一般在 1～25 Hz 范围内可调,对空中高速目标采用高的激光测距频率(25 Hz 或 10 Hz),对海上或岸上低速目标采用较低的激光测距频率(5 Hz 或 1 Hz),因此,根据不同的火控解算周期和距离输入数据剔点或漏点的预处理要求,在火控设备中还需要对激光测距数据进行加密处理。

2.1.4 舰载红外警戒系统的测量信息

被动式全方位红外搜索系统又被称为红外警戒系统。舰载红外警戒系统可取代舰载搜索雷达,充当光电跟踪仪的前级探测设备,是舰艇光电系统的关键装备。

舰载红外警戒系统利用红外热像仪探测目标与背景自身所产生红外辐射,可发现、探测并跟踪搜索雷达无能为力的掠海导弹及俯冲导弹。其穿烟透雾能力强,可全天候工作,能连续搜索空中和海面,探测并识别多个目标,可在现有电子传感器受到严重干扰(如射频干扰、电子干扰及严重杂波干扰)和雷达静寂的情况下独立工作,探测伪装下的热目标,能对低空、超低空的来袭目标提供预警,并可同时将比搜索雷达准确得多的目标方位和俯仰信息传递给光电跟踪仪,使光电跟踪仪很快对准目标并确定目标的坐标,大大缩短光电火控系统与武器系统对接的整体反应时间,因此,红外警戒系统自 20 世纪 70 年代中期以来一直是一些技术先进国家研制的热点。

1. 舰载红外警戒系统的组成和特点

(1)舰载红外警戒系统的组成。舰载红外警戒系统由红外扫描头、随动伺服系统、信号处理机和显控台等组成。红外扫描头和随动伺服系统可安装在舰艇的主桅杆上(轻型扫描头)或舰桥驾驶甲板上(重型扫描头),其余部分均配置在甲板下面的舱室内,如图 2-1-9 所示。

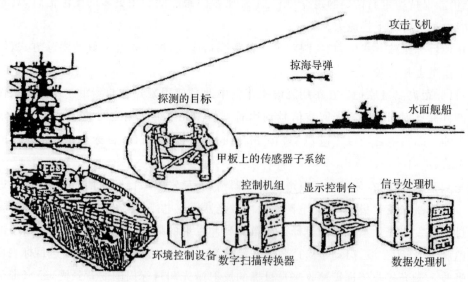

图 2-1-9 舰载红外警戒系统

红外扫描头包括红外光学或成像系统、红外探测器、致冷器、稳定装置、方位与俯仰驱动机构、测角元件、信号处理电路(包括前放)A/D变换器及多路传输电路、红外扫描头密封环等。整个红外扫描头包括可旋转的成像扫描头部及固定不动的传感器支座箱两大部分;信号处理系统包括信号预处理机、信号前处理机、信号后处理机等;随动伺服系统包括方位和俯仰随动系统;显控台包括操作控制面板、图形-字符综合显示器、电源和控制键等。

(2)舰载红外警戒系统的特点。舰载红外警戒系统具有下列特点:

1)利用被探测目标与背景自身产生的红外辐射形成的辐射对比度来发现和探测目标,采用被动方式工作,不受敌方电子干扰的影响,其保密性和隐蔽性好,红外成像便于识别目标。

2)具有独立工作能力,在雷达静默、故障和受到电子干扰后,能有效地代替雷达工作,不受反辐射导弹的威胁,确保舰载武器系统仍处于作战状态。

3)探测低空掠海目标时,无多路径效应,不受海杂波影响,因此低空探测性能好,特别适合探测来袭的反舰掠海导弹和超低空飞行的飞机。

4)灵敏度高,具有良好的"热点"探测能力,能探测伪装下的热目标,穿烟透雾能力强,可昼夜24 h连续工作。

5)舰载红外警戒系统与舰载搜索雷达协同工作,能弥补雷达探测性能的不足,对入侵的掠海导弹和低空飞机可给出充分的报警,为反导武器系统及时地提供入侵目标的位置信息,对增强舰艇的低空防御能力有着极其重要的战术意义。

正是由于舰载红外警戒系统具有上述特点,它已成为舰载近程防空武器系统的重要组成部分。

2. 舰载红外警戒系统的工作原理

某舰载红外警戒系统的组成原理图如图2-1-10所示。

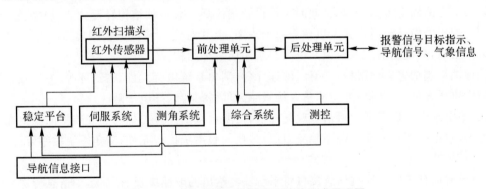

图2-1-10 舰载红外警戒系统的组成原理图

红外警戒系统的工作过程是:红外扫描头安装在稳定平台上,在方位伺服系统的驱动下,以某一固定的俯仰角进行方位无限回转,完成连续水平扫描。扫描头内装红外传感器,红外传感器的红外物镜将景物成像在红外探测器上,扫描头回转一周,可完成水平总视场360°的帧扫描。来自目标和背景的红外辐射以红外光学成像系统聚集于红外探测器,探测器(3~5 mm和8~12 mm)将目标和背景的红外辐射转换成电信号,该信号输入信号预处理机,经过放大、滤波、合成排序和非均匀性校正等信号预处理后,经 A/D 转换按顺序传送给信号前处理机,存入帧存储器,信号前处理机对信号进行空间鉴别,通过最小均方滤波、滑动窗口、自适应阈值和检测电路,将可能是目标的输出控制在一定范围之内(如 50~100 个),以满足必需的探测概率和低的虚警率,在此基础上再加上红外双波段光谱的相关处理,进一步滤除前面漏掉的虚假目标。经过空间鉴别处理和光谱鉴别等方法筛选出的有限个(50~100)含有潜在目标的像素单元被送到后处理机中,后处理机利用时间相关技术跟踪并确定潜在目标,并对真实的目标进行威胁判断、计算目标角位置,最后以一定的数据率向火控系统输出目标批号、目标的稳定角坐标或直接将最有威胁的目标批号、稳定角坐标指示给武器系统的目标跟踪装置(如雷达指向仪、雷达/光电指向仪和光电跟踪仪等),对目标进行拦截。同时,通过另一数据接口,将目标批号、目标的稳定角坐标及威胁标志送到显控台显示,供指挥人员决策。

(1)红外扫描头。红外扫描头是系统的"眼睛",担负着搜索目标、发现目标和探测目标的任务,它包括红外传感器、俯仰轴系、方位轴系和导电滑环等。

由于外警戒系统所观察的是景物空间温度,即环境温度,故红外传感器的工作波段一般取为 $8\sim14\ \mu m$ 或 $3\sim5\ \mu m$。为提高系统灵敏度,增大探测距离和增强系统抗干扰能力,目前各国研制的红外警戒系统几乎都采用了多元阵列式探测器。但由于焦平面阵列探测器的价格昂贵,且信息处理较复杂,故目前一般采用线列探测器。为了获得较高的准测率,系统对线列探测器探测度 D、响应的均匀性、串音、寿命等都有较高的要求。

由于红外警戒系统在方位方向的扫描范围为 $360°$,故方位扫描机构要做同一方向的连续旋转运动,因此在光机扫描头的安排上就可以有以下两种方式:一种是扫描机构、光学系统、探测器、致冷器、前置放大器组成的测量头一起做高速旋转,则此时应设置集流环(或称为导电滑环),以便将多路信号传输给信号处理器。另一种结构是采用反射镜组和固定式传感器箱相结合的设计结构,即上部的反射镜组在做高速方位扫描的同时进行俯仰扫描,使入射的光线向下反射,经红外聚光镜成像于红外探测器阵列上,会聚透镜、探测器阵列、致冷器和前置放大器装在旋转头下方的固定传感箱内,则此时不需设置集流环。后一种结构轻便灵活,扫描反射镜组可安放在舰船的桅杆较高位置上以预告海上来袭,但其对光学系统调校精度及工作平台的稳定性要求很高,故现在的红外警戒系统大多采用前一种结构。

俯仰轴系包括俯仰伺服执行元件、测速元件、测角系统敏感元件、密封环等;方位轴系包括方位伺服执行元件、测速机、方位测角系统敏感元件、密封环、导电滑环。

(2)稳定平台。稳定平台可消除舰艇摇摆,使所承载的红外扫描头的安装平面稳定在地理水平面内,它由内环和外环等两个单元组成,包括伺服系统执行元件、测角系统敏感元件、测速元件、密封环节等。

(3)导航信息接口。导航信息接口将平台罗经给出的舰船纵摇、横摇运动信息传送给计算机,计算机根据此信息由内、外环两路伺服子系统控制内、外环框架分别向反方向转动,使内环平面始终保持水平状态,将红外扫描头的安装面稳定在大地水平面内。

(4)伺服系统。伺服系统由扫描头伺服系统和稳定平台伺服系统组成,图 2-1-11 所示是扫描头伺服单元和稳定平台伺服单元原理框图。扫描头伺服单元向红外扫描头提供方位、俯仰的伺服控制。稳定平台伺服系统采用位置环和陀螺环构成双环 II 型速度无差数字随动系统,以上各子伺服系统的原理及组成基本相同,由位置环和速度环构成,控制计算机通过速度环校正器控制 PW 功放驱动力矩电机带动负载的转动,测角单元将轴转角量反馈给计算机,通过计算机构成位置随动系统。俯仰单元接受单杆送来的俯仰指令,电俯仰伺服单元执行该俯仰指令,完成俯仰运动的控制。

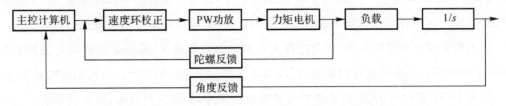

图 2-1-11　稳定平台和扫描头伺服单元原理框图

(5) 测角系统。测角系统用来测量稳定平台俯仰轴和方位轴以及红外扫描头内环、外环的转角,四个通道的性能和线路基本一样,每通道均由粗精组合的多极旋变和测角线路组成。

(6) 综合显示。综合显示是显控台的一个单元,可显示包括图像、文字、数字在内的所有信息。

(7) 手动操控杆。除了自动地对某一搜索空间进行自动搜索外,操作手可通过手动操控杆控制红外扫描头的运动,还可人为地选择威胁目标进行细致的探测和局部放大。

(8) 信号处理。红外警戒系统的信号处理非常复杂,这是因为红外警戒系统的信号处理有以下特点:

1) 数据量高达 5~10 Mb/s,每个象元的处理时间仅为 100~200 ns;
2) 帧频低,全场搜索时间为 5~8 s;
3) 目标为强背景下的点源;
4) 要求高探测率、低虚警率及运行的可靠性。

红外警戒系统的信号处理器中要采用并行处理、实时空间滤波、点特征增强与自适应阈值比较、多重判别、光谱相关等多种信号处理技术。

为了压缩数据量,充分发挥硬件处理的快速性与软件处理的灵活性,红外警戒系统的信号处理系统常常采用分段处理的结构,如图 2-1-12 所示。预处理器由一个电子带通滤波器构成,滤波器设计成与目标信号相匹配并使背景源的信号输入减至最小。这些已经修正的景物信息被送到前信号处理器,前信号处理器利用各种不同的判别技术来鉴别哪些可能是目标的像元单元。最常用的判别技术是空间鉴别和光谱鉴别。空间鉴别是基于目标和背景空间频率的差异而设计的,当用探测器输出的低频成分确定施加给目标通道的滤波器阈值水平(自适应阈值)时,将会有效地去除低频信息以降低进一步提取目标所必须处理的信息量。采用多色光谱技术能够抑制具有太阳光谱特征的信号,由信号处理器输出的包含可能是目标的像元单元被送到后处理器中,后处理器收集到可能是目标的信息,将这些信息集中起来进行更高水准的识别,然后将确认的目标信息送到数据接口中,由数据系统的操作者形成显示信息或与武器系统及其他传感器交连。

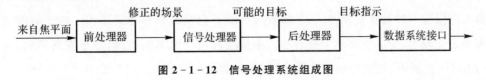

图 2-1-12　信号处理系统组成图

3.舰载红外警戒系统的发展

舰载红外警戒系统是一种集光电技术、致冷技术、控制技术和信号处理等于一体的高新技术产品,本身处在不断完善和发展的过程之中,红外搜索跟踪系统总的发展趋势如下。

(1)不断采用更先进的技术,提高边搜索边跟踪的处理速度;提高快速自动化报警及在复杂环境下进行多目标信号处理的能力;提高对多批次、多层次、饱和攻击目标的跟踪处理能力。

(2)将 IRST 系统与雷达、激光告警等装置组合使用,提高探测概率,减少虚警率。

(3)采用多个具有微扫描和超高分辨率能力的凝视焦平面阵列,提高分辨率和灵敏度,达到更宽的角度覆盖和更高的截获概率。

(4)采用红外和激光或其他方式相结合的技术,在保证系统搜索、跟踪的同时也能测出目标距离量。

(5)系统整机不断向模块化结构及组件化方向发展,减小体积和质量。

2.1.5 声呐传感器的测量信息

1.声呐传感器的用途和主要功能

(1)声呐传感器的用途。舰载声呐传感器的主要用途是以主/被动方式对水下潜艇目标进行探测和定位,将目标数据提供给反潜火控设备。

(2)声呐传感器的主要功能如下。

1)全向搜索;

2)边搜索边跟踪;

3)噪声测向;

4)回声测距;

5)判别目标类型;

6)对来袭鱼雷报警。

2.声呐传感器的基本组成

在水面舰艇上装备使用的声呐主要是舰壳式声呐和拖曳线列阵声呐。下面将分别叙述其基本组成。

(1)舰壳式声呐的基本组成。舰壳式声呐是声呐基阵安装在舰艇壳体上的声呐的统称,其基阵的安装方式分为球鼻首式、围胼式、镶贴式和附体式等四种。其中球鼻首式是大、中型水面舰艇上应用较多的基阵安装方式,基阵安装在舰首前端球鼻形导流罩内。由于离舰艇的主机舱和螺旋桨较远,受本舰噪声干扰较小。根据基阵尺寸的不同,发射频率有所不同,通常在 3.5~10 kHz 范围内,发射功率最大的超过 100 kW。

舰壳式声呐主要由基阵、发射信号源、发射功放、储能电源、前置预处理机、信号处理机和显控台等组成,如图 2-1-13 所示。

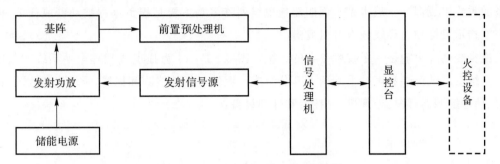

图 2-1-13 舰壳式声呐组成框图

舰壳式声呐各组成部分功能如下:

1)基阵。基阵能完成声能与电能的转换,实现声信号的发射与接收,也称为水下天线。构成基阵的水声换能器可以是收发共用的,也可以是收发分开的。收发分开的阵有两个,一个作发射阵,一个作接收阵。只作接收的阵也称水听器阵。为发射信号时,基阵将发射机输出的大功率电信号转换成声信号,向水中发射;为接收信号时,使水中微弱的声信号转换成电信号,送接收机放大与处理。

2)发射信号源。信号源接收信号处理机送来的控制命令,并按命令产生发射信号,形成发射波束。发射分全向发射和定向发射,全向发射向 360°范围空间发射声波;定向发射向某一个方位的一个扇面范围内发射声波,其能量相对集中,相同功率下可探测更远距离的目标。波形发生器是产生发射波形的部件,可根据需要产生不同形状的调幅单频脉冲、调幅脉冲、编码脉冲或其他形式的脉冲。相控发射器的作用是将波形发生器产生的信号复制为 m 路(m 是参与发射的换能器基元数)信号,并对每一路信号进行相控,通过相控参数形成指向性发射波束。相控的方法可以是移相,也可以是延时。

3)发射功放。对发射信号源提供的信号进行功率放大。主动声呐的功率放大器与相控发射器一一对应,也有 m 路,它们对经过相控的信号进行功率放大以驱动相应的换能器基元。收发转换装置的作用是在发射时将各路功率信号接至相应的换能器基元,同时将接收显示系统对应的各路输入端与发射端隔离,保护各输入端不受损害。

4)储能电源。储能电源为发射功放提供大功率直流电源。它能缓解脉冲发射期间对舰上电网的冲击。

5)前置预处理机。基阵接收的回波信号送至前置预处理机,进行放大与滤波后输出至信号处理机。

6)信号处理机。将前置预处理机送来的信号变换成数字信号,然后完成波束形成、信号处理、目标跟踪处理、目标识别等运算。

(2)舰载拖曳线列阵声呐的基本组成。拖曳线列阵声呐突破了通常基阵孔径大小要受装载平台尺寸的限制,其孔径比舰壳式声呐基阵要大一个数量级以上,基阵远离拖曳平台上千米,背景干扰大大减小,并可选择在最佳深度上工作。拖曳线列阵声呐已发展成警戒型和战术型两大类型。警戒型拖曳线列阵声呐作为超远程探测水下目标的主要手段,已成为水下预警体系的重要组成部分。战术型水面舰艇拖曳线列阵声呐主要是担负远程被动警戒任务,为主动声呐指示目标和引导舰载直升机反潜。

拖曳线列阵声呐是一个技术复杂的系统。图2-1-14为拖曳线列阵声呐系统的组成框图。系统由声呐湿端和声呐干端两大部分组成。湿端包括拖线阵和拖缆,干端包括收放/存储装置、信号解调器、信号处理机、显控台和外部设备。

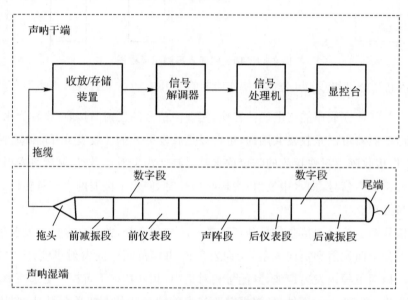

图 2-1-14 拖曳线列阵声呐系统组成框图

1)声呐湿端。湿端是指声呐系统工作时处于水中的部分,有拖线阵和拖缆。

A.拖线阵。拖线阵由拖头、前减振段、数字段、前仪表段、声阵段、后仪表段、后减振段等部分组成。

(a)声阵段。声阵段由数十个至数百个水听器构成接收线列阵,分成几个模块,嵌装在拖缆上。美国海军 SQR-19 的声基阵有 8 个声学模块,其中 4 个低频声模块、3 个中频声模块和 1 个高频声模块,构成高、中、低频 3 个子基阵。每个声模块长 12 m,有 48 个等间距的水听器,经过 48 个通道传送信号。每一个通道都有相应的前放和抗混滤波器电路。

(b)减振段。减振段由减振模块组成。它是一种复合结构的阻尼振荡装置,可以减小拖船和拖缆振动以及尾端的振动对声阵段的影响。

(c)数字段。数字段由数字处理模块组成。模块中包括多通道的同步采样/保持(S/H),模数转换(A/D)及混合调制等步骤。

多路水听器信号在声阵段进行前置放大和抗混滤波后进入数字段进行处理,仪表段的拖线阵姿态信号也进行一定的预处理后进入混合调制器。水听器信号和姿态信号在混合调制器中进行混响调制后,一起经拖缆送到声呐干端。

(d)仪表段。仪表段由仪表模块组成。模块中包含航向、深度和温度传感器,用以测量拖线阵的拖曳姿态和海洋环境条件数据。获得的数据是随线阵的位置和海水温度变化的,由此监视拖线阵的水下姿态和选择良好的传播条件。

(e)拖头。拖头是拖缆与拖线阵的机电接口件,承担拖曳张力的传递和信号的转换,具有良好的线形,表面光顺,能方便地插接、可靠地密封,并有足够的抗拉强度。

(f)尾段。该段由尾部结构和尾绳组成,其作用是减小因拖线阵尾流不稳性引起的机械波和声波的干扰,以保持拖曳时线阵形状的稳定。

B. 拖缆。拖缆是一条铠装多芯电缆,用于拖曳、定深和传输信号。在拖曳中,能承受拖曳张力,并根据拖速来调节放缆长度,使拖线阵工作在要求的深度。拖缆长度达 1 500 m,直径约 30 mm。

美国通用电气公司和 Gould 公司等协作研制的 SQR-19 大型拖线阵声呐,线阵长为 245 m,直径为 82.75 mm,拖曳深度可达 365 m,拖缆长为 1 700 m,临界角拖曳方式,拖速较高。

英国普莱赛公司研制的 COMTASS 拖线阵声呐,其线阵长为 129 m,直径为 63 mm,拖缆直径为 25 mm,最大总拖曳质量为 2 210 kg,使用临界角拖曳方式,最大拖速为 30 kn,适于中、小型舰艇使用。

2)声呐干端。

A. 收放/存储装置。收放/存储装置由绞车本体、动力装置、绞车操纵台和缆阵托架等组成,用于拖曳线列阵声呐,可对拖缆及线列阵的收、放进行自动控制,平时声呐不使用时又是拖缆及线列阵的存储装置。

B. 信号解调器。湿端传来的混合调制信号通过信号解调器进行解调后,送往信号处理机。

C. 信号处理机。信号处理机对来自信号解调器的多路信号进行空间处理、时域处理和频域处理,以提高信噪比,从背景噪声干扰中检测出目标辐射的信号,并且对多个目标进行自动跟踪和目标分类识别。

D. 显控台。显控台通常应有全景警戒和目标跟踪显示。

E. 外部设备。为了对声呐系统进行检查和调试,培训操作人员,记录并分析战况,记录原始数据以扩充目标特性数据库,声呐系统应该配备基阵模拟器、信号存储器、硬拷贝机、录像机以及录音机等外部设备。

水面舰艇使用的被动式拖线阵声呐有两种拖曳方式。一种是带定深器的拖曳方式,即拖缆与线列阵之间装有定深器,用以控制拖曳线阵的深度;另一种是临界角拖曳方式,即不带定深器,由线阵本身质量下沉,通过改变拖船速度和放出的缆长控制线阵的深度。目前多用临界角拖曳方式。

3. 声呐传感器信息测量的基本原理

声呐探测水中目标的方式有两种:一种是向水中发射声信号,然后检测出物体的回波,即主动方式;另一种是直接接收物体辐射的声能,即被动方式。以下将分别进行描述。

(1)主动声呐的简要工作原理。有目的地、主动地发射声波,并利用回波进行探测的声呐称为主动声呐。它可探测水下目标,并测定其方位、距离等参数。其工作原理如图 2-1-15 所示。

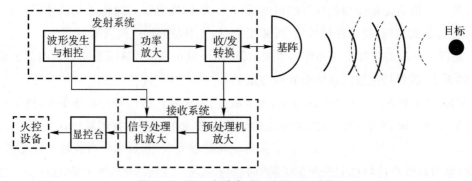

图 2-1-15 主动声呐工作原理示意图

主动声呐通过基阵发出的一定形式的声呐脉冲信号在水中向不同方向传播,在遇到水中目标时,传播的声脉冲信号被目标反射。目标反射信号作为回波返回基阵被接收。基阵除接收到目标回波以外,还有发射波被海底、海面、水团和其他物体散射所产生的混响以及海洋环境噪声、本船噪声和其他干扰。声呐接收机如能从干扰背景中提取出目标回波,则判定为有目标,并可从回波的到达方向和到达时刻与发射时刻的时间差(声波在海水中的传播速度已知)获取目标的方位和距离。

当发现目标时,可利用活动波束对感兴趣的目标进行自动跟踪。通常可同时利用多个活动波束跟踪多个目标。用于跟踪目标的活动波束称为跟踪波束。跟踪波束一般做成分裂波束的形式,即把形成波束的换能器组(水听器组)分成左右相等的两半,由两个半组换能器(或水听器)形成的一对波束称为分裂波束对,通过求取两个分裂波束接收目标回波的时间差,估计出目标的实际方位,并根据回波到达时刻与发射时刻的时间差计算目标距离。

有经验的声呐操作者通过收听目标回波就可对目标进行类型识别,这是主动声呐目标识别最基本的方法。自动目标识别系统也逐渐成为协助声呐操作者识别目标的有力工具。主动声呐通常是从单个或一组波束输出的目标回波中提取有关目标特征的信息,再将这些信息与事先统计得出的模板进行比较,从而识别出目标类型。

(2)被动声呐的简要工作原理。被动声呐的工作原理图如图 2-1-16 所示。

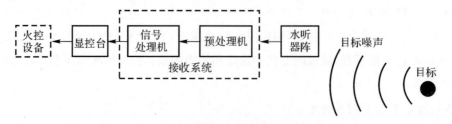

图 2-1-16 被动声呐的工作原理示意图

航行中的水下目标辐射噪声(称为"信号")向各方向传播,由被动声呐的水听器阵接收。

同时作用于水听器阵的还有本船噪声、海洋环境噪声等干扰(称为"噪声")。被动声呐接收机对水听器阵接收的"信号"和"噪声"的混合信号进行处理,通过提取信号抑制噪声,提高输出信噪比。当输出信噪比达到某一门限时,即判断为存在目标,并可通过水听器阵的指向性得到目标的方位。被动声呐的跟踪方法与主动声呐相近。由于被动声呐的目标信号是连续的,故可连续跟踪目标,这与主动声呐发射一次只能得到一次回波信息的跟踪方法有所不同。

(3)声呐传感器测量的信息。被动声呐传感器测量提供的目标信息只有目标方位角。主动声呐传感器测量提供的目标信息主要是目标距离、目标方位角。

(4)声呐传感器测量信息的数据率。主动声呐传感器测量的目标信息的数据率,受声波在水中传输速度(约1 500 m/s)的限制,主要与距离量程有关,当目标距离较近时可几秒测量一次数据,而当目标距离较远时可能要十几秒甚至几十秒才能提供一次测量数据。被动声呐传感器测量的目标信息的数据率则可根据系统要求设定,通常为几秒测量一次。

(5)声呐的目标方位测量原理。声呐基阵具有方向性,这是声呐能够对目标定位的基础。测定目标的方位,实际上就是判断声呐基阵的波束方向是否已对准目标。声呐对水中目标的测向是利用声波到达水听器基阵的声程差或相位差来进行的。

如图2-1-17所示的二元基阵,若其间距为d,则平面波到达两阵元的声程差为

$$\varepsilon_a = d\sin\alpha \tag{2-1-6}$$

式中:α为目标的方位角,定义为声线与基阵法线方向的夹角。

两接收器接收声压或输出电压间的时间差为

$$\tau = \frac{\xi_a}{C} = \frac{d}{C}\sin\alpha \tag{2-1-7}$$

两接收器接收声压或输出电压间的相位差为

$$\varphi_a = 2\pi f\tau = 2\pi f\frac{d}{C}\sin\alpha = 2\pi\frac{d}{\lambda}\sin\alpha \tag{2-1-8}$$

由式(2-1-7)可知,两基元信号的时间差和相位差与目标的方位角相对应。可见,测量出反应声程差的时间差或相位差,就可估计出目标的方位数据。在声呐定向中常用的方法有最大值测向、相位法测向、振幅差值测向、相幅法测向和正交相关法测向等。

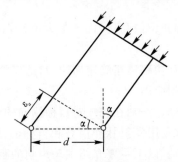

图2-1-17 二元基阵定向原理图

1)最大值测向。最大值测向方法可以直接利用声系统的方向性本身来对目标定向。由于基阵输出电压随目标的方位角的变化而变化,所以可以利用接收到的信号幅度达到最大时基

阵的指向来确定出目标的方位。这种方法不是直接测量相位差的,故属于间接测量方法。其优点是简单,一般利用人耳或视觉指示器均可判断最大信号幅度值。当波束对准目标时,耳机里听到的声音最响,只要转动基阵或补偿器,始终保持听到的声音最响,便能跟踪目标。其缺点是定向精度不高。

2)相位法测向。相位法测向是利用视觉显示的一种定向方法。通过将声系统分成两个子阵系统,构成两路信号,经和、差及相移处理送至显示器,便可通过显示器上的亮线的偏角测出目标方位。

若显示器上的亮线是垂直的,则说明波束对准目标,各基阵单元接收到的目标回波信号同相叠加;若显示器上的亮线是倾斜的,则说明波束未对准目标,各基阵单元接收到的回波信号有相位差,这时只要转动基阵或补偿器,始终保持显示器上的亮线是垂直的,便能实时测取目标方位。

3)振幅差值测向。如图 2-1-18 所示,若有两个性能相同的接收阵 1、2,它们各自方向性函数的主极大值方向为 N_1、N_2,其夹角为 α,N_0 为参考方向。由图 2-1-18 可知,$\Delta u(u_2 - u_1)$ 随偏角 $\Delta \alpha$ 的增大而增大,若声波沿 N_0 方向入射,则两接收阵输出幅度相同,Δu 为零。这种测向方法称为振幅差值法。当偏角 $\Delta \alpha$ 不大时,$\Delta \alpha$ 与 Δu 为线性关系,根据 Δu 的大小及其极性,即可求取目标方位角。

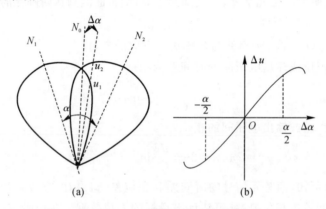

图 2-1-18 振幅差值测向原理图
(a)两接收阵的指向性;(b)振幅差值特性

振幅差值法的测角精度不如相位法高,但优于最大值法,在对目标方位进行自动跟踪时,是一种常用的方法。

随着信号处理技术的发展,互功率谱精确定向法、自适应相位估计技术等新的声呐定向方法,在数字式声呐系统中开始得到应用。

(6)声呐的目标距离测量原理。声呐在完成对目标测向的同时,还要完成对目标距离的测量。主动声呐测定目标距离可以利用发射脉冲信号和目标的回波信号,而被动声呐则只能利用目标声源发出的信号或者噪声。以下主要介绍主动声呐的距离测量原理。

主动声呐的距离测量通常采用的方法有脉冲测距法、调频信号测距法、相位测距法。

1)脉冲测距法。声呐的脉冲测距法原理与雷达测距原理基本相同。因为主动声呐能够主动地发射声波,当声波遇到目标时被发射回来,所以,只要准确地测量出从发射信号到接收到目标信号的时间 T,就可以计算出目标距离。设目标距离为 R,海水中声波的传播速度为

C,则
$$R = CT/2 \qquad (2-1-9)$$

2)调频信号测距法。利用调频信号来发现目标并测量距离是近代声呐中常采用的方法。其基本原理是发射调频信号,利用收发信号的频率来测量距离。

3)相位测距法。相位测距法是利用收发信号间的相位差来测量距离。当采用双频载波方法时,可以利用两个发射机的发射信号频率 f_1 和 f_2,混频后得到一个差频信号,结果可接收发相位差在 2π 以内。准确地测量从发射信号到接收信号的相位差 $\Delta\varphi$ 后,即可计算出目标距离为

$$R = \frac{C\Delta\varphi}{4\pi(f_2 - f_1)} \qquad (2-1-10)$$

2.1.6 电子侦察测量信息

1. 电子侦察设备的用途和主要功能

电子侦察设备能够在密集复杂的电磁信号环境中截获、分选、分析、处理和识别各种辐射源的信号,并能对威胁信号发出声光告警,同时能在系统指挥控制设备的控制下引导电子干扰设备对威胁目标进行威胁对抗,甚至可以引导反辐射攻击设备对敌攻击。

舰载电子侦察告警设备主要为雷达侦察告警设备。

(1)舰载雷达侦察告警设备的用途。舰载电子侦察设备的主要用途是通过对敌方雷达信号的搜索、截获、分选、分析和识别,对敌方雷达进行定向。

(2)舰载雷达侦察告警设备的主要功能。

1)对敌方雷达信号进行方位和频率截获;

2)信号分选、分析和识别;

3)对威胁信号进行告警处理;

4)测量并提供威胁信号方位和特性数据。

2. 雷达侦察告警设备的基本组成

雷达侦察告警设备主要由天线、接收机、信号处理机和告警装置等组成,如图 2-1-19 所示。

雷达侦察告警设备各组成部分功能如下:

(1)天线。雷达侦察告警设备的天线常分为测频天线和测向天线两类。测频天线常采用宽频带全向天线。为覆盖几百兆赫兹到几万赫兹宽的频带,测频天线常常要划分为多个频段。测向天线大多采用多个宽频带定向天线,在空间等间隔安装,通过比幅测向法确定所截获的雷达信号的方向。常用的有 4 单元或 6 单元测向天线。天线单元数越多,测向精度得到的改善越显著。为了提高测向精度,有的设备采用 16 元、24 元或 32 元的多波束测向体制,或者比幅比相混合测向体制,以提高测向精度,测向精度最高已能达到 1°。

(2)接收机。雷达侦察告警设备的接收机分为测向接收机和测频接收机两种。测向接收机通常由多路性能一致的直检式视频放大电路组成,通过放大,由天线接收的信号,比较相邻放大电路输出的信号幅度,换算出信号的方位。为了提高接收机的动态范围,接收机通常采用对数视频放大技术。

测频接收机用于测量所截获信号的射频频率。根据对测频精度要求的不同,测频接收机的性能有很大差别。如测频精度要求不高,可采用频率分路器来测频。如需较高的测频精度,可采用延迟线式鉴频器,即瞬时测频技术来测频。

舰船上都装有雷达等辐射信号的设备,这些信号会通过告警设备的天线进入接收机,造成虚假告警或阻塞接收机而不能正常工作。为了克服这种现象,一般雷达侦察告警设备中还带有雷达信号匿影电路,以便剔除这些本舰信号,保证设备的正常工作。

(3)信号处理机。雷达侦察告警设备的信号处理机主要用于对威胁信号的识别。为了测量雷达信号的其他参数,常将测频接收机的各路对数视放输出分出一路,经多路复用电路,送到参数测量电路,测得脉冲宽度、重复频率等参数,送到信号处理器进行信号的预处理,生成雷达信号脉冲描述字,利用威胁数据库,将被截获信号的技术参数如载频、重频、脉宽等与威胁数据库中所存数据比对,两者参数差别较小时,就判定所截获的信号是一个威胁信号。

(4)告警装置。在威胁识别后,可在显示器上显示,也可用灯光、音响报警的方法警示操作员,提醒操作员及时采取对抗措施或机动规避威胁,并能实时地把威胁信号变化的参数传递给雷达干扰设备,以便雷达干扰设备正确跟踪干扰选定的威胁目标,保证干扰的有效性。

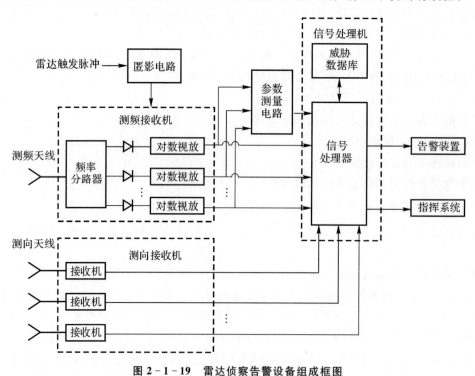

图 2-1-19　雷达侦察告警设备组成框图

3.雷达侦察告警设备信息测量的基本原理

(1)雷达侦察告警设备的简要工作原理。外部空间存在的雷达信号经过雷达侦察告警设备的天线和接收机后,形成脉冲信号流被分别送往各个频段的参数测量模块,进行方位、幅度、到达时间、频率、脉宽等参数的测量与编码,形成各个脉冲信号的数字描述字。信号分析处理模块将这些经过数字化处理的信号进行分选。分选后的信号经过识别、统计、跟踪以及威胁判断等结果,其处理结果将被送至显控台进行参数显示。如果确认信号为高等级威胁信号则进行声光告警,以便及时采取对抗措施或规避威胁,保护作战平台的安全。同时,还能及时引导雷达干扰设备做出最佳的干扰响应,向舰上指控系统传送获取的雷达信号情报数据,支援舰上作战指挥的战术决策。

(2) 雷达侦察告警设备测量的信息。电子侦察设备测量的主要信息是威胁信号方位,以及威胁信号载频、载频捷变量、脉冲相对幅度、脉宽、重频参差数、重复频率、重频抖动量、天线扫描方式、天线扫描周期等。

根据威胁信号的特性,还可通过分析、比对和识别后确定出目标特性,比如雷达类型、敌我属性、威胁等级等。

(3) 雷达侦察告警设备测量信息的数据率。雷达侦察告警设备测量信息通常是在发现威胁信号后立即给出,此后对同一威胁信号通常几秒更新一次数据。

(4) 雷达侦察告警设备的测向原理。电子侦察设备的测向基本原理是利用侦察测向天线对不同方向到达的电磁波所具有的振幅或相位响应特性,确定雷达辐射源的入射方位。常用的测向方法有振幅法测向和相位法测向。

1) 振幅法测向。振幅法测向是根据天线系统侦收信号的相对振幅大小来确定辐射源方位角。常用的振幅法测向技术有波束搜索法测向、全向振幅脉冲测向和空间多波束测向技术。

2) 相位法测向。相位法测向是根据天线对不同到达方位电磁波的相位响应来测量辐射源方位角。常用的相位法测向技术有数字式相位干涉仪测向和线性相位多模圆阵测向技术。

2.2 导航气象信息

2.2.1 舰艇导航系统

舰艇在海上航行,必须知道自身的位置、航速、航向和航程。由于各种舰船,特别是导弹核潜艇的出现,为了满足发射导弹和稳定其他装置的需要,除要求导航系统提供上述数据外,还要提供水平基准信号。舰艇的导航方法有多种,根据获得导航数据的手段,其方法大致可分为两类:观测舰位法和推算舰位法。

表 2-2-1 给出了几种常用导航设备的性能和优、缺点。

表 2-2-1 常用导航设备性能对照表

名称	频段	覆盖范围	定位时间	输出数据	精度	优、缺点
惯性导航		全球		经纬度、航向、航速、纵摇、横摇	定位精度为 0.4~0.7n mile(10 h);航向误差 1′ 以内,水平误差 5″~8″	自主式,有航向、航速,位置和姿态输出,能长期在水下潜航;有积累误差,造价高

续表

名称	频段	覆盖范围	定位时间	输出数据	精度	优缺点
卫星导航	150 MHz 400 MHz	全球	定位时间 8～15 min,定位间隔平均 1.5～2 h	经纬度	50 m 圆概率(双频)128 m(单频)	精度高,使用范围广,全球,全天候;不能连续定位,需要推算法支援,不能入水,造价中等
天文导航		全球	40 s	经纬度、航向修正量	1 n mile	精度有限,受气候限制
奥米加导航仪	10.2 MHz 11.3 MHz 13.6 MHz	全球	搜索约 3 min 连续跟踪	经纬度	1～2 n mile	全球全天候,水下接受,水下深度可达 12～15 m,造价低;精度有限,有多值性。
劳兰 C 导航仪	100 kHz	1 200 nmile,覆盖北半球海域的 2/3	搜索约 3 min 连续跟踪	经纬度	0.25～1.2 n mile	精度高,无多值性,使用范围广;造价中等,覆盖区不够大,入水较浅
全球定位系统	1 227 MHz 1 575 MHz	全球	连续定位	绝对三维位置、速度、时间	P 码:水平方向为 7 m,垂直方向为 9 m,速度为 0.1 m/s,时间为 15 ns;C/A 码:水平方向为 25 m,垂直方向为 35 m,速度为 0.1 m/s,时间为 100 ns	精度高,连续定位,多用性好,陆、海、空军民共用;造价中至高等

  观测舰位法是依靠观测外部目标或接受外部(光波、无线电波)信息来确定的。这种导航方法主要有地文导航、天文导航、无线电导航和卫星导航等。

  推算舰位法是用舰艇自身的导航设备,不断测量舰船的航向、航速或加速度,加入初始位置,推算舰船的瞬时位置。例如,利用陀螺罗经测量舰船的航向,利用计程仪连续测量出舰船相对海水的速度,将速度在相应的坐标上分解,再对时间积分,可以求出舰船的航程。惯性导航法是推算舰位法的一种,它是利用加速度计测量舰船的运动加速度,对时间进行两次积分,从而确定舰位。

  由此可知:

  (1)惯性导航具有优良的工作特性,能连续提供定位和姿态等多种导航信息,但误差随时间积累,因此不能单独长时间工作,必须定期加以校准,且系统造价高,这限制了它的应用范围。

  (2)卫星导航提供的船位信息精度高,且在全球范围内都可以得到,但是卫星定位信息存在几何精度系数影响精度及受制于人的问题。

(3) 无线电定位信息连续、长期稳定、精度高,但受区域、时间和气候影响较大,其庞大的岸台也易被干扰和摧毁。

因此,任何一种导航设备的性能和应用范围都有一定的局限性,不可能完全满足现代各种舰船的导航要求。为了实现高精度、高可靠性、全球、全天候和水上水下连续定位的导航,途径之一是把这些单一的导航设备组合起来,构成一个有机的整体,形成组合导航系统。

在水面舰艇导航系统中,主要的导航设备有惯性导航系统、平台罗经、陀螺罗经、磁罗经、GPS、回声测深仪、计程仪、气象仪、导航雷达等。导航系统的设备水平都在不断提高,如美国从 1995 年开始,航空母舰上的惯性导航系统用环形激光陀螺仪代替静电陀螺仪和液浮陀螺仪,用环形激光陀螺罗经代替平台罗经,用舰载接收机代替无线电导航设备,用多普勒计程仪代替电磁计程仪。

舰船导航技术随着科学技术的发展而发展。20 世纪 60 年代初出现了组合导航,20 世纪 70 年代初出现了综合舰桥系统,20 世纪 80 年代出现了组合导航控制系统,20 世纪 90 年代出现了导航、控制、通信一体化系统,导航自动化的程度越来越高。导航技术已经从单纯提供导航数据到具有导航制导的功能,向导航、制导和控制等多功能的方向发展。

2.2.2 捷联垂直基准

火控设备、雷达和光电指向器等设备均需要导航仪提供实时的舰艇姿态角及姿态角速度,而过去这些信息均由位于舰艇摇摆中心附近的主导航设备(如平台罗经、方位水平仪和惯导系统等)提供。在驱逐舰、护卫舰与航空母舰等大、中型舰艇上,火炮、雷达天线和光电指向器等设备的安装点往往远离舰艇摇摆中心,而且船体变形随着温度、负载的变化和风浪冲击等因素呈动态变化,因此主导航设备提供的姿态角并不能反映炮塔、天线座和光电指向器所在点的真实姿态角。

舰载挠性捷联垂直基准设备可安装在雷达、光电指向器、火炮或导弹发射架等的安装部位,连续提供安装部位的纵摇、横摇及姿态角速度等信息,可以补偿因为大型水面舰艇的甲板在温度场、风浪、发射导弹和炮弹的冲击及内部机器的振动等作用下造成的甲板变形对武器的影响,从而提高武器系统的命中精度。

所谓"捷联(Strap Down)",在英文中的原意是"捆绑",而"捷联垂直基准"就是将惯性敏感元件(陀螺和加速度计)直接安放在载体上通过解算对外输出安装部位的纵摇角、横摇角及其角速度等信息。

捷联垂直基准设备一般由惯性测量装置和电子线路组成。

惯性测量装置一般刚性安装在火控系统中的雷达、光电指向器、火炮或导弹发射架等的安装部位。但当惯性元件特别敏感的频率是载体运动的频率时,必须将其安装在减震基座上,以隔离载体的这种运动。惯性测量装置中包括三个单自由度的陀螺仪或两个双自由度的陀螺仪和三个加速度计,这些惯性元件安装在一个刚性构件上,这个构件直接或通过减震基座安装在载体上。

捷联垂直基准设备相对于平台式惯性导航系统省掉了机电式的导航平台,在计算机内建立所谓"数学解析平台"取代几何实体平台,在计算机内完成各种坐标系的转换、数据补偿、解算姿态角信息等。由于系统中的计算机既要接收陀螺在静态时的每小时百分之几度的陀螺漂移数据,又要接收载体在运动时每秒几十度的角速度数据,动态范围高达 $10^6 \sim 10^7$,这就要求计算机有较长的字长。由于载体运动的角速度比较快,要实时采集陀螺和加速度计的数据并及时解算出姿态角才能反映载体的运动情况,这就要求计算机的速度快。数字信号处理器(Digital Signal Processor,DSP)能够满足上述要求,非常适合在捷联垂直基准设备中应用。

捷联垂直基准设备测量出光电跟踪仪、舰炮和雷达等安装位置的姿态角和姿态角速度后,一般通过局域网与雷达、光电和火控设备接口,并接收主导航设备通过局域网发来的初始对准信息。导航解算的数据还要传送给控制显示装置,以便进行系统调试、命令输入和状态显示等操作,为此捷联垂直基准设备采用双计算机的工作方式。由计算机实现外围接口部分的功能,由 DSP 实现系统的计算功能,两个计算机之间通过双口 RAM 进行数据交换。

捷联垂直基准设备具有如下特点:

(1)惯性元件可以直接安装在载体上,安装方便,易于维护和更换。

(2)惯性敏感传感器可以直接给出载体坐标系轴上的线加速度和角速度等信息,以供载体稳定控制和武器装备控制系统所用。

(3)由于去掉了具有常平架的平台,一则消除了稳定平台稳定过程中的各种误差;二则由于不存在机电结合的常平架装置,整个系统可以做得小而轻,便于使用和维护。

(4)用"数学平台"取代机械平台,增加了导航计算机的计算量,同时因载体姿态角的变化速率很快,故相应的姿态计算必须有高速度的计算机。这就是说,捷联垂直基准设备对导航计算机性能提出了更高的要求。

(5)惯性元件的工作环境比平台式惯性导航系统中的惯性元件要差,惯性元件误差对系统误差的影响要比平台式惯性导航系统大。因此,捷联垂直基准设备对惯性元件的要求比平台式要高,要求惯性元件在载体的振动、冲击、温度等环境下精确工作,相应的参数和性能要有很高的稳定性。

捷联垂直基准设备结构简单、功耗小、造价低、启动快、使用简单方便、可靠性高、可维修性好,更适合大规模批量生产。

现代捷联系统的特点是:有一定的精度、反应时间短、可靠性高、体积小、质量轻。随着惯性元件和高速、大容量数字计算机的不断发展,从国际上看,捷联系统已在大部分的场合取代了平台式系统,它是惯性技术的主要发展方向。

现代舰载武器系统、观测系统随着射程(作用距离)与精度的提高,对姿态精度的要求也不断提高,而甲板变形等带来的影响已经不容忽视,现较为经济适用的方案就是配备捷联式姿态基准设备。

2.2.3 气象信息

气象仪可以给出风向、风速、气温、气压及相对湿度的信息。气象仪的基本测量项目、测量范围及准确度见表 2-2-2。这些信息可以以串口的形式对外输出。

表 2-2-2 气象仪的基本测量项目、测量范围及准确度

测量项目	测量范围	准确度
瞬时风速	1~70 m/s	±0.5 m/s
瞬时风向	0~360°	±5°

续表

测量项目	测量范围	准确度
平均风速	1～70 m/s	±0.5 m/s
平均风向	0～360°	±5°
气温	−40～50℃	±0.5℃
相对湿度	30%～100%RH	±5%RH
气压	810～1 050 hPa	±1.5 hPa

2.3 其他信息

舰艇指控系统除使用本舰艇平台所配传感器提供的目标信息外,还可使用来自外部平台或指挥所等的目标信息。而战术数据链和卫星通信是舰艇接收外部信息的主要手段。

2.3.1 战术数据链

1. 战术数据链的用途

战术数据链,在美国称为 Tactical Data Information Link(TADIL),在北约称为 Link,是采用无线电通信装备和数据通信规程,直接为作战指挥和武器控制系统提供支持、服务的数据通信系统。美国国防部对战术数据链的定义为:战术数据链是用于传输机器可读的战术数字信息的标准通信链路。

数据链作为军队指挥、控制与情报系统传输信息的工具和手段,是信息化战争中的一种重要通信方式。战术数据链的主要用途是保证战场上各个作战平台之间战术数据实时、准确、自动、保密地传输和交换。

2. 战术数据链的功能与特点

战术数据链主要具有战术数据发送、接收、加密、解密和抗干扰等功能。新型的战术数据链还具有精确定位和识别、相对导航、通信中继等功能。

战术数据链是一种面向作战应用的系统,传输的主要信息是具有实时性要求的格式化作战数据。与一般的通信系统相比,战术数据链具有如下几个特点:

(1)信息传输的实时性。战术数据链由于传输的是与作战应用直接相关的目标信息和指挥引导等战术数据,对目标信息的更新周期具有确定的要求,因此,战术数据链在提供足够传输带宽的同时,必须保证传输时延满足信息传输的实时性要求。

(2)信息传输的可靠性。战术数据链主要通过无线信道来传输信息。信号在无线信道传输的过程中,要跨越复杂电磁环境的战场空间。为了保证战术数据持续、稳定地高质量传输,必须确保传输的可靠性。

(3)信息传输的安全性。为了不让敌方截获我方信息,战术数据链一般都具有加密手段,针对不同敏感级别的信息采用不同的信息加密技术,以确保数据传输的安全性。

(4)信息格式的一致性。为了方便地实现各个作战平台之间的互通互联,避免信息在网络间交换时因格式转换造成延迟,战术数据链都具有统一的信息格式。

3. 常用的战术数据链

为适应作战方式的多样化,数据链也有着多种类型,各种数据链都有其特定的用途和服务对象。应用于海军舰艇、飞机等作战单元的战术数据链,从应用角度可分为三类。

第一类是以搜集和处理情报资料、传递战术数据、共享信息资源为主的数据链。它通常用于传输处理后的传感器数据,需要较高的传输速率和较低的差错率,一般用在电子侦察机、预警机、无人侦察机和水面舰艇上,其典型代表为11号数据链。

第二类是以命令传递、战情回报、请示、勤务通信及空中战术行动的引导指挥为主的数据链。它通常用于传输简单的非语音命令数据或战情资料,所需的传输速率不高,但须确保数据准确、可靠,一般在战斗机、攻击机、武装直升机上使用,其典型代表为4号数据链。

第三类是综合数据链。这种数据链路同时拥有上述两类数据链的功能,甚至能同时传送数字话音。这种数据链不仅传输速率高,而且具有抗干扰和保密的双重功能,是当前机载、舰载数据链路的主流,其典型代表为16号数据链。

以下将分别对4号、11号和16号数据链进行简要介绍。

(1) 4号数据链。4号数据链,北约称之为Link 4,而美国称之为TADIL C,是一种非保密时分数字数据链路,使用串行传输和标准报文格式。4号数据链有多种类型,其中Link 4A主要用于舰载平台与机载平台之间的数据通信。

Link 4A数据链是一种采用命令——响应协议的半双工或全双工飞机控制链路,通常把战术和支援飞机与飞机控制单元连接起来,用以在控制站和受控飞机之间传输飞机控制和目标信息。Link 4A系统一般由控制站终端分系统、传输分系统和受控站终端分系统组成,而一个典型的终端分系统包括UHF(Ultra High Frequency,特高频)无线电设备、数据终端设备、计算机数据处理器和用户接口设备。

Link 4A数据链工作在UHF频段,该频段传输速率为5 kb/s,信道间隔为25 kHz,数据吞吐量为3 kb/s,舰对空作用距离为170 n mile,空对空作用距离为300 n mile。采用单频时分多址技术和频移键控调制方式进行信息传输。其控制报文为V序列报文,而应答报文为R序列报文。报文格式一般有5部分,依次为同步脉冲串、保护间隔、起始位、数据、发射非键控位。控制站数据终端设备每32 ms传送一次报文,其中14 ms为发送期,18 ms为应答接收期,飞机只有接收到控制报文才会传送应答报文。

Link 4A数据链具有高可靠性、易于维护和操作、连接时间短等优点,但数据吞吐量有限,无电子对抗能力,报文保密性能比较差,只能满足有限的参与者(最多8个)。

(2) 11号数据链。11号数据链,北约称之为Link 11,美军称之为TADIL A,主要用于舰船之间、舰队与岸基指挥所之间的情报交换。

Link 11是一条保密的半双工网络化数字数据链,采用并行传输和标准报文格式,主要用于实时交换电子战数据,空中、水面、水下的航迹,并传输命令、告警和指令信息,在机载、地基和舰载战术数据系统之间交换数字信息。一个典型的Link 11系统由计算机、通信保密设备、数据终端机、HF或UHF无线电设备组成,数据终端机与无线电设备相连,完成所有与网络操作有关的控制功能。

Link 11数据链工作在HF和UHF两个频段,标准的传输速率为1.2 kb/s和2.4 kb/s,信道间隔为3 kHz。在HF频段能覆盖信息发送点周围300 n mile的区域,在UHF频段能够达到舰对舰 25 n mile、舰对空 150 n mile 的覆盖。以 M 序列报文传输信息,采用模拟音频信号传输数据和语音信号,报文格式包括同步头、相位参考帧、数据帧、起始/终止码和地址码。

为了有效实现自动联网数据通信,使网络各系统之间能有效地交换战术信息,Link 11 数据链有网络同步、网络测试、轮询、广播、短广播、无线电沉寂等 6 种工作模式。"轮询"工作模式是其主要工作方式。

Link 11 数据链由于采用定频技术,抗干扰能力比较弱,而且传输速率低,系统容量有限,不具备语音传输功能。

(3)16 号数据链。Link 16 数据链是美国和北约部队广泛采用的一种新型战术数据链。美军称其为战术数据信息链路 J(TADIL J),是伴随着美国三军联合战术信息分发系统(Joint Tactical Information Distribution System,JTIDS)的研制、发展和应用而形成的新一代数据链。

Link 16 是保密、大容量、抗干扰、无节点的数据链路,采用联合战术信息分发系统传输特性和接口设计规划所规定的协议、约定和固定长度报文格式。一个典型的 Link 16 数据链路系统由计算机、数据终端机、JTIDS 终端及天线组成。

Link 16 号数据链路工作在 Lx 频段,信道间隔为 3 MHz,数据速率为 28.8 kb/s(1 类终端)和 115.2 kb/s(2 类终端),在工作频段内信息发送覆盖范围达 300 n mile,中继后可达 500 n mile。该数据链通过信息广播的方式进行数据交换,采用最小移频键控调制方式,选用直接序列扩频、快速跳频、信道编码及脉冲工作等抗干扰方式,以保证信息传输的准确性、安全性。

Link 16 采用向每个 JTIDS 单元分配单独时隙进行数据传输的网络设计,以时分多址为工作方式,信息报文以 J 序列为标准。报文信息将时间轴划分为许多个长为 12.8 min 的时元,每个时元又划分为 64 个长为 12 s 的时帧,每个时帧又划分为 1 536 个长为 7.812 5 ms 的时隙,以时隙为单位将资源分配给系统成员。

与 Link 11、Link 4A 相比,Link 16 数据链系统性能有着明显的改进:数据率、抗干扰能力、保密性能和参与者数量有了很大的提高,其最显著的特点是具有相对导航、精确定位和识别功能以及组网能力。

2.3.2 卫星通信

1. 舰载卫星通信设备的用途

卫星通信就是无线电通信站之间利用卫星作为中继站进行的通信。随着卫星通信技术的飞速发展,卫星通信在军事通信领域内已成为不可或缺的部分,显示出其强大的生命力。卫星通信的主要特点如下:

(1)通信距离远,覆盖面积大,不受地理条件限制。
(2)以广播的方式为主,便于实现多址连接。
(3)通信容量大,能传送的业务类型多。
(4)信道传输稳定,通信质量高。
(5)机动性好。

卫星通信系统组成的基本示意图如图 2-3-1 所示。在卫星通信系统中,通信卫星主要起中继作用,把一个地面站送来的信号经变频和放大后,再传送到另一端的地面站。地面站实际是卫星系统与地面系统的接口,地面用户通过地球站出入卫星系统,形成传输链路。为保证系统的正常运行,卫星通信系统还必须要有测控系统和监测管理系统配合。

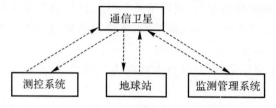

图 2-3-1　卫星通信系统的基本组成

舰载卫星通信设备的主要用途就是实现舰艇平台与指挥所或其他作战平台之间数据和命令等的实时、准确、自动、保密的传输。在舰艇平台配有卫星通信设备的情况下,舰艇指控系统可通过舰载卫星通信设备接收来自其他作战平台的目标信息。但是,仅仅对于用户来讲,舰载卫星通信如同战术数据链一样,只是一种数据传输链路,通常由舰艇通信系统根据需要选择数据传输链路,可以是短波通信链路,也可以是卫星通信链路,用户并不需要知道采用的是何种数据传输链路。

2. 舰载卫星通信设备的基本组成

舰载卫星通信设备主要由天线系统、通信设备、数据终端等组成,如图 2-3-2 所示。
(1)天线系统主要包括天线、稳定平台、平台控制器、天线控制器。
(2)天线控制器主要包括卫星信号接收单元、控制模块、位置采集设备等。
(3)通信设备主要包括基带、调制解调器、上变频器、下变频器、保密机等。
(4)数据终端主要用于与其他数据终端设备之间的数据交换。

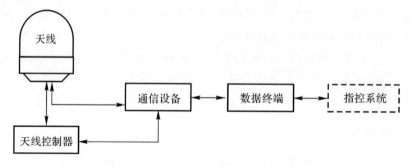

图 2-3-2　舰载卫星通信设备的基本组成

3. 舰载卫星通信设备的基本工作原理

当舰船航行时,为保证天线始终对准卫星需要做以下的工作。首先根据采集到的舰船当前的经纬度、舰船的航向信息和需要对准的卫星位置,计算出天线的方位角、俯仰角及极化角度,然后根据计算结果,调整天线的俯仰角、方位角和极化角度,并根据接收到的卫星信标信号的强弱判断是否对准卫星,当信号最强时即表明已经对准卫星,这样初始捕获卫星的过程完成,其次在舰船运动中为保证实时跟踪卫星,主要根据各类传感器检测天线的运动变化情况,控制天线进行逆向运行作为补偿,另外根据接收卫星信标信号强弱来调整跟踪精度,在方位、仰角以及交叉水平三维方向上进行闭环控制。

在进行数据接收时,卫星发送的信号由天线接收后,经低噪声放大器放大,送到舱内并分成两路,一路给天线控制器,用于天线伺服跟踪,另一路送到通信设备经变频后送到信道单元进行解调、译码、解密等处理后,将数据信号送到接口处理,提供给相关终端用户使用(如指控系统)。

在进行数据发送时,通过接口发送来的数据信号经处理后,终端用户将其送到保密机进行加密处理,然后送到信道单元,调制到中频输出,中频信号经频率变换后送到舱外的功率放大单元进行功率放大,送到天线发送至卫星。

2.3.3 舰载超短波通信

超短波通信是我海军近距离通信的主要手段,主要用于海上编队内部舰艇与舰艇之间、舰艇与临空飞机之间以及舰艇与"视距"范围内的其他通信对象(港口信号台、沿海观通站、海上民用和外籍舰船等)之间的通信。

超短波通信与长波、中波以及短波通信相比具有天线尺寸较小、传输功率低、可探测性低、允许应用扩展频谱技术等优点,超短波无线电信号以直射的方式传播为主,基本不受电离层反射的影响,所以通信效果相对稳定可靠,对于海军舰艇通信具有非常重要的意义。

首先简要介绍一下无线电波波段的划分问题,以说明超短波在电磁频谱中的位置。

1. 无线电波波段的划分

习惯上,无线电波的整个波段可划分为表 2-3-1 所示的各个波段。

表 2-3-1 无线电波波段划分表

波段名称		波长范围(λ)	频率范围(f)	频段名称
极长波		10 000 000～100 000 000 m	3～30 Hz	极低频 ELF
超长波		1 000 000～10 000 000 m	30～300 Hz	超低频 SLF
特长波		100 000～1 000 000 m	0.3～3 kHz	特低频 ULF
甚长波		10 000～100 000 m	3～30 kHz	甚低频 VLF
长波		1 000～10 000 m	30～300 kHz	低频 LF
中波		100～1 000 m	300～3 000 kHz	中频 MF
短波		10～100 m	3～30 MHz	高频 HF
超短波		1～10 m	30～300 MHz	甚高频 VHF
微波	分米波	10 cm～1 m	300～3 000 MHz	特高频 UHF
	厘米波	1 cm～10 cm	3 000～30 000 MHz	超高频 SHF
	毫米波	1 mm～1 cm	30 000～300 000 MHz	极高频 EHF
	亚毫米波	短于 1 mm	300 000 MHz	超极高频 EHF

根据军队需要,对表 2-3-1 作如下修订:

(1)极低频(Extremely Low Frequency,ELF)、甚低频(Very Low Frequency,VLF)和低频(Low Frequency,LF)波段需要大功率和长天线(天线的长度和波长呈正比)才能正常工作,利用这些波段的通信通常限制在岸基通信中。

(2)550～1 700 kHz 为商业广播波段,这就限制了海军在使用中频(Medium Frequency,

MF)通信时,只能使用高于 1 700 kHz 或低于 550 kHz 的波段。

(3)舰船出海时的长距离通信通常使用高频(High Frequency,HF)波段,大部分的舰载电台都是基于短波波段设计的。

(4)甚高频(Very High Frequency,VHF)波段通常用于民用的电视信号的传输。海军利用这一波段进行移动通信、中继、导航、海空协同、卫星通信以及一些特殊的操作。

(5)特高频(Ultra High Frequency,UHF)主要用于海军视距通信和卫星通信,以及移动通信、雷达(高于 400MHz)等特殊用途。

(6)超高频(Super High Frequency,SHF)主要用于微波通信、视距通信以及卫星中继链路、雷达等用途。

(7)极高频(Extremely High Frequency,EHF)是可用于通信波段的最高频率,舰队卫星通信使用该波段,它能够为陆军、海军、空军地面部队,空降兵以及远洋航行的舰船提供通信链路。

我们通常把波长为 1~10 m(频率在 30~300 MHz)的频谱称为甚高频(VHF),把波长为 0.1~1 m(频率在 300 MHz~3 GHz)的频谱称为特高频(UHF)。由于甚高频(VHF)和特高频(UHF)无线电通信特性是类似的,习惯上人们常把利用 VHF 波段和 UHF 波段的通信统称为超短波通信。

(2)超短波通信系统的组成。超短波通信系统典型组成如图 2-3-3 所示。

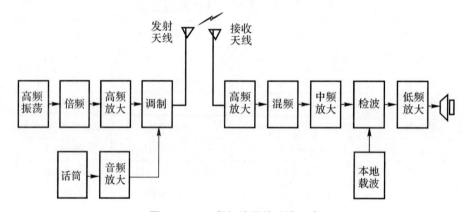

图 2-3-3 超短波通信系统组成

在超短波通信系统中,可以用话筒或其他器件将所需信息变换为电信号,电信号被放大后送至调制器。高频振荡器所产生的振荡频率不一定恰好等于所需要的载波频率,通常比载波频率低,因此需要用倍频器把频率提高到所需要的数值。高频振荡器的输出电压也比较小,倍频后再用高频放大器放大到一定的强度以推动调制器。

调制器是综合调制信号和载波的一种电路,超短波频带较宽,因而通信普遍采用抗干扰性能好但占用频带较宽的调频体制。

发射天线将高频能量变换为所希望极化形式的电磁波。如果发射到固定的接收天线,天线的设计应满足其辐射能量尽可能多地传向接收天线。发射机发射的电波传播到接收天线,在接收天线上感应出一个小的电压,该感应电压幅度范围从数十毫伏到小于一微伏。接收机中的高频放大器将这个微弱的信号放大到混频器所需要的电平,同时起到隔离本振和天线的作用。

混频器的作用是将载波频率变换为频率较低且固定的频率上,习惯上将该频率称为中频(Intermediate Frequency,IF),而将其前端的高频称为射频(Radio Frequency,RF)。变频以后的信号送至中频放大器中放大,由于中频是固定的,谐振回路不需要随时调整,因而增益可以做得较高,选择性也易于达到要求。这种接收机叫作超外差接收机,其优点是灵敏度高。

检波器是实验解调功能的,即从已调的中频信号中恢复原始信号。低频放大器的任务是将检波后的信号放大到变换器(如扬声器)所需的激励电平。输出变换器的作用是将信号变换为它的原始形式(声音、图像等)。例如扬声器就是一种输出变换器,它将电信号变换为声音信号。

当接收机处理所希望的信号时,电噪声会附加在传输通道中,这些噪声通常在高频放大器、本地振荡器、混频器等电路中产生,将影响电路性能。

上述超短波通信系统的模型属于一般模型,在某些特殊的超短波通信系统中,如采用扩频/跳频技术的超短波通信系统等,其模型会更加复杂一些。

3. 超短波通信的发展趋势。

随着战争信息化步伐的不断推进,作战地域的电磁环境十分恶劣、电磁频道十分拥挤、干扰十分严重,作为前方作战地域重要的通信手段之一,人们对超短波通信提出了更高的要求,主要表现为要求电台不但具有跳频功能,最好要具有自适应跳频功能,而且前方作战地域对数据通信业务量需求增加,要求发展分组无线电网。因此,自适应跳频电台和分组无线电电台是超短波电台的发展趋势。当然,软件无线电电台是无线电通信发展的一种新型体制和形式。战术电台的小型化、跳频高速化、直扩与跳频相结合以及软件无线电电台都是超短波电台的发展趋势。

2.3.4 舰载短波通信

短波通信一直是远程战略通信和战术通信的主要手段。尽管卫星通信出现后,某些短波通信业务被卫星通信所取代,但是其独特的灵活性、抗毁性与低廉性使它仍然是军事通信的主要手段之一,特别是对于中远程移动通信,其快速建立与恢复能力是其他通信手段无法比拟的。因此,短波通信被广泛应用于舰载综合通信系统中,并成为其主要手段。

1. 舰载短波通信的特点

由于受到舰艇空间的限制和作战需求的影响,舰载短波通信又具有一些自己的特点。

(1)在狭小的空间及恶劣的电磁环境下多用户、多信道同时工作。随着现代战争对信息需求量的增加,舰载通信系统与外界的信息交换迅速增长,舰艇作战指挥系统、情报部门、气象部门等均需与外界交换大量不同业务种类的信息。以通信为例,短波、超短波、卫星等多网络与雷达同时开通使周围的电磁环境变得十分恶劣。因此使这些信息交换、互不干扰而又有效传递是舰载通信系统要解决的重要课题。

(2)拥挤和相对低效的全向天线。对于移动载体的通信系统,往往要求天线的水平面方向图是全向性的。而在狭小的舰面空间内,为大量短波通信信道设置天线是一件复杂而困难的工作,由于受到空间的限制,舰载短波天线难以同时做到宽带和高效。天线间的隔离度是非常有限的,为了避免因天线间的相互干扰而影响通信质量,舰载短波通信设备具有良好的线性和足够的动态范围。

(3)大跨度的通信作用距离和不稳定的通信传播条件。由于短波通信既可利用天线进行远程传输,也可利用地波进行中、近程传输,因此,舰载短波通信需要覆盖从几公里到数千公里的大跨度通信作用距离。而电离层本身是一种时变色散信道非常不稳定的传播媒质,以致造成短波通信的严重衰弱和多径干扰,使通信质量下降。为克服这种影响,短波通信系统采用自适应技术和自适应均衡技术来减少传播条件变化的影响。

(4)抗干扰、抗截获能力的挑战。在现代战争中,电子对抗已作为一种软武器应用于战争中。通信信号是软武器的主要打击目标之一。为保障己方通信的顺利达成,舰载通信系统应就有抗截获、抗干扰的能力。

(5)狭窄的信道带宽。在有限的带宽内高速而有效地传输数字信息,是一般自适应短波通信系统需要解决的重要课题。

2. 舰载短波通信的发展

随着微型计算机、移动通信和微电子技术的迅猛发展,促进了短波通信技术的更新,20世纪80年代以来,人们利用微处理器、数字信号处理器、自适应技术以及调频技术等,不断提高短波通信的质量和数据传输速率,增加自动化、新业务功能,提供自适应与抗干扰能力,使现代短波通信重新焕发青春。各国竞相推出和装备各种短波自适应和调频电台,我国也研制出了短波自适应通信系统、频率管理预报系统、调频系列电台。为适应信息时代数据信息飞速增长、电磁环境进一步恶化,短波通信必须提高数据传输速率和抗干扰能力,有效利用短波频率资源,提高频带利用率,加强网络建设。

第 3 章 情报信息处理

舰艇指控系统对情报的处理其实质是一个对舰艇周围目标信息收集、跟踪和融合的过程,它的基本任务是将各种输入信息收集到系统中来,并且经预处理滤除部分干扰信号,提取有用信号,变成统一的、可供计算机处理的二进制数字量形式的数字信息,经数据匹配、关联、跟踪计算和识别将目标信息存入主航迹表。

本章主要围绕情报处理的核心内容(航迹处理、数据融合和目标综合识别三个方面)介绍各自的基本概念、原理和实现方法。

3.1 航迹处理

3.1.1 航迹处理概述

在舰艇指控系统中,情报处理功能是其基本功能之一。实时接收有关搜索传感器的数据,进行航迹处理,以图表的形式显示有关战场态势,并进行威胁评估、武器通道组织以及辅助作战指挥。

搜索传感器(搜索雷达、红外警戒设备等)每次进行扫描(环扫或扇扫),可得到多个目标信号,这些信号经录取处理,得到一组目标数据,即点迹数据。

"航迹"是指飞机、导弹、水面舰艇和潜艇等目标在空中、水面、水下运动的轨迹。事实上,一条航迹包括属于同一目标的点迹序列以及由之计算出来的目标位置数据、速度等运动参数和某些属性参数等。

航迹处理则是将搜索传感器量测到的多目标数据经过互联、交接、汇编等处理,得到目标航迹并对目标当前状态进行估计的过程,这个过程也称为多目标跟踪。航迹处理按传感器数量分,有单传感器航迹处理和多传感器航迹处理。多传感器航迹则通常在单传感器航迹处理的基础上进行航迹融合处理,也可直接对多传感器获得的量测数据进行航迹处理。若按传感器的探测诸元区分,则又可分为距离、角度系统多目标航迹处理、纯角度系统多目标航迹处理和方位-频率系统多目标航迹处理等。航迹处理通常是在多目标密集环境下进行的。

如图 3-1-1 所示,航迹处理过程是一个递推处理过程。航迹处理的主要内容包括以下几方面:

(1)航迹起始,即从自由点迹和历史点迹中检测出所有属于同一目标的点迹并按照一定的航迹起始准则建立新的目标航迹。

(2)相关处理,即对新得到的量测点迹与已经建立的目标航迹进行关联处理,确定并记录与已建立航迹属于同一目标的那些点迹。

(3)滤波处理,根据点迹与航迹的相关结果,更新目标的状态估计(当前新的位置参数和运动参数)。

(4)外推计算,即根据已有的航迹数据,计算可能的下一个录取时刻的目标位置。

(5)航迹管理,即对航迹的质量进行评估,并根据评估结果确定对航迹的撤销或终止,以及对航迹的分叉、航迹合并等进行处理。单传感器航迹处理的关键问题,在于如何有效地进行数据关联,包括点迹与点迹的互联和点迹与航迹的关联处理。一方面,无法确切知道目标个数和目标的状态,搜索传感器也不可避免地存在量测误差、虚警和漏警。这些不确定因素是导致数据关联关系模糊的基本原因。另一方面,同一目标在同一传感器上得到的量测,因为其物理源相同、检测原理和手段相同,从而必定存在某些相似特征,这是数据关联处理的物理基础。

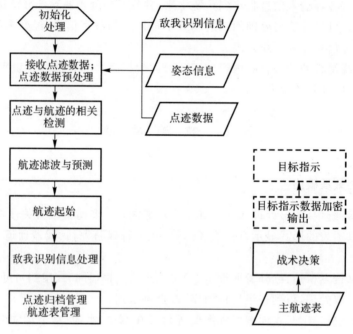

图 3-1-1 航迹处理流程

随着数据融合理论的日渐成熟,航迹处理技术也在不断发展,已不局限于单传感器和传统的数字处理方法,正逐步深入到分布式多传感器,并引入了神经网络方法、模糊信息理论等新的方法和技术途径。

3.1.2 航迹处理方法

本节以两坐标搜索雷达为例,介绍边扫描边跟踪系统中的集合论描述航迹处理方法。

搜索雷达通常按照规定的转速进行全方位扫描,每扫描过一个扇区(一般将以搜索雷达天线回转中心为原点的平面等分为若干个扇区),便将检测录取得到的点迹数据输出到航迹处理计算机。在进行航迹处理之前,需要对输入的点迹数据进行必要的预处理,包括以下几方面:

(1)点迹纠错,根据搜索传感器的最大/最小作用距离、盲区位置等,对搜索传感器作用范围外的点迹视为不合理点迹而予以剔除。

(2)点迹排序,为了后续处理上的方便,需对点迹进行排序:按方位从小到大、方位相同时按距离从小到大排序。

(3)坐标变换,搜索雷达测得的点迹数据为极坐标数据,为避免目标运动方程的非线性,航迹处理需要直角坐标数据,所以要进行坐标变换。极坐标(β,d)到直角坐标(x,y)的变换公式为

$$\left.\begin{aligned}x &= d\sin\beta \\ y &= d\cos\beta\end{aligned}\right\} \quad (3-1-1)$$

(4)点迹分裂处理,由于多路径效应、目标横向宽度等因素的影响,同一目标可能产生两个甚至多个相邻近的点迹,这种现象就是点迹的分裂现象。点迹分裂的处理方法,根据搜索传感器的分辨力,合理选择距离阈值d_f、方位阈值β_f,对一组点迹$\{(\beta_r,d_r),1\leqslant r\leqslant N\}$排序后当

$$\begin{cases}d_j - d_i < d_f \\ \beta_j - \beta_i < \beta_f\end{cases}, 1\leqslant i<j\leqslant N \quad (3-1-2)$$

成立时,用其重心点代替点迹(d_i,β_i),其余的点迹$\{(\beta_r,d_r),i\leqslant r\leqslant j\}$予以删除。

3.1.2.1 航迹起始

如前所述,点迹可分为自由量测点迹、自由历史点迹和相关点迹,航迹起始就是从自由量测点迹和历史点迹中找出属于同一目标的所有点迹,构成一个初始相关的点迹序列并建立测试起始航迹的过程。在叙述航迹起始方法之前,首先对航迹起始相关的准则和一些基本概念予以说明。

在航迹起始过程中需要遵从的法则和依据称为初始相关准则。适用于航迹起始的初始相关准则主要包括以下几方面:

(1)同一扫描周期中的点迹不互联,当目标逆扫描线运动方向过雷达扫描周期变更线或目标沿雷达扫描周期变更线运动时,同一扫描周期可能两次得到该目标的点迹;当目标顺扫描线运动方向过雷达扫描周期变更线或目标沿雷达扫描周期变更线线运动时,可能有一个或多个扫描周期得不到该目标的量测点迹。

(2)当有多个自由量测点迹时,逐一建立初始相关域进行相关处理。

(3)在得到一个或几个初始相关点后,即可对其他周期里的目标可能出现的位置进行预测,并以预测点为中心建立相关域,然后进行套点相关处理。当预测点相关域中有多个点迹时,分别取到与该相关域中心(预测点)的距离最近的点迹,作为其相关点,而当相关域中没有点迹时,认为该相关域套空。

(4)根据取舍原则(n/m原则,即m个周期里有n个相关点迹即认为是一个新目标),当初始相关序列满足设定的条件(如残差不大于设定阈值等)时,则认为该相关序列是一测试起始航迹。

(5)若某量测点迹的初始相关域套空,或其初始相关域不空,但均未建立起始航迹,则认为该点迹为自由点迹。

符合初始相关准则的相关序列,称为测试起始航迹。对测试起始航迹,需对目标在下一周期里可能出现的位置进行预测,建立相应的跟踪波门和套门逻辑,在新的量测点迹到来时进行跟踪相关处理。

1. 建立初始相关序列

通常一次扫描后自由点迹的分布,有三种典型的情况:

(1)存在大量虚警,甚至形成明显的带状或环状点迹区域,此时可采用半自动录取方式确定有效的点迹,航迹起始处理仅对人工辅助录取或辅助确定的有效点迹进行。

(2)存在分布相对密集的团状点迹块,此时可取点迹块的中心为有效点迹,航迹起始处理对该有效点迹进行。

(3)分布稀疏的孤立点迹,航迹起始处理对每个点迹依次进行。

以下仅针对有效点迹,首先描述传统的航迹起始方法,然后叙述另一种实用的航迹起始方法。

如图 3-1-2 所示,P_1 是搜索传感器检测到的一个有效自由量测点迹(称为航迹头)。以该点迹为中心建立一个称为"初始相关域"或"初始相关波门"的区域。在下一个天线扫描周期中,在该区域内检测到的点迹 P_2,则很可能是第一次录取到的目标在第二个扫描周期新位置的点迹,从而初步判断 P_1 与 P_2 相关,即认为它们是同一目标在前后两个相邻周期里的点迹,可连成一条可能的航迹——试验航迹。根据这两个点迹的数据,预测目标在下一个搜索雷达扫描周期里可能出现的位置 P_3,以之为中心建立一个"跟踪波门",当下一周期内检测到位于该波门内的点迹时,便可认为试验航迹为一个目标,从而可转入正常的航迹后续相关跟踪处理过程。

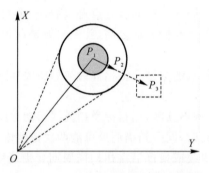

图 3-1-2 经典航迹起始原理示意图

对于初始相关域,可根据实际战术背景的需要选用不同形状和不同大小的波门(相关域)。常用的初始相关域有环形、扇形、矩形等,对于三坐标搜索雷达,则为球形、楔形和椭球形等。

上述航迹起始方法是一种传统的航迹起始方法,其缺点是当自由点迹较多时,需要维持和管理的航迹头很多,每个自由量测点迹均需要计算初始相关域,计算效率不高,占用的内存空间也很大。

事实上,可以以当前的量测点迹为中心建立初始相关域,然后从历史点迹中寻找相关点来得到初始相关点迹序列,从而建立测试起始航迹。以 3 个点迹的航迹起始过程为例,如图 3-1-3 所示,以自由量测点迹 P_1 为中心,建立套取前数第 2 周期的点迹 P_3 的初始相关域,得到点迹 P_3 后,对目标在前一周期可能的位置进行预测,以预测点 P_2' 为中心建立相关域,如果其中有相关点 P_2 则可得到一个 3 点组成的相关序列。如果初始相关域套空(P_3 不存在),或者第 2 点套空,则无法得到相关序列,此次起始相关过程结束。

基于不同的战术技术要求,可选用圆形、环形、扇环形、似菱形等不同形状的初始相关域。对于确定初始相关域形状和大小的参数,主要考虑下列因素:

(1)目标的战术特性要求;

(2) 目标可能的最大速度和最小速度;
(3) 目标现在点的坐标;
(4) 传感器的扫描周期和量测误差;
(5) 目标的径向长度和角向宽度。

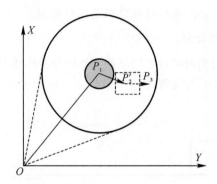

图 3-1-3 航迹起始原理示意图

2. 建立试验起始航迹

由于目标特性的变化、噪声的干扰等因素的影响,传感器对目标的检测具有一定的跟踪波门,为后续时刻点迹与航迹的相关检测做好准备。

对于初始相关序列,需要根据相关情况进行滤波,以计算目标的运动参数。以一个坐标方向为例,初始滤波问题可转化为如下最小化问题:

$$\min f(x,v) \equiv \sum_{i \in \Delta}[(x-(i-1)v_xT)-x_i]^2 \qquad (3-1-3)$$

式中:Δ 为初始相关序列中点迹对应的下标集合;T 为搜索雷达的扫描周期。针对具体情况,求解式(3-1-3)即得到相应的滤波值 $\hat{x}$ 与 $\hat{v}_x$ 的计算公式。相应的残差平方和为

$$\varepsilon_x^2 = \sum_{i \in \Delta}[(\hat{x}-(i-1)\hat{v}_xT)-x_i]^2 \qquad (3-1-4)$$

当多个初始相关序列含有相同的相关点迹时,根据一个点迹仅属于一个目标的原则,必须确定这些相关点唯一归属哪个初始相关序列。首先,根据设计的初始相关准则和初始滤波的结果,可删除那些不合要求(例如滤波残差不满足条件)的初始相关序列。其次,对可能源于同一目标的初始相关序列进行比较,仅需保留其中质量较好的初始相关序列。经上述处理后,大多数模糊相关的情形都可避免,同时还可避免出现过多的虚假航迹。最后,要解除模糊相关,可采用可能的起始航迹数目而自适应调整的方法,或者借助其他数据关联方法,例如概率数据互联方法。这里不作更深入的讨论。

3. 人工辅助航迹起始

人工辅助航迹起始是指由操作手在显控台上观察显示在显示屏上的目标视频回波,人工录取点迹数据以辅助航迹起始的过程。录取的点迹一般仅用于建立航迹头或试验起始航迹、建航的准则等。与自动方式相同,航迹后续相关过程也与自动建航的处理过程相同。通常人工录取的点迹数据还包含显示的最小分辨单元误差、模球鼠标的定位误差、录取的时间延时带来的误差等,因此在建立捕获波门时要考虑上述误差源的影响。一种弥补的方法是首先以人工录取点为中心建立一个辅助波门,若该波门内有自动录取的点迹,则不用人工点迹而改用自

动录取的点迹来建立初始相关域。人工辅助航迹起始方法,一般仅适用于目标环境比较复杂,自动建航比较困难或者自动建航的虚假航迹过多的情况。

还有一种人工辅助速率跟踪的方式,是连续人工录取多个点迹建立航迹,建航后操作手还需密切监视自动录取的情况,丢点时再次录取(即人工补点),以维持航迹的连续性。这种方式自动化程度较低,但在有较强干扰或目标频繁机动时较可靠。

3.1.2.2 航迹滤波与外推计算

航迹滤波与外推是实现自动跟踪目标的基础。滤波与外推通常是在完成对航迹当前周期的相关检测之后,即在航迹后续相关处理过程中进行。后续相关处理的流程大致如图 3-1-4 所示。

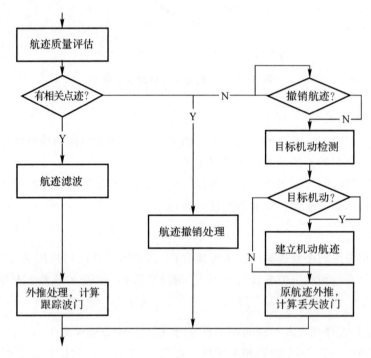

图 3-1-4 后续相关处理流程

在每个扫描周期里,对每个已建立的目标航迹进行相关检测,对同一目标航迹来说,检测到的点迹序列是一个在时间上离散的、按目标自身运动规律形成的空间位置序列。在目标运动过程中,大气扰动、传感器自身的噪声等因素均会给量测数据带来随机误差,传感器对目标的检测往往还会存在一定的系统误差。滤波是一个对目标当前状态向量进行估计的过程,通常是利用上一时刻的状态估计结果和当前时刻实时得到的量测数据,按适当的滤波算法进行递推计算来实现的。外推也称为预测,是根据已知的目标航迹状态和运动参数,按照设计的目标运动模型预测目标在下一周期可能出现的位置。

滤波和外推的目的是估计当前和未来时刻目标的运动状态,包括目标的位置、速度和加速度等参数。基本的滤波与预测方法较多,如线性自回归滤波、两点外推、维纳滤波、最小二乘滤波、$\alpha-\beta$ 与 $\alpha-\beta-\gamma$ 滤波和卡尔曼滤波等,由这些基本方法还可以派生出许多其他的方法,下面介绍其中一些方法。

在以下的讨论中,假定目标状态方程,即机动目标模型和测量方程的一般形式为

$$\left.\begin{aligned}X(k+1) &= \Phi(k+1,k)X(k)+G(k)W(k)\\ S(k) &= H(k)X(k)+V(k)\end{aligned}\right\} \quad (3-1-5)$$

式中:$X(k)\in \mathbf{R}^{n\times 1}$ 为目标状态向量;$S(k)\in \mathbf{R}^{m\times 1}$ 为测量向量;$W(k)\in \mathbf{R}^{p\times 1}$,$V(k)\in \mathbf{R}^{m\times 1}$ 分别为状态噪声和测量噪声,且为互不相关的高斯白噪声向量,其协方差矩阵分别为 $Q(k)$ 和 $R(k)$;$\Phi(k+1,k)\in \mathbf{R}^{n\times n}$ 为状态转移矩阵;$G(k)\in \mathbf{R}^{n\times p}$ 为输入矩阵;$H(k)\in \mathbf{R}^{m\times n}$ 为观测矩阵。

以下利用状态方程和测量方程推导各种滤波方程和预测方程。

1. 最小二乘滤波

最小二乘滤波(也称最小二乘估计)也是航迹处理的常用方法,这是一种很经典的估计方法,二百多年前由高斯(Gauss)提出来的。它简单实用,在各个领域得到了广泛的应用。

最小二乘估计是指为了估计未知量 X,对它进行 n 次测量。如果所求之估计值 $\hat{X}$ 与各测量值之间的误差的平方和达到极小,则称 $\hat{X}$ 为未知量 X 的最小二乘估计。本节仅从火控系统滤波的角度描述最小二乘滤波的一般原理。根据目标位置的量测值来对目标位置坐标的真值进行估计,进而求出目标运动参数是火控系统的主要任务之一。未知量是目标位置的真值和目标运动参数,测量值是每个时刻目标的位置观测值。目标位置的导数为目标速度,速度的导数为加速度,加速度的导数为加加速度……,而确定目标运动特征的目标运动参数就指的是目标位置、速度、加速度等参数。最小二乘滤波的基本原理如下:

设目标坐标的真实值为 $x(t)$,在 $t_1, t_2, \cdots, t_n$ 时刻,我们得到目标坐标的观测值为 $z_1, z_2, \cdots, z_n$。由于观测数据中存在随机误差,因此不能把这些观测值直接当作目标坐标,更不能直接用这些观测值来确定目标坐标的变化规律。

为了从观测值中提取有用信号,首先我们对目标的运动规律做出假设。为了反映目标各式各样的运动,最一般的假设是目标坐标 $x(t)$ 随时间按某一多项式变化,即设:

$$x(t)=a_0+a_1 t+a_2 t^2+\cdots+a_m t^m \quad (3-1-6)$$

式(3-1-6)即为多项式目标模型,数学中的近似定理告诉我们,多项式可以在一个有限的区间内,以任何所需精度来近似一个连续函数。式(3-1-6)代表一条光滑曲线,式中 $a_0, a_1, \cdots, a_m$ 为待定系数,为了确定它们的数值,先列出观测值 z_i 与 $x(t_i)$ 之差,即残差:

$$\varepsilon_i = \sum_{j=0}^{m} a_j t_i^j - z_i, \quad i=1,2,\cdots,n, n\geqslant m+1 \quad (3-1-7)$$

残差的平方和为

$$\sum_{i=1}^{n}\varepsilon_i^2 = \sum_{i=1}^{n}(\sum_{j=0}^{m} a_j t_i^j - z_i)^2 = Q \quad (3-1-8)$$

对 a_j 求偏导,并令其为零,即

$$\frac{\partial Q}{\partial a_j}=2\sum_{i=1}^{n}(\sum_{j=0}^{m} a_j t_i^j - z_i)t_i^k=0 \quad (3-1-9)$$

令 $k=0,1,2,\cdots,m$,便得 $m+1$ 个方程式,可求得 $a_0, a_1, \cdots, a_m$ 等 $m+1$ 个未知数。当 $n\geqslant m+1$ 时有唯一解。求出 $a_0, a_1, \cdots, a_m$ 后即可确定所估计的 $x(t)$ 的表达式。

可见最小二乘法的基本思想是使残差的平方和最小,下面分别介绍累加格式的最小二乘

滤波和递推格式的加权最小二乘滤波。

(1) 累加格式的最小二乘滤波。设目标进行匀速直线运动，以目标在舰艇地理坐标系的一个方向 x（正东方向）为例进行讨论，将一维坐标上对该目标的测量结果记为

$$x_i = a_0 + a_1 iT + v_i \tag{3-1-10}$$

式中：v_i 为第 i 次测量的误差；T 为雷达天线周期。若进行了 k 次测量并获得测量值 $z_1, z_2, \cdots, z_k$，则各个时刻的残差为

$$\varepsilon_i = (a_0 + a_1 iT) - z_i, i = 1, 2, \cdots, k \tag{3-1-11}$$

残差的平方和为

$$Q = \sum_{i=1}^{k}(a_0 + a_1 iT - z_i)^2 \tag{3-1-12}$$

对 a_0 和 a_1 求偏导数并令其等于零，即

$$\left. \begin{aligned} \frac{\partial Q}{\partial a_0} &= 2\sum_{i=1}^{k}(a_0 + a_1 iT - z_i) = 0 \\ \frac{\partial Q}{\partial a_1} &= 2\sum_{i=1}^{k}(a_0 + a_1 iT - z_i)iT = 0 \end{aligned} \right\} \tag{3-1-13}$$

移项，得

$$\left. \begin{aligned} \sum_{i=1}^{k}(a_0 + a_1 iT) &= \sum_{i=1}^{k} z_i \\ \sum_{i=1}^{k}(a_0 iT + a_1 i^2 T^2) &= \sum_{i=1}^{k} i z_i T \end{aligned} \right\} \tag{3-1-14}$$

令

$$\left. \begin{aligned} k &= S_0 \\ \sum_{i=1}^{k} i &= 1 + 2 + 3 + \cdots + k = \frac{k(k+1)}{2} = S_1 \\ \sum_{i=1}^{k} i^2 &= 1^2 + 2^2 + 3^2 + \cdots = \frac{k(k+1)(2k+1)}{6} = S_2 \end{aligned} \right\} \tag{3-1-15}$$

代入式(3-1-14)，得

$$\left. \begin{aligned} a_0 S_0 + a_1 S_1 T &= \sum_{i=1}^{k} z_i \\ a_0 S_1 T + a_1 S_2 T^2 &= \sum_{i=1}^{n} i z_i T \end{aligned} \right\} \tag{3-1-16}$$

求解此联立方程，得累加格式的最小二乘滤波公式如下：

$$\left. \begin{aligned} a_0 &= \frac{2(2k+1)}{k(k-1)} \sum_{i=1}^{k} z_i - \frac{6}{k(k-1)} \sum_{i=1}^{k} i z_i \\ a_1 &= -\frac{6}{k(k-1)T} \sum_{i=1}^{k} z_i + \frac{12}{k(k^2-1)T} \sum_{i=1}^{k} i z_i \\ \hat{X}(l \mid k) &= a_0 + a_1 l T \end{aligned} \right\} \tag{3-1-17}$$

式中：$\hat{X}(l\mid k)$ 可以是位置的滤波值、外推值或平滑值。

显然，其 l 步预测值为

$$\begin{bmatrix} \hat{x}(k+l\mid k) \\ \hat{\dot{x}}(k+l\mid k) \end{bmatrix} = \begin{bmatrix} -\dfrac{2(k-1)+6l}{k(k-1)}\sum_{i=1}^{k}z_i + \dfrac{6(k+2l-1)}{k(k-1)}\sum_{i=1}^{k}iz_i \\ -\dfrac{6}{k(k-1)T}\sum_{i=1}^{k}z_i + \dfrac{12}{k(k^2-1)T}\sum_{i=1}^{k}iz_i \end{bmatrix} \quad (3-1-18)$$

式(3-1-18)要根据测量数据的累加值（$\sum_{i=1}^{k}z_i,\sum_{i=1}^{k}iz_i$）来计算，因而称为累加格式最小二乘法。以上的公式只有在各次测量误差都相同时才是合理的。事实上，由于每次测量精度不尽相同，因而，合理的办法是进行加权处理。

累加格式的最小二乘滤波特，别是非加权最小二乘，它们对状态噪声及观测噪声的验前统计知识要求甚少，甚至根本不作要求，因此具有广泛的应用价值。不过，这种估计方法精度较低，同时，在计算过程中需要存储每一次的观测数据，随着 k 的增大，对计算装置的存储量要求提高，计算的实时性逐渐变差。为了避免这一缺点，产生了递推格式的最小二乘法。

(2) 递推格式的加权最小二乘滤波。为理解递推滤波的概念，首先介绍一个简单的线性递推滤波器：设有一常值标量 X，我们根据 k 次测量所得的测量值 $z_i(i=1,2,\cdots,k)$ 来估计这一未知标量。根据最小乘法原理，先建立评价函数，即 k 次误差的平方和：

$$\varepsilon(x) = \sum_{i=1}^{k}(z_i - x)^2 \quad (3-1-19)$$

能使 $\varepsilon(x)$ 取极小值的估计值 $\hat{X}$ 就是未知量 X 的最小二乘估计，经计算

$$\hat{X}_k = \frac{1}{k}\sum_{i=1}^{k}Z_i \quad (3-1-20)$$

即常值标量的最小二乘估计是测量值的算术平均。当得到一个新的测量值 Z_{k+1} 时，应得到新的估计值：

$$\hat{X}_{k+1} = \frac{1}{k+1}\sum_{i=1}^{k+1}Z_i \quad (3-1-21)$$

式(3-1-20)和式(3-1-21)都是累加格式的最小二乘滤波。通过数学变换，就可以变成递推格式的最小滤波。

其中 $\hat{X}_k = \dfrac{1}{k}\sum_{i=1}^{k}Z_i$ 可化为用先前估计值 $\hat{X}_k$ 和新测量值 Z_{k+1} 表示的形式，即

$$\hat{X}_{k+1} = \frac{k}{k+1}\left(\frac{1}{k}\sum_{i=1}^{k}Z_i\right) + \frac{1}{k+1}Z_{k+1} = \frac{k}{k+1}\hat{X}_k + \frac{1}{k+1}Z_{k+1} \quad (3-1-22)$$

式(3-1-22)表明，新的最小二乘估计等于前一时刻估值与测量值的线性组合。对比式(3-1-21)和式(3-1-22)可以看出，采用后式计算 $\hat{X}_k$ 就不需要存储过去的值，只用一个新测量值和前一时刻的估计值线性组合，因为所有以前的信息都包含在前次估值中。

式(3-1-22)还可以改写成另一种递推形式：

$$\hat{X}_{k+1} = \hat{X}_k + \frac{1}{k+1}(Z_{k+1} - \hat{X}_k) \quad (3-1-23)$$

以后遇到的递推滤波器都是这样的格式，式(3-1-23)右端括弧项表示新的测量值 Z_{k+1}

与根据以前各次测量值而定的估值 $\hat{X}_k$ 之差,亦称为残差或误差。这里面包含了新的信息,所以也称为新息。$1/k+1$ 是一个加权系数,也称为增益。它的大小表示我们对新息的重视程度。这里的加权是按最小二乘的原则确定的。当 k 增大时,加权变小,即新的测量值对新的估值影响变小,这是合乎情理的。

目标等速直线运动时的递推最小二乘滤波公式,可以从累加格式的公式推导出,这里只把结果列出:

$$\left.\begin{array}{l}\hat{X}_k=(\hat{X}_{k-1}+T\hat{\dot{X}}_{k-1})+\dfrac{2(2n-1)}{n(n+1)}[Z_k-(\hat{X}_{k-1}+T\hat{\dot{X}}_{k-1})]\\ \hat{\dot{X}}_k=\hat{\dot{X}}_{k-1}+\dfrac{6}{n(n+1)}[Z_k-\hat{X}_{k-1}+T\hat{\dot{X}}_{k-1}]\end{array}\right\} \quad (3-1-24)$$

这里 $(\hat{X}_{k-1}+T\hat{\dot{X}}_{k-1})$ 表示在 t_{n-1} 时刻,在不考虑新测量的情况下,预测 t_k 时刻 $\hat{X}$ 的估值,我们用 $\hat{X}_{k|k-1}$ 表示,这时式(3-1-24)也可写成如下形式:

$$\left.\begin{array}{l}\hat{X}(k|k)=\hat{X}(k|k-1)+\dfrac{2(2n-1)}{n(n+1)}[Z(k)-\hat{X}(k|k-1)]\\ \hat{\dot{X}}_k=\hat{\dot{X}}(k|k-1)+\dfrac{6}{n(n+1)T}[Z(k)-\hat{X}(k|k-1)]\end{array}\right\} \quad (3-1-25)$$

在式(3-1-25)中,都包含了残差或新息,因为我们测量的只有目标坐标,所以这项是每个估计量的唯一外来新息。它表示实际测量值与预测值之差,也是对预测的检验。因此,将残差乘以适当的增益系数来校正预测值,从而得到新的滤波值,充分利用了当时的信息输入。

由于上面的递推公式是累加格式的最小二乘滤波公式导出的,因此可以认为加权系数是根据最小二乘法则所确定的系数。

式(3-1-24)和式(3-1-25),都有类似的格式,即

$$滤波值 = 预测值 + 校正值$$

以上我们给出了目标等速直线运动时的递推最小二乘滤波公式,下面我们给出递推格式的加权最小二乘滤波。

假定目标状态方程,即机动目标模型和测量方程的一般形式为

$$\left.\begin{array}{l}\boldsymbol{X}(k+1)=\boldsymbol{\Phi}(k+1,k)\boldsymbol{X}(k)+\boldsymbol{G}(k)\boldsymbol{W}(k)\\ \boldsymbol{S}(k)=\boldsymbol{H}(k)\boldsymbol{X}(k)+\boldsymbol{V}(k)\end{array}\right\} \quad (3-1-26)$$

式中:$\boldsymbol{X}(k)\in \boldsymbol{R}^{n\times 1}$ 为目标状态向量;$\boldsymbol{S}(k)\in \boldsymbol{R}^{m\times 1}$ 为测量向量;$\boldsymbol{\Phi}(k+1,k)\in \boldsymbol{R}^{n\times n}$ 为状态转移矩阵;$\boldsymbol{G}(k)\in \boldsymbol{R}^{n\times p}$ 为输入矩阵;$\boldsymbol{H}(k)\in \boldsymbol{R}^{m\times n}$ 为观测矩阵;$\boldsymbol{W}(k)\in \boldsymbol{R}^{p\times 1},\boldsymbol{V}(k)\in \boldsymbol{R}^{m\times 1}$ 分别为状态噪声和测量噪声,且为互不相关的高斯白噪声向量,其协方差矩阵分别为 $\boldsymbol{Q}(k)$ 和 $\boldsymbol{R}(k)$。

$$\boldsymbol{R}(k)=\begin{bmatrix}r_1 & & & \\ & \cdot & & \\ & & \cdot & \\ & & & r_k\end{bmatrix} \quad (3-1-27)$$

忽略状态噪声 $W(k)$ 的影响,则递推格式的加权最小二乘滤波公式为

$$\left.\begin{aligned}
&\hat{X}(k|k)=\hat{X}(k|k-1)+K(k)[S(k)-H(k)\hat{X}(k|k-1)]\\
&\hat{X}(k|k-1)=\Phi(k,k-1)\hat{X}(k-1)\\
&K(k)=P(k|k-1)H^{\mathrm{T}}(k)R^{-1}(k)\\
&P(k|k)=P(k|k-1)-P(k|k-1)H^{\mathrm{T}}(k)[H(k)P(k|k-1)H^{\mathrm{T}}(k)+\\
&R(k)]^{-1}H(k)P(k|k-1)P(k|k-1)=\Phi(k,k-1)P(k-1|k-1)\Phi^{\mathrm{T}}(k,k-1)
\end{aligned}\right\}$$

(3-1-28)

式中:$K(k)$、$P(k|k)$ 和 $P(k|k-1)$ 分别为滤波增益矩阵、滤波误差的协方差阵和预测误差的协方差阵。递推格式的加权最小二乘滤波仅要求知道有关雷达测量误差的统计知识,不需要记忆大量的测量数据(其实 k 以前的测量信息已包含于 $\hat{X}(k|k-1)$ 中),从而减少了滤波计算量,便于计算机计算,并具有较好的实时性。

2.卡尔曼滤波

卡尔曼滤波方法是一种以无偏最小方差为最优准则,并采用递推算法的线性滤波方法。目前已广泛应用于各种跟踪测量系统、导航系统、宇宙航行以及工业控制系统中。卡尔曼滤波技术在对机动目标的跟踪中其优点尤为突出。由于卡尔曼滤波对计算工具的要求较高,其应用曾受到一定的限制。不过,随着计算机技术的飞速发展,卡尔曼滤波已在实际应用中更加受到人们的青睐。

(1)设计思想。卡尔曼滤波器的设计思想有下列特点:

1)最优估计准则——无偏最小方差估计。

如图 3-1-5 所示,图中实线表示目标的实际航迹,虚线表示目标航迹的估计值。图 3-1-5(a)中估计航迹较长时间偏于实际航迹的一侧,称为有偏;图 3-1-5(b)估计航迹虽未较长时间偏于实际航迹的一侧,但在两侧摆动剧烈,此种摆动以"方差"表示,即此种估计虽然是无偏的,但方差很大;图 3-1-5(c)所示的是无偏和方差最小,称为无偏最小方差估计。卡尔曼滤波就是采用这种最优估计准则。这种准则可表示为

无偏: $E\{[x(k)-\hat{X}(k)]\}=0$

最小方差: $E\{[x(k)-\hat{X}(k)][x(k)-\hat{X}(k)]^{\mathrm{T}}\}\to\min$

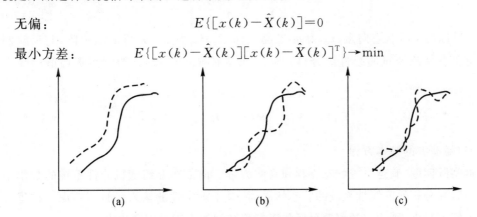

图 3-1-5 目标跟踪中的航迹估计类型
(a)有偏估计;(b)无偏较大方差估计;(c)无偏最小方差估计

2)线性递推滤波。卡尔曼滤波采用线性递推滤波,即当第 $k+1$ 个采样测量值 z_{k+1} 获得后,把它和前一个采样的估值 $\hat{X}_k$ 作某种线性组合,得出第 $k+1$ 个采样的滤波估值 $\hat{X}_{k+1}$,即

$$\hat{X}_{k+1}=D_k\hat{X}_k+K_{k+1}z_{k+1}+E_ku_k \qquad (3-1-29)$$

式中:$\hat{X}_k$ 为 t_k 时刻状态矢量的估值;z_{k+1} 为 t_{k+1} 时刻接收到的测量矢量值;u_k 为已知的 t_k 时刻输入量。

3)实现方法。寻找实现上列最优准则的一套递推算法的关键是找到实现无偏最小方差准则的权系数矩阵。

(2)前提条件。

1)目标运动方程。卡尔曼滤波则对目标运动方程限定的条件大大放宽,不限于等速直线运动,它采用状态向量法,以目标的坐标、速度、加速度等 n 维向量表示目标的状态,利用状态方程描述目标的运动规律,通常表示为

$$x_{k+1}=\boldsymbol{\Phi}_k x_k+\boldsymbol{B}_k u_k+\boldsymbol{W}_k \qquad (3-1-30)$$

式中:x_k 为目标的 n 维状态向量,如 $n=3$ 时,$x_k=\begin{bmatrix}x(k) & \dot{x}(k) & \ddot{x}(k)\end{bmatrix}^T$;$\boldsymbol{\Phi}_k$ 为 $n\times n$ 维状态转移矩阵,如 $n=2$ 时,$\boldsymbol{\Phi}_k=\begin{bmatrix}1 & T \\ 0 & 1\end{bmatrix}$,如 $n=3$ 时,$\boldsymbol{\Phi}_k=\begin{bmatrix}1 & T & T^2/2 \\ 0 & 1 & T \\ 0 & 0 & 1\end{bmatrix}$;$u_k$ 为 t_k 时刻的输入量,是时间序列的确定函数(u_k 不是矩阵),如 u_k 可为加速度的变化率 $\dddot{x}_k$;$\boldsymbol{B}_k$ 为 $n\times n$ 的系数矩阵;$\boldsymbol{W}_k$ 为 n 维输入扰动或噪声矢量,且限定为零均值的白噪声,即

$$E[\boldsymbol{W}_k]=0$$

$$E[\boldsymbol{W}_k \quad \boldsymbol{W}_j^T]=Q(k)=Q_k\delta_{kj}, \quad \delta_{kj}=\begin{cases}0, k\neq j \\ 1, k=j\end{cases} \qquad (3-1-31)$$

2)测量方程。考虑到 n 维的目标状态不一定全部都能被测量出来,如一般雷达,只能测出目标位置数据,不能直接测出目标的速度、加速度等数据。我们可用能测量得出的含有噪声 N_k 的 m 维($m\leqslant n$)状态变量的线性组合来表示 m 维测量矢量 z_k,即测量方程可表示为

$$z_k=\boldsymbol{H}_k x_k+\boldsymbol{V}_k \qquad (3-1-32)$$

式中:x_k 为目标的 n 维状态向量;z_k 为 m 维测量向量;$\boldsymbol{H}_k$ 为 $m\times n$ 维测量矩阵,它反映测量矢量是目标某些状态变量的线性组合;$\boldsymbol{V}_k$ 为 m 维测量噪声向量,且约定为零均值白噪声序列,即

$$E[\boldsymbol{V}_k]=0, \quad E[\boldsymbol{V}_k \quad \boldsymbol{V}_j^T]=R(k)=R_k\delta_{kj}, \quad \delta_{kj}=\begin{cases}0, k\neq j \\ 1, k=j\end{cases} \qquad (3-1-33)$$

(3)卡尔曼滤波的基本方程。

1)根据实际问题,确定系统状态方程和观测方程。前面在介绍随机线性系统的数学描述中,我们提到,在分析研究线性系统的状态性质时,对于确定性的输入可暂不考虑。这里假设确定性输入暂不考虑,则相应的离散目标状态方程和测量方程分别简化为

状态方程: $x_{k+1}=\boldsymbol{\Phi}_k x_k+\boldsymbol{\Gamma}_k \boldsymbol{W}_k$

测量方程：$$z_k = H_k x_k + V_k$$

式中：动态噪声 W_k 和量测噪声 V_k 是互不相关的零均值白噪声序列；Γ_k 为 $n \times n$ 的系数矩阵（或系统噪声转移阵）。

2）验前统计量。在确定了系统的状态方程和测量方程后，还需根据所描述的问题，确定初始状态，如，假设初始状态的统计特性为

$$E[W_k]=0, \quad \mathrm{Cov}(W_k, W_j)=E[W_k \ W_j^\mathrm{T}]=Q(k)=Q_k \delta_{kj}$$

$$E[V_k]=0, \quad \mathrm{Cov}(V_k, V_j)=E[V_k \ V_j^\mathrm{T}]=R(k)=R_k \delta_{kj}$$

$$\text{且} \ \mathrm{Cov}(W_k, V_j)=E[W_k \ V_j^\mathrm{T}]=0$$

$$E[x_0]=\mu_0, \quad \mathrm{Var}[x_0]=E\{[x_0-\mu_0][x_0-\mu_0]^\mathrm{T}\}=P_0$$

且 x_0 与 $\{W_k\}$ 和 $\{V_k\}$ 都不相关，即

$$\mathrm{Cov}(x_0, W_k)=0, \quad \mathrm{Cov}(x_0, V_k)=0$$

为了使对上述各计算量的时间递推关系一目了然，列表 3-1-1 以示之。

表 3-1-1 离散卡尔曼滤波递推公式

动态方程	$x_{k+1}=\Phi_k x_k + \Gamma_k W_k$
量测方程	$z_k=H_k x_k + V_k, \quad k \geqslant 1$
验前统计量	$E[W_k]=0, \mathrm{Cov}(W_k, W_j)=Q_k \delta_{kj}$ $E[V_k]=0, \mathrm{Cov}(V_k, V_j)=R_k \delta_{kj}$ $\mathrm{Cov}(W_k, V_j)=0$
状态预测估计 方差预测	$\hat{X}_{k|k-1}=\Phi_{k,k-1} \hat{X}_{k-1}$ $P_{k|k-1}=\Phi_{k|k-1} P_{k-1} \Phi_{k|k-1}^\mathrm{T} + \Gamma_{k-1} Q_{k-1} \Gamma_{k-1}^\mathrm{T}$
状态估计	$\hat{X}_k = \hat{X}_{k|k-1} + K_k(z_k - H_k \hat{X}_{k|k-1})$
方差迭代	$P_k = P_{k|k-1} - P_{k|k-1} H_k^\mathrm{T}[H_k P_{k|k-1} H_k^\mathrm{T} + R_k]^{-1} H_k P_{k|k-1} = [I - K_k H_k] P_{k|k-1}$
滤波增益	$K_k = P_{k|k-1} H_k^\mathrm{T}[H_k P_{k|k-1} H_k^\mathrm{T} + R_k]^{-1}$
初始条件	$\hat{X}_0 = E[x_0] = \mu_0, \mathrm{Var}[x_0] = P_0$

(4) 递推运算步骤。

1）最优增益矩阵的递推运算步骤为：

①给定状态矢量起始条件协方差：$P(0)$。

②求出预测估值协方差：$P(1|0)$。

③求出最优增益矩阵：K_1。

④求出滤波估值协方差：$P(1)$。

⑤求出预测估值协方差：$P(2|1)$。

⑥求出最优增益矩阵：K_2。

⑦求出滤波估值协方差：$P(2)$。

……

重复以上过程，求出各个最优增益矩阵 $\boldsymbol{K}_{k+1}$ 和滤波估值协方差 $P(k+1)$。

2）滤波与预测估值递推运算步骤：

①给定起始无偏估值：$\hat{X}_0$。

②求出一级预测估值：$\hat{X}_{1|0}$。

③从测量得到 z_1，并进而求得残差：$\tilde{z}_1$。

④求出滤波估值 $\hat{X}_1$。

依此由求得的滤波估值 $\hat{X}_k$ 及输入的 u_k 求得一级预测估值 $\hat{X}_{k+1|k}$；再由求得的 $\hat{X}_{k+1|k}$、K_{k+1} 以及新获得的测量值 z_{k+1}，求得滤波估值 $\hat{X}_{k+1}$。

(5) 卡尔曼滤波的优越性与局限性。

1）优越性。

①卡尔曼滤波采用状态向量法，目标状态估值向量可以是任意多维的。

②在目标运动状态矢量为二维的条件下，卡尔曼滤波与 α-β 滤波等效，或者可以说，α-β 滤波是卡尔曼滤波的特例，但卡尔曼滤波对目标运动的扰动适应性强。

③与 α-β 滤波法相比，卡尔曼滤波有更高的跟踪精度和对目标机动的适应能力。

④卡尔曼滤波采用递推算法，存储量和运算量都很小。

⑤卡尔曼滤波在输出滤波估值和预测估值的同时，还能给出滤波估值的误差协方差，可随时掌握估值精度。

2）局限性。

①运动模型问题。卡尔曼滤波要求目标运动状态模型是已知的，所以卡尔曼滤波的第一步就是对目标实际运动规律归纳出数学模型，这是关键的一步。模型越精确，滤波和预测的精度就越高。但实际上，模型总是近似的，这种近似的结果不仅造成精度上的损失，而且会使估值误差趋于无穷，即造成滤波器的发散。

解决由于模型近似造成的精度损失或发散问题，可以采用敏感模型对滤波器进行校正，即采用系统识别或自适应滤波技术。系统识别就是根据测量值实时对模型作出估计，并对估计所得之模型进行滤波。识别可采用简单的递推最小二乘法、相关法或最大似然法等。自适应滤波就是通过测量值自动地调整滤波器的增益或补偿估计误差。因而自适应滤波包含检测和校正两部分，检测是指通过实际测量检查系统模型与实际系统是否一致。校正是指对模型采取修正、调整增益、补偿误差等措施。

②实时能力问题。卡尔曼滤波的递推运算算法较复杂，速度缓慢。为实现实时处理，有三种可能的途径：改进计算技术、减少状态维数、采用近似增益。具体方法很多，但容易带来精度损失，这时的估计就降为次最优估计。

③数值发散问题。造成发散的原因除了上述运动模型不准确外，还有两种：一种是对输入

的目标扰动噪声的统计性质了解不确切或取值不合适;另一种是计算机有限字长的影响,在递推运算中的量化,舍入误差使协方差失去正定性,甚至失去对称性,造成计算值与理论值之间越来越大的偏离等。

3.1.2.3 点迹与航迹互联

为了寻找航迹的后续相关点,需要以预测点为中心,建立一个相关区域,该区域称为后续相关域,即通常所谓的跟踪波门。跟踪波门的大小与下列因素有关:

(1)航迹的预测误差。
(2)航迹的质量。
(3)搜索传感器的量测误差和扫描周期。
(4)目标的机动能力。

波门形状和大小的设置,应使目标点迹落入波门内的概率尽可能大,而同时尽量避免在波门内出现过多的与目标无关的点迹。

建立跟踪波门后,在新的量测数据到来时,即需进行点迹与航迹的相关检测。相关检测就是将落入跟踪波门内的点迹检测出来,确定哪些点迹属于哪些航迹的匹配过程,即对点迹按航迹进行分类的过程。分类之后,多目标的航迹处理就转化成单目标的跟踪问题。下面介绍跟踪波门的计算方法和原理。事实上,相关检测就是一个假设检验问题。

H_0:该量测点迹不属于指定的目标航迹。

H_1:该量测点迹属于指定的目标航迹。

对于新息 $e_{k+m}=z_{k+m}-H(k+m)X(k+m/k)$,在假设 H_1 下是一个均值为零、方差为

$$\Sigma_e = R(k+m) + H(k+m)P(k+m/k)H^T(k+m) + Q(k+m)T^4/4 \quad (3-1-34)$$

的高斯分布随机向量。在假设 H_0 下,若对虚假点迹的概率分布没有先验知识可用,则假定其概率密度是不变的常数,因此,假设检验变为显著性检验,即

$$P_1(e_k) = \frac{1}{2\pi \Sigma_e^{1/2}} \exp\left\{-\frac{1}{2} e_k \Sigma_e^{-1} e_K^T\right\} \leqslant x^2 \quad (3-1-35)$$

在极坐标下,有

$$\Sigma_e = \begin{bmatrix} \sigma_d^2 & 0 \\ 0 & \sigma_\beta^2 \end{bmatrix} + \begin{bmatrix} \hat{\sigma}_{d,k+m/k}^2 & 0 \\ 0 & \hat{\sigma}_{d,k+m/k}^2 \end{bmatrix} + \frac{T^4}{4} \begin{bmatrix} \sigma_{a,d}^2 & 0 \\ 0 & \sigma_{a,\beta}^2 \end{bmatrix} \quad (3-1-36)$$

而在直角坐标系统下,有

$$\Sigma_e = \begin{bmatrix} \sigma_x^2 & \sigma_{xy} \\ \sigma_{xy} & \sigma_y^2 \end{bmatrix} + \begin{bmatrix} \hat{\sigma}_{x,k+m/k}^2 & \hat{\sigma}_{xy,k+m/k} \\ \hat{\sigma}_{x,k+m/k} & \hat{\sigma}_{y,k+m/k}^2 \end{bmatrix} + \frac{T^4}{4} \begin{bmatrix} \sigma_{a,x}^2 & \sigma_{a,xy} \\ \sigma_{a,xy} & \sigma_{a,y}^2 \end{bmatrix} \quad (3-1-37)$$

式中:$\sigma_{a,d}^2$、$\sigma_{a,\beta}^2$、$\sigma_{a,x}^2$、$\sigma_{a,xy}$、$\sigma_{a,y}^2$ 是有关目标加速度的方差。

对于一步预测点,假设检验公式为

$$|x-\hat{X}(k+1/k)| \leqslant K_c \sigma_x \sqrt{1 + \frac{2(2k+1)}{k(k-1)} + \frac{T^4 \sigma_{a,x}^2}{4\sigma_x^2}} \quad (3-1-38)$$

式中：K_c 为常数。

由式(3-1-38)可知，随着相关点迹数目的增加，在正常相关（有相关点迹）时跟踪波门逐步缩小到一个稳定值。但在丢失点迹的情况下，多步预测的协方差矩阵的系数将会增大，相应的跟踪波门（也称为丢失波门）也将放大。对实际跟踪过程来说，波门的大小是根据相关情况和滤波预测结果不断进行动态调整的。

在实际应用中，一般都是采用边相关边滤波的方法，即相关检测为滤波提供新息，利用滤波预测的结果计算跟踪波门以帮助分类，如此重复进行。下面描述最近邻域方法相关的准则和方法。

在最近邻域方法中，点迹与航迹的相关遵循下列相关准则：

(1) 若波门套空，则以预测点为目标的新点迹，跟踪波门放大，以便再次录取点迹，必要时可进行机动检测并建立机动航迹。在波门内检测不到点迹时，往往有多种原因，例如目标机动、目标回波特性变化、传感器不稳定或受到干扰、目标被遮挡等。这时如果加大跟踪波门，有可能在下一周期重新检测到目标点迹。加大波门在当前周期内重新检测一次，有可能在原波门边缘附近检测到点迹，这时考虑到这样的点迹也可能是虚假点迹，所以可建立一条机动航迹来按新检测到的点迹进行滤波，同时对原来的航迹进行外推，根据后续周期里的检测结果决定对航迹的取舍。

(2) 当某一航迹仅与一个点迹相关时，则确定该点迹为该航迹的相关点迹。

(3) 当某一航迹同时与多个点迹相关，这些点迹中的某几个又与其他航迹唯一相关时，确定这几个点迹属于与其唯一相关的航迹而与本航迹不相关。

(4) 当某一航迹同时与多个点迹相关，取离预测点统计距离最近的点迹作为该航迹的相关点迹。

(5) 不与确认航迹相关的点迹，再考虑其与试验航迹的相关，不与任何航迹相关的点迹作为自由点迹。

(6) 当跟踪波门跨越雷达扫描周期变更线时，需在相邻的两个周期里进行相关检测。

(7) 多条航迹均与同一点迹唯一相关时，若其中有确认航迹，则该点迹属于该确认航迹，有多个确认航迹时属于与其距离最近的确认航迹，若没有确认航迹与该点迹相关，则该点迹属于与其距离最近的试验航迹。

另外，在最近邻域相关方法中引入概率数据互联或模糊决策理论的思想，可有效提高相关检测的成功率。简单地说，在进行波门套点时先将落入波门内的所有点迹（或者离预测点最近的至多 M 个相关点迹）记录下来。在对所有航迹的波门检测完成之后，再按照模糊决策的思想进行解除模糊相关的处理，或者按照概率数据互联的方法进行滤波。

3.1.2.4 航迹管理

航迹管理包括航迹批号管理、分类管理和航迹质量管理，其目的就是评估航迹质量的优劣，以确定航迹的建立、维持、撤销/终止状态，为维持一个完整、正确、唯一的目标航迹档案提供质量标准。

航迹批号管理确定航迹的唯一性。在航迹起始建立新的试验起始航迹时，其批号与所有已建立航迹不同，可采取的方法是与已建立的航迹比较，如果属于同一目标，则仅保留其中质量较好的航迹。这种航迹合并的操作，也需在每个航迹的相关检测和滤波外推完成之后进行。

此外,当航迹分叉、撤销或终止时,也需对批号进行管理。

航迹质量管理的理论基础是跟踪终结理论。常用的跟踪终结方法是根据连续多次扫描周期中航迹丢失目标点迹的次数确定航迹撤销。通常采用给航迹评分的方法来对航迹质量进行评估:

(1)对于起始航迹,综合考虑其残差大小和相关点迹的个数等因素而赋予航迹以某个质量等级分数。

要评估一个航迹的质量,就需要建立航迹的质量指标,并能用它较客观地描述航迹从建立到终结的整个寿命期间每一个扫描周期航迹质量的演变过程,这是一种实时性描述。这个质量指标可以简单地用航迹得分 $r(k)$ 加以表示。其方法如下:设置一个航迹质量计数器,点迹与点迹或点迹与航迹正常相关一次,质量计数器加 2 分;当 $r(k)=4$ 时,认为该航迹是确认航迹,以后正常相关不再加分;一次不相关,质量计数器减 1 分;当计数器值 $r(k)=0$ 时,认为该航迹为撤销航迹,随后将其在航迹表中加以撤销。航迹形成及得分过程见表 3-1-2。

表 3-1-2 航迹形成及得分过程

	1	2	3	4	5	6	$r(k)$	航迹类型
航迹 1	×	0					0	撤销
航迹 2	×	×	0	0	0	0	0	撤销
航迹 3	×	×	0	×			4	确认
航迹 4	×	×	0	×	0	×	4	确认
航迹 5	×	×	×				4	确认

表 3-1-2 中×表示出现相关点迹,0 表示没有相关,以航迹 2 为例,虽然在 $k=2$ 时才建立了试验航迹,但这以后再没有出现相关点迹,使航迹得分降为 0,从而将该航迹在航迹表中加以撤销。

(2)在航迹的后续相关过程中,根据相关情况,通过状态转移的方法来修改其质量得分。航迹与量测点迹的相关情况可分为正常相关、冲突相关和不相关。正常相关是指与该航迹相关的点迹,不与其他任何航迹相关;冲突相关是指与该航迹相关的点迹同时与其他航迹相关;不相关是指跟踪波门套空,其连续套空的次数称为不相关次数。当航迹质量得分低于设定的门限值时,认为航迹为撤销航迹而予以终止,当航迹质量得分高于设定的确认门限值时,认为航迹跟踪质量已趋于稳定,认定航迹为确认航迹,否则为试验航迹。

这种方法将质量分成 $Q_0,Q_1,\cdots,Q_5$ 六个等级,并且按不同的相关情况进行转移,如图 3-1-6 所示。

Q_0:第一次录取的点迹。如果在下一扫描周期中与新点迹相关(1 或 2),质量升为 Q_1;如果不相关(3),则予以撤销。

Q_1:如果下一扫描周期中与新点迹正常相关(1),质量升为 Q_2,冲突相关(2),即这一航迹相关的点迹,同时也和其他航迹相关,质量仍为 Q_1,如果第一次不相关(3),质量仍为 Q_1,但如果第二次不相关(4),则予以撤销。

Q_2:如果下一扫描周期中与新点迹正常相关(1),质量升为 Q_3,冲突相关(2)或第一次不相关(3),质量仍为 Q_2,但如果第二次不相关(4),降为 Q_1,第三次不相关(5),则予以撤销。

Q_3：如果下一扫描周期中与新点迹正常相关(1)，质量升为 Q_4；冲突相关(2)或第一次不相关(3)、第二次不相关(4)，质量仍为 Q_3；第三次不相关(5)，质量降为 Q_2；四次不相关(6)，则予以撤销。

Q_4：正常相关，质量升为 Q_5；冲突相关或第一次不相关，质量保持；第二次不相关，质量降为 Q_3；三次不相关，质量降为 Q_2；四次不相关则予以撤销。

Q_5：质量最高级。正常相关，保持；冲突相关或第一次不相关，质量降为 Q_4；二次不相关，质量降为 Q_3；三次不相关，质量降为 Q_2；四次不相关则予以撤销。

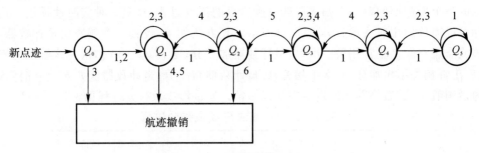

图 3-1-6 航迹质量的转移
1：正常相关；2：冲突相关；3：第一次不相关；
4：第二次不相关；5：第三次不相关；6：第四次不相关

3.1.2.5 目标指示处理

目标指示(简称"目指")是指将拟打击的目标参数实时指示给跟踪传感器或火控设备的过程。

目标航迹数据的定位原点与指定接收数据的跟踪传感器一般不在同一点，且目标指示数据的传输率要求较高，因此目标指示处理包括基线修正、时间对准、间隔加密(也称目标指示加密)三个环节。

(1)基线修正。设目标航迹数据的定位原点在以跟踪器为原点的地理坐标系中的位置为 (X_B, Y_B)，则基线修正只是简单的坐标平移变换：

$$\left. \begin{array}{l} X_r = X_t + X_B \\ Y_r = Y_t + Y_B \end{array} \right\} \quad (3-1-39)$$

(2)时间对准。通常情况下，目标航迹数据是航迹滤波时刻的目标数据，因此需要校准到航迹数据接收时刻。

(3)间隔加密。为提高目指数据率，需对时间校准后的目标航迹数据进行输出间隔加密处理。这是一个外推计算的过程，计算公式为

$$\left. \begin{array}{l} X_i = X_r + v_x(i\Delta T + t_o) \\ Y_i = Y_r + v_y(i\Delta T + t_o) \end{array} \right\} \quad (3-1-40)$$

式中：t_o 是在实际系统中传输延迟等带来的补偿时间。

集合论描述法实质上是一种最近邻域方法。"最近邻域"方法的基本含义是指唯一性地选择相关波门内与被跟踪目标的预测位置最近的量测点迹作为目标关联的对象，"最近"表示统计距离最小或残差概率密度最大。基本的最近邻域方法便于实现且计算量小，适用于信噪比高、目标密度较小的情形，它不是一种全局最优的算法，因为最靠近的量测点迹未必就源于目

标,在密集目标环境中,特别在跟踪波门相互交叉、目标发生机动等复杂情况下尤其如此。在引入一些限制条件和某些新的处理思想后,最近邻域方法的处理效果可以得到很大程度的改善。

3.1.3 其他航迹处理方法

1. 全邻域方法

1974 年,Singer 与 Housewright 提出了全邻最优滤波器:

$$\hat{X}(k/k) = \hat{X}(k/k-1) + \sum_{i=1}^{L(k)} P_i(k) b_i(k/k-1) \tag{3-1-41}$$

式中: $P_i(k)$ 为 k 时刻航迹 i 正确的概率; $b_i(k/k-1)$ 为航迹 i 在 $k-1$ 时刻对 k 时刻状态预测偏差的均值; $L(k) = (1+m_k)L(k-1)$ 为 k 时刻全部可能的航迹数; m_k 为 k 次扫描期间的候选回波数。

这种滤波器既考虑了所有候选回波(空间累积信息),也考虑了跟踪历史信息(时间累积信息)。

2. 概率数据互联方法

1975 年,Bar-Shalom 和 Tse 提出了概率数据互联滤波器(Probabilistic Data Association Filter,PDAF)。

记 $Z(k) = \{z_j(k), j=1 \sim m_k\}$ 表示传感器在 k 时刻的量测集合, $Z^k = \{Z(n), n=1 \sim k\}$ 表示直到 k 时刻的所有量测集, $\theta_j(k)$ 表示 k 时刻第 j 个量测 $z_j(k)$ 是源于目标的正确量测的事件, $\theta_o(k)$ 表示 k 时刻的量测没有一个正确量测的事件, $\hat{X}(k/k-1)$ 为根据所有历史量测对 k 时刻目标状态的预测,令

$$X_i(k/k) = E[X(k) | \theta_i(k), Z^k] \tag{3-1-42}$$

为基于量测集 Z^k 用 k 时刻第 i 个量测源于目标的条件下对目标状态的估计,则有

$$\hat{X}(k/k) = E[X(k) | Z^k] = \sum_{i=0}^{m(k)} E[X(k) | \theta_i(k), Z^k] P[\theta_i(k) | Z^k] =$$
$$\sum_{i=0}^{m(k)} \beta_i(k) \hat{X}_i(k/k) = \hat{X}(k/k-1) + K(k)e(k) \tag{3-1-43}$$

式中: $\beta_i(k)$ 为量测 i 源于目标的概率; $e(k) = \sum_{i=1}^{m(k)} \beta_i(k)[z_i(k) - \hat{Z}_i(k/k-1)]$ 为组合新息。协方差矩阵的更新公式为

$$\boldsymbol{P}(k/k) = [\boldsymbol{I} - (1-\beta_o(k))\boldsymbol{K}(k)\boldsymbol{H}(k)]\boldsymbol{P}(k/k-1) +$$
$$\boldsymbol{K}(k)\left[\sum_{i=0}^{m(k)} \beta_i(k)\boldsymbol{e}_i(k)\boldsymbol{e}_i^{\mathrm{T}}(k) - \boldsymbol{e}(k)\boldsymbol{e}^{\mathrm{T}}(k)\right]\boldsymbol{K}^{\mathrm{T}}(k) \tag{3-1-44}$$

这种概率数据互联方法,需要用到三个基本的假定条件:
(1)虚假量测在跟踪波门内服从均匀分布;
(2)正确量测在跟踪波门内服从高斯分布;
(3)每个目标在每个采样周期至多有一个真实量测,其概率为 P_D。

概率数据互联方法在计算关联概率时,仅考虑关联区域内当前时刻的所有量测,而不考虑

这些量测是否可能来自其他目标,概率加权值在各航迹之间独立进行计算。其主要问题是需要计算所有可能量测的概率,计算量太大而难以满足实时性要求。

3. 联合概率数据互联方法

针对概率数据互联方法不能处理跟踪波门重叠、目标航迹交叉的情况,Bar Shalom 提出了联合概率数据互关(Joint Probabilistic Data Association,JPDA)方法,也称为最优贝叶斯方法,其关联概率是用所有的量测和航迹来计算的。在 JPDA 算法中,Bar Shalom 引入了"聚"这一概念,即相互重叠的关联区的集合。将量测点迹"聚"进行分割,可大大降低错误相关的概率,同时也降低了关联概率的计算量。

JPDA 方法基于两个基本假设:

(1)每个量测点迹有唯一源,即要么源某于目标,要么源于杂波或虚警;

(2)对于给定的目标,同一时刻最多有一个量测点迹属于该目标。

满足上述两个假设的事件称为可能事件。

设 $\theta(k) = \{\theta_j(k), j=1 \sim \theta_k\}$ 表示 k 时刻所有可能的联合事件的集合,其中:

$$\theta_i(k) = \bigcap_{j=1}^{m(k)} \theta_{jt_j}^j(k) \tag{3-1-45}$$

表示第 i 个联合事件[表示 k 时刻 $m(k)$ 个量测源的一种可能状态],$\theta_{jt_j}^j(k)$ 表示量测 $z_j(k)$ 在该事件中源于目标 $t_i(t_j>0)$ 或源于杂波/虚波($t_j=0$)的事件。于是,第 i 个量测与目标 t 关联的事件可表示为

$$\theta_{jt}(k) = \bigcup_i \theta_{jt}^i(k) \tag{3-1-46}$$

定义联合事件 $\theta_i(k)$ 的关联矩阵

$$\boldsymbol{\Omega}[\theta_i(k)] = \omega_{jt}^i[\theta_i(k)] \tag{3-1-47}$$

其中,

$$\omega_{jt}^i[\theta_i(k)] = \begin{cases} 1, & \text{在 } \theta_i(k) \text{ 中量测 } z_j(k) \text{ 源于目标 } t \\ 0, & \text{否则} \end{cases}$$

则在 k 时刻,与目标 t 关联的事件具有以下性质:

(1)正交性。

$$\theta_{it}(k) \cap \theta_{jt}(k) = \phi, i \neq j \tag{3-1-48}$$

(2)完备性。

$$p\left[\bigcup_{j=0}^{m(k)} \theta_{jt}(k) = 1, t=0 \sim n\right] \tag{3-1-49}$$

因此,对目标 t 有状态估计为

$$\hat{X}^t(k/k) = E[X^t(k) \mid Z^k] = \\ \sum_{j=0}^{m(k)} E[X^t(k) \mid \theta_{jt}(k), Z^k] P(\theta_{jt}(k) \mid Z^k) = \sum_{j=0}^{m(k)} \beta_{jt}(k) \hat{X}_j^t(k/k) \tag{3-1-50}$$

其中,

$$\left.\begin{array}{l} \beta_{jt}(k) = P(\theta_{jt}(k) \mid Z^k) \\ P(\bigcup_{i=1}^{\theta_k} \theta_{jt}^i(k) \mid Z^k) = \sum_{i=1}^{\theta_k} P(\theta_i(k) \mid Z^k) \omega_{jt}[\theta_i(k)] \end{array}\right\} \tag{3-1-51}$$

而 $\hat{X}_k^t(k/k) = E(X^t(k) \mid \theta_{jt}(k), Z^k)$ 表示 k 时刻第 i 个量测关于目标 t 进行卡尔曼滤波所得到的状态估计。相应的滤波协方差更新公式为

$$P^t(k/k) = P^t(k/k-1) + [1-\beta_{ot}(k)]K(k)S^t(k)K^T(k) + \sum_{j=0}^{m(k)} \beta_{ot}(k)\{\hat{X}_j^t(k/k)[\hat{X}_k^t(k/k)]^T - \hat{X}^t(k/k)[\hat{X}^t(k/k)]^T\}$$

(3-1-52)

联合概率数据互联方法的主要计算工作在于计算基于 k 时刻所有量测的联合事件的条件概率——这通常是在一些简化性假设条件下进行的(例如假设不与任何目标关联的量测在跟踪波门中服从均匀分布,而与某目标正确关联的量测服从高斯分布)。

联合概率数据互联方法是概率数据互联方法的推广。可以证明,当只有一个被跟踪的目标时,JPDA 方法和 PDA 方法是等价的。

4. 多假设方法

Reid 于 1977 年提出了多假设跟踪方法(Multiple Hypothesis Tracking, MHT)。其中的"假设"和联合概率数据互联中的联合事件含义基本相同,不同的是在形成假设时对任一量测既要考虑虚警概率,也要考虑新目标出现的概率, k 时刻的假设是由 $k-1$ 时刻的假设和当前累积量测集合关联得到的。多假设方法的过程包括聚的形成、假设生成、假设概率的计算、假设管理(删除低概率假设、合并相接近的假设)等环节。这是目前在理论上最完善的方法,但由于假设数量呈指数增长而难以实时应用。

5. 神经网络/模糊推理逻辑性方法

数据关联的首要任务就是真假点迹和真假航迹的识别和分类。神经网络方法通过合适地选择能量函数,在样本训练集基础上确定必要的判决规则并按这些规则进行判决和分类,理论上它可以无限逼近 JPDA 方法,同时可实现对关联概率的快速计算,因而在航迹处理方面具有独有的优势。

敬忠良在 1995 年出版的专著《神经网络跟踪理论及应用》中,对基于神经网络的数据关联和多目标跟踪进行了系统的、全面的研究和论述,并利用模拟退火算法和博兹曼随机神经网络,克服了神经网络收敛慢和易收敛于局部极小、多假设类方法中的组合爆炸等问题。

3.2 信息融合

3.2.1 信息融合原理

3.2.1.1 信息融合的定义

信息融合(Information Fusion, IF)最初又称为数据融合(Data Fusion, DF),其字面意义容易理解,即对来自多个传感器或信息源的数据进行综合和提炼。但同其他许多名词如代理(Agent)、智能等一样,信息融合至今缺乏一个为领域研究者普遍接受的定义。常见的有以下三种定义。

Wald 的定义为:DF 是一个形式化的框架,由用于联合多个数据源数据的明确的方法和工具组成。融合的目的是获得较高质量的信息,这里"较高质量"的确切涵义则取决于应用。

美国国防部的定义为:DF 是一个多级多侧面的加工过程,包括对多个数据源的数据和信息自动化的检测、互联、相关、估计和组合处理。

1998 年 Buede 和 Waltz 给出的定义为:DF 是一个自适应的知识创建过程,通过对来自各种信息源的一致或不一致观测数据的校正、相关和合并处理,建立起有组织信息索引集,并由此对某个特定的观测区域的结构、行为进行建模、理解和解释。

美国国防部 1986 年成立的实验室联合指导处——数据融合工作组 JDL(the Joint Directors of Laboratories Data Fusion Working Group)给出的修正定义是:信息融合是在多级别、多方面对单源和多源的数据和信息进行自动检测、关联、相关、估计和组合的过程,以得到精确的状态和身份估计,以及完整、及时的态势评估和威胁估计。

3.2.1.2 信息融合的模型

1. 功能模型

在 DF 的理论和模型研究中,最有代表性的当数 JDL 模型,他们的工作成果概括为数据融合过程模型(简称"JDL 模型")和数据融合专门词汇(a Data Fusion Lexicon,DFL)。其中,JDL 模型在 DF 领域已得到广泛的认同,DFL 则统一了该领域的基本术语。JDL 模型是一个通用的面向功能的概念化的模型,采用分层结构,其顶层由八个部分组成,包括信息源、人-机交互、信息源预处理、第一级处理(对象精练)、第二级处理(态势精练)、第三级处理(威胁精练)、第四级处理(过程精练)和数据管理。DF 的过程模型如图 3-2-1 所示,其各部分功能简述如下。

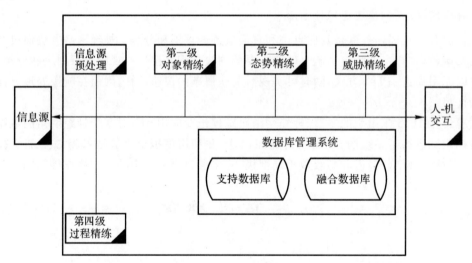

图 3-2-1　DF 的过程模型(JDL 模型)

(1)信息源。输入数据的来源包括与融合系统相连的各种传感器、地理信息、天气信息和其他支持数据库和知识库。其难点是信息源的选择,因为对一项特定的处理任务而言(如跟踪精度),并不是信息源越多越好,这是由于传感器融合得到的结果可能比从一组传感器中选定的最合适的传感器得到的结果要差。

(2)人-机交互。指挥员采用文字、图形、声音和触觉接口等各种方式同融合系统之间的交流。难点是处理负面信息。

(3)信息源预处理。将数据源的数据合理、适时地分配到对应处理级的过程。难点是如何将融合的重点放在与当前态势最密切的数据上,从而减轻系统的处理负荷。

(4)第一级处理(对象精练)。该处理过程将位置、参数和身份信息进行组合,获得单个对象(例如发射架、各种平台、武器和同地域相关的军事目标)的精确表示。面临的挑战包括密集目标环境下的数据互联、复杂的信号传播环境(例如多路径传播、通道之间的相互干涉、杂波干扰)下实体身份的辨识和快速机动目标的跟踪等。

(5)第二级处理(态势精练)。对当前环境中上下文的对象和事件之间关系进行分析,并给出进一步的说明。态势精练的焦点集中在相关信息上(例如物理接近度、通信、因果关系和瞬时关系等)。

(6)第三级处理(威胁精练)。把当前的态势映射到未来,根据敌方的威胁、友方和敌方的弱点,推断出己方军事行动取胜的机会。威胁判断的难点包括如何基于己方的作战原则、训练水平和政治环境知识库以及当前的态势,对敌方意图进行预测,对交战后果进行评估。其中第二级和第三级处理所面临的共同挑战是如何建立广泛可行的有规则、框架和剧本组成的知识库,从而在有限的信息条件下对敌军可能采取的对抗措施进行预测,选择于己方最有利的作战方案。另外,威胁精练实际上是包含诸多不确定性(如敌我双方的意图、武器的杀伤力和取胜机会等)的多方对策问题。

(7)第四级处理(过程精练)。它主要是对正在进行的数据融合系统的性能进行评估。目前主要采用的手段是效用理论和基于知识的方法。

(8)数据管理系统,即支持数据库和融合数据库。它包括数据检索、存储、归档、压缩、关联查询和数据保护。该库处理过程的难点在于,一方面融合数据库中存在大量不同类型的数据(如图像、信号数据、矢量、文本数据等),另一方面又不断吸收传感器新采集的数据,同时还要满足快速检索的要求。

DF 模型还有多传感器核心系统(Multi-sensor Kernel System,MKS)模型,美国国家标准局提出的一种用于机器人数据融合处理及控制模型,以它们名称命名为 NBS(the National Bureau of Standard,国家标准局),采用一种分层面向目标的行为模型(the Hierarchical Goal-Directed Behavior Model)等。上述三种模型针对特定的应用范畴提出,各有特点。其共同之处是采用信息分层或分级的处理思想。

JDL 模型每个部分又可以分解为若干子过程,如第一级处理又可分为坐标变换,数据/目标相关,目标的位置、属性和身份的估计,等等。在 JDL 模型顶层八个部分中,第一级处理(对象精练)是整个系统的基础,而数据互联技术又是对象精练的核心。

功能模型从融合的过程出发来描述信息融合,不同类型的融合系统具有不同的功能模型。此处以"战场态势监视"系统为例,说明其信息融合的功能模型,如图 3-2-2 所示。

在该系统中,假定要完成的任务有发现敌人武器装备、敌人兵力组成、作战编成、行动企图等。根据所要完成的任务,可以将数据融合的功能模型分为 5 级:第 1 级为检测/判决融合(发现敌人);第 2 级为空间(位置)融合(判断敌人在哪);第 3 级为属性数据融合(判断敌人的武器装备是哪种类型);第 4 级为态势评估(分析敌兵力组成与部署);第 5 级为威胁估计(判断敌人行动意图)。其中第 1 级、第 2 级在一般数据融合系统中都存在,后三级主要适用于 C^3I 系统中的数据融合。

图 3-2-2 中最左边是传感器的监视/跟踪环境及数据的采集源。辅助信息包括人工情

报、先验信息和环境参数。融合功能主要包括第1级处理、预滤波、采集管理、第2级处理、第3级处理、第4级处理、第5级处理、数据库管理、态势数据库、人-机接口和性能/评估计算。

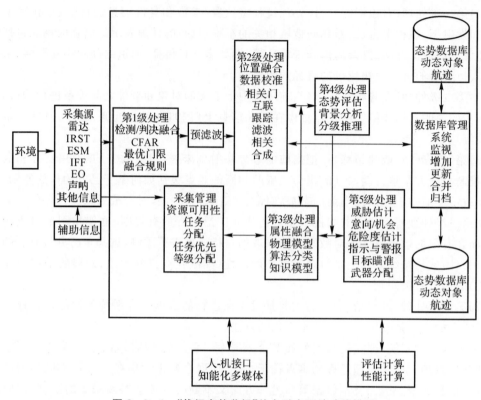

图3-2-2 "战场态势监视"信息融合系统功能模型

第1级处理是检测/判决融合,即实现多传感器目标检测过程。它根据所选择的检测准则形成最优化门限,然后融合各传感器或局部节点的决策产生最终的检测输出。

预滤波根据观测时间、报告位置、传感器类型、信息的属性和特征来分选和归并数据,这样可控制进入第2级处理的信息量,以避免造成融合系统过载。

数据采集管理用于控制融合的数据收集,包括传感器的选择、分配及传感器工作状态的优选和监视等。传感器任务分配要求预测动态目标的未来位置,计算传感器的指向角,规划观测和最佳资源利用。

第2级处理是位置融合,即多传感器目标跟踪过程。通过综合来自多传感器的信息来获得目标的位置和速度参数,并建立目标的航迹和数据库,主要包括数据校准、互联、跟踪、滤波、预测、航迹与航迹相关及航迹合成等。

第3级处理是属性融合,即多传感器目标识别过程。它是指对来自多个传感器的属性数据进行融合,实现目标识别。

第4级处理是态势评估,包括态势的提取以及态势评估,其中态势的提取是由不完整的数据集合建立一般化的态势表示,从而对前几级处理产生的兵力分布情况有一个合理的解释;态势评估是通过对复杂战场环境的正确分析和表达,导出敌我双方兵力和分布推断,给出意图、告警、行动计划与结果。

第5级处理是威胁估计,即从我军有效打击敌人的能力出发,估计敌方的杀伤力和危险性,同时估计我方的薄弱环节,并对敌方的意图给出提示和告警。

辅助功能包括数据库管理、人-机接口和评估计算,这些功能也是融合系统的重要部分。

从处理对象的层次上看,第1级属于低级融合,它是经典信号检测理论的直接发展,是近几年才开始研究的领域,目前绝大多数多传感器信息融合系统都不存在这一级,仍然保持集中检测,而不是分布式检测,但是分布式检测是未来的发展方向。第2级和第3级属于中间层次,是最重要的两级,它们是进行态势评估和威胁估计的前提和基础。实际上,融合本身主要发生在前3个级别上,而态势评估和威胁估计只是在某种意义上与数据融合具有相似的含义。第4级和第5级则是决策级融合,即高级融合,它们包括对全局态势发展和某些局部形势的估计,是现代作战系统指挥和辅助决策过程中的核心内容。

2. 结构模型

由上所述,信息融合的功能模型主要包括检测、跟踪和属性融合,实现各个功能的结构模型主要包括集中式和分布式,集中式信息融合结构必然有一个融合中心,分布式信息融合结构不一定有融合中心。

(1)集中式信息融合结构。每个传感器获得的观测数据都被不加分析地传送给上级信息融合中心。信息融合中心借助一定的准则和算法对全部初始数据执行联合、筛选、相关和合成处理,一次性地提供信息融合结论输出(见图3-2-3)。

(2)分布式信息融合结构。关于分布式融合结构,国内的提法与国外的提法有些差别,国内的提法是每个传感器都先对原始观测数据作初步分析处理,得出本地判决结论,然后将这种本地判决结论及其有关信息汇总到信息融合中心。再由信息融合中心在更高层次上对多方面的数据作进一步的相关合成处理,获取最终的判决结论。这种结构仍然是有融合中心的。下述讨论按照这种概念理解分布式信息融合结构。

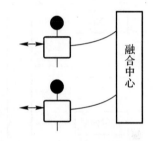

图3-2-3 集中式融合结构

国外的提法是更加严格意义上的分布式信息融合结构(见图3-2-4):各传感器相当于一些处理节点,节点与节点之间通过通信链路连接,其中任何节点都不知道全局的网络拓扑结构。每个节点利用自身获得的信息,以及来自于其他信息源的信息进行决策,但是网络中不存在控制整个网络的"中心"节点。

例如在战场监视系统应用中,可用一个节点来获取侦察照片的信息,用另一个节点来获取部队运动的地面情况,再用一个节点监控通信传输过程。一个节点的信息被传送到另一个节点,用来估计敌军的位置以及运动情况。这个节点的信息再传回到侦察照相节点,利用估计的部队位置信息来帮助理解卫星照片上的模糊特征。

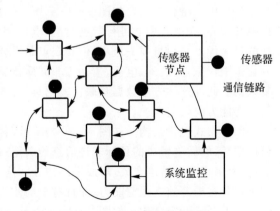

图3-2-4 分布式融合结构

这种分布式系统具有很多优点,如:

1)可靠性好。一些节点或者链路的丢失不会影响系统其他部分的功能。而在集中式系统中,公共的通信管理器或是中心控制器的故障可能给整个系统造成灾难性的后果。

2)灵活性好。系统中的节点可以方便地增减,而且仅仅只需做出局部的改变就可以了。例如,增加一个节点就是简单地建立一条或几条链路连接到网络中的一个或几个节点上。而在集中式结构中,增加一个新节点可能改变整个网络的拓扑结构,也就是说需要对整个网络的控制和通信结构做出大量的改变。

以下分别讨论不同融合功能的结构模型。

(1)检测融合结构。多传感器目标检测的结构模型主要有集中式检测结构和分布式检测结构两种。

集中式检测结构如图3-2-5所示。各个局部传感器直接将所有观测数据传送到融合中心,融合中心利用所有传感器的观测数据进行全局目标检测判决,从而得到检测结果。这种方法通常需要增加通信开销以获得实时结果;并且融合节点需要处理大量的原始观测数据,因此大大增加了处理器的负担,故是不太现实的。

分布式检测系统结构如图3-2-6所示。每个传感器分别进行目标检测处理,然后将检测结果汇总到融合中心,再由融合中心在更高层次上对各传感器的检测结果进行融合,得到更为精确的检测判决。分布式检测结构不需要很大的通信开销,但是由于在融合节点没有接收到所有传感器的观测数据,因此其性能有所降低。不过,由于该方法减轻了系统内部的通信压力,提高了系统的可行性,使得分布式检测方法成为目前多传感器目标检测的主要方法。

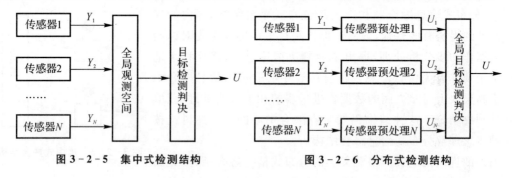

图3-2-5 集中式检测结构　　　　图3-2-6 分布式检测结构

(2)状态估计融合结构。多传感器目标跟踪的结构模型有4种,即集中式、分布式、混合式和多级式结构。

1)集中式融合结构。如图3-2-7所示,直接将每个传感器的点迹/观测送给融合节点,即融合中心,在融合中心进行数据对准、点迹相关、数据互联、航迹滤波、预测与跟踪。这种结构的最大优点是信息损失最小,但其缺点是需要传送大量的点迹/观测,并且如果点迹/观测的变化范围很宽,如红外、电视、雷达等非同质传感器的数据,在同一时间对它们进行处理是比较复杂的。此外这种方法数据互联比较困难,且要求系统具备大容量的能力,计算负担重,系统的生存能力也较差。

2)分布式融合结构。如图3-2-8所示,各个传感器根据自己探测到的数据进行局部多目标跟踪,然后将生成的目标航迹信息传送至融合中心,融合中心根据各节点的航迹数据完成航迹-航迹相关和航迹合成,形成全局估计。这类系统应用很普遍,特别是在现代作战系统中,它不仅具有局部独立跟踪能力,而且有全局监视和评估特性。

3)混合式融合结构。如图3-2-9所示,该结构向融合中心传输原始观测信息和经过局部节点处理过的航迹信息,融合中心根据上述信息形成全局估计。显然该结构保留了上述两类系统的优点,但在通信和计算上要付出昂贵的代价。对于安装在同一平台上的不同类型传感器,如雷达、IRST(Infrared Search and Tracking,红外搜索与跟踪)、IFF(Identification Friend of Foe,敌我识别器)、EO(Electronic Optical,光电传感器)、ESM(Electronic Support Measures,电子支援措施)组成的传感器群用混合式结构更合适。例如舰载多传感器数据融合系统。

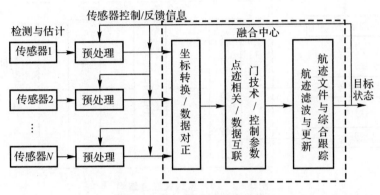

图 3-2-7 集中式融合结构

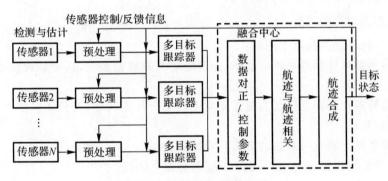

图 3-2-8 分布式融合结构

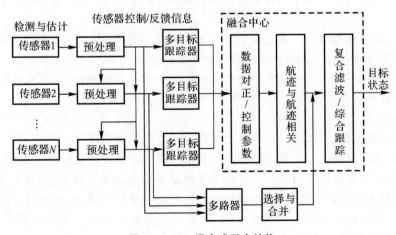

图 3-2-9 混合式融合结构

4)多级式融合结构。如图 3-2-10 所示,在多级式结构中,各局部节点可以同时或分别是集中式、分布式或混合式的融合中心。它们将接收和处理来自多个传感器的数据或来自多个跟踪器的航迹,而系统的融合节点要再次对各局部融合节点传送来的航迹数据进行相关和合成,也就是说,目标的检测报告要经过两级以上的位置融合处理,因而把它称作多级式系统。典型的多级式系统有海上多平台系统、岸基或陆基战役或战略 C^3I 系统等。

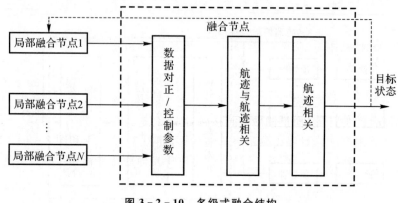

图 3-2-10 多级式融合结构

属性融合结构模型在后文将具体介绍。

3.2.1.3 信息融合的优势

单传感器系统可能存在以下问题:

(1)单个传感器或传感器通道的故障,会造成量测的数据丢失,从而导致整个系统瘫痪或崩溃;

(2)单个传感器在空间上仅仅能覆盖环境中的某个特定区域,且只能提供本地事件、问题或属性的量测信息;

(3)单个传感器不能获得对象的全部环境特征。

与单传感器系统相比,多传感器系统主要具有如下优点:

(1)增强系统的生存能力——多个传感器的量测信息之间有一定的冗余度,当有若干传感器不能利用或受到干扰,或某个目标或事件不在覆盖范围时,一般总会有一种传感器可以提供信息;

(2)扩展空间覆盖范围——通过多个交叠覆盖的传感器作用区域,扩展了空间覆盖范围,因为一种传感器有可能探测到其他传感器探测不到的地方;

(3)扩展时间覆盖范围——用多个传感器的协同作用提高检测概率,因为某个传感器在某个时间段可能探测到其他传感器在该时间段不能顾及的目标或事件;

(4)提高可信度——因为多种传感器可以对同一目标或事件加以确认或一个传感器探测的结果可以通过其他传感器加以确认,因而提高探测信息的可信度;

(5)降低信息的模糊度——多传感器的联合信息降低了目标或事件的不确定性;

(6)增强系统的鲁棒性和可靠性——对于依赖单一信息源的系统,如果该信源出现故障,那么整个系统就无法正常工作,而对于融合多个信息源的系统来说,由于不同传感器可以提供冗余信息,当某个信息源由于故障而失效时,系统可以根据其他信息源所提供的信息正常工作,系统具有较好的故障容错能力和鲁棒性;

(7)提高探测性能——对来自多个传感器的信息加以有效融合,取长补短,提高了探测的有效性;

(8) 提高空间分辨率——多传感器的合成可以获得比任何单个传感器更高的分辨率;

(9) 成本低、质量轻、占空少——多个传感器的使用,使得对传感器的选择更加灵活和有效,因而可达到成本低、质量轻、占空少的目的。

3.2.1.4 信息融合方法

1. 方法分类

当一个目标被多个不同的传感器跟踪时,如何组合这些传感器的量测数据获得比其中任何一个单个传感器更好的估计呢?目前,有多种融合方法来处理这一问题,具体可以分为两类:状态矢量融合(State Vector Fusion)和量测融合(Measurement Fusion)。

状态矢量融合,采用一组滤波器获得基于单个传感器量测的状态估计值,然后进行融合获得一个改善的联合的估计值,而量测融合直接融合量测数据获得一个加权的或组合的量测,然后选择一个滤波器根据融合量测得到最终的估计算,如图 3-2-11 和图 3-2-12 所示。

考虑一个动态目标被 N 个传感器跟踪,则离散化目标动态方程和传感器量测方程如下:

$$x_{k+1} = \boldsymbol{\Phi}_k x_k + \boldsymbol{\Gamma}_k w_k \quad (3-2-1)$$

$$z_k^{(i)} = \boldsymbol{H}_k^{(i)} x_k^{(i)} + v_k^{(i)}, \quad i=1,2,\cdots,N \quad (3-2-2)$$

这里 x 表示目标的状态矢量,$\boldsymbol{\Phi}$、$\boldsymbol{\Gamma}$ 分别表示目标状态和系统噪声转移阵,w 为零均值的高斯白噪声矢量序列,同时假定不同时刻噪声矢量和目标的状态矢量互相独立,z 为量测矢量,H 为观测矩阵,v 为零均值的高斯白噪声矢量,v 与 w 互不相关,且不同时刻的 v 互相独立。w_k、v_k 的协方差矩阵已知为 Q_k、R_k。式(3-2-2)中上标 (i) 表示第 i 个传感器量测方程,下标 k 表示 k 时刻。

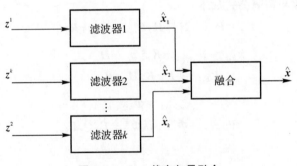

图 3-2-11 状态矢量融合

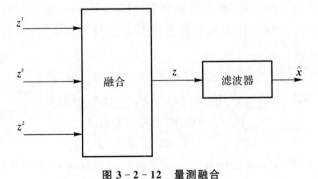

图 3-2-12 量测融合

下面将分别给出量测融合和状态矢量融合公式。

2. 量测融合

所谓量测融合则是将式(3-2-2)的传感器模型综合成如下单个模型：

$$z_k = H_k x_k + v_k \tag{3-2-3}$$

具体的合成方法又可以分为两种，第一种通过扩展滤波器中观测矢量的维数实现融合，以下简称量测融合方法1(Measurement Fusion 1, MF1)。式(3-2-3)由如下方法得到：

$$x_k = x_k(I) = [z_k^{(1)} \quad z_k^{(2)} \quad \cdots \quad z_k^{(N)}]^T \tag{3-2-4}$$

$$H_k = H_k(I) = [H_k^{(1)} \quad H_k^{(2)} \quad \cdots \quad H_k^{(N)}]^T \tag{3-2-5}$$

$$R_k = R_k(I) = \text{diag}(R_k^{(1)} \quad R_k^{(2)} \quad \cdots \quad R_k^{(N)}) \tag{3-2-6}$$

第二种采用最小均方误差(Minimum Mean Square Error, MMSE)准则，它是对多传感器的量测数据组合，组合后得到的量测矢量维数不变，下面简称融合方法2(Measurement Fusion 2, MF2)。

$$z_k = z_i(\mathbb{I}) = \left[\sum_{i=1}^{N}(R_k^{(i)})^{-1}\right]^{-1} \sum_{i=1}^{N}(R_k^{(i)})^{-1} z_k^{(i)} \tag{3-2-7}$$

$$H_k = H_k(\mathbb{I}) = \left[\sum_{i=1}^{N}(R_k^{(i)})^{-1}\right]^{-1} \sum_{i=1}^{N}(R_k^{(i)})^{-1} H_k^{(i)} \tag{3-2-8}$$

$$R_k = R_k(\mathbb{I}) = \left[\sum_{i=1}^{N}(R_k^{(i)})^{-1}\right]^{-1} \tag{3-2-9}$$

式(3-2-1)和式(3-2-3)采用卡尔曼滤波器可以得到最小方差意义下的目标状态矢量的最优无偏估计，滤波和预测公式如下：

$$K_k = P_{k,k-1} H_k^T [H_k P_{k,k-1} H_k^T + R_k]^{-1} \tag{3-2-10}$$

$$x_{k,k} = x_{k,k-1} + K_k [z_k - H_k \hat{x}_{k,k-1}] \tag{3-2-11}$$

$$P_{k,k} = [I - K_k H_k] P_{k,k-1} \tag{3-2-12}$$

$$\hat{x}_{k+1,k} = \Phi_k \hat{x}_{k,k} \tag{3-2-13}$$

$$P_{k+1,k} = \Phi_k P_{k,k} \Phi_k^T + \Gamma_K Q_k \Gamma_k^Y \tag{3-2-14}$$

3. 状态矢量融合

状态矢量融合也称航迹融合，问题表述为：设 $\hat{x}_{k,k}^{(i)}, i=1,2,\cdots,N$ 分别表示 k 时刻来自 N 个不同传感器的 N 条航迹估计值，若判定它们来自同一个目标，那么怎样才能获得更精确的目标参数？不失一般性，下面讨论中我们只考虑其 i、j 两个传感器，其卡尔曼滤波方程如下 $(m=i,j)$：

$$\hat{x}_{k+1,k+1}^{(m)} = \Phi_k x_{k,k}^{(m)} + K_{k+1}^{(m)}(z_{k+1}^{(m)} - H_{k-1}^{(m)} \Phi_k \hat{x}_{k,k}^{(m)}) \tag{3-2-15}$$

$$K_{k+1}^{(m)} = P_{k-1,k}^{(m)}(H_{k+1}^{(m)})^T [H_{k+1}^{(m)} P_{k+1}^{(m)}(H_{k+1}^{(m)})^T + R_{k+1}^{(m)}]^{-1} \tag{3-2-16}$$

$$P_{k,k+1}^{(m)} = \Phi_k P_{k,k}^{(m)} \Phi_k^T + \Gamma_k Q_k \Gamma_k^T \tag{3-2-17}$$

$$P_{k+1,k+1}^{(m)} = (I - K_{k+1}^{(m)} H_{k+1}^{(m)}) P_{k+1,k}^{(m)} \tag{3-2-18}$$

1971年，Singer 和 Kanyuck 最先提出一种直观的可用计算机处理的航迹融合方法，下面简称为航迹融合方法1(Track Fusion 1, TF1)，该方法假定两条航迹估计误差不相关。融合公式如下：

$$\hat{\boldsymbol{x}}_{k,k}^F = \hat{\boldsymbol{x}}_{k,k}^{(i)} + \boldsymbol{P}_{k,k}^{(i)}(\boldsymbol{P}_{k,k}^E)^{-1}(\boldsymbol{x}_{k,k}^{(j)} - \boldsymbol{x}_{k,k}^{(i)}) \quad (3-2-19)$$

$$\boldsymbol{P}_{k,k}^F = \boldsymbol{P}_{k,k}^{(i)} - \boldsymbol{P}_{k,k}^{(i)}(\boldsymbol{p}_{k,k}^E)^{-1}(\boldsymbol{P}_{k,k}^{(i)})^{\mathrm{T}} \quad (3-2-20)$$

其中,

$$\boldsymbol{P}_{k,k}^E = \boldsymbol{P}_{k,k}^{(i)} + \boldsymbol{P}_{k,k}^{(j)} \quad (3-2-21)$$

1981年,Bar Shalom对该问题进行研究,认为假定传感器的量测误差不相关是成立的。但是由于过程噪声与目标的机动特性相关,这对于不同滤波器来说是相同的,即两个传感器的状态估计误差是相关的,下面简称为航迹融合方法2(Track Fusion 2,TF2)。式(3-2-19)、式(3-2-20)、式(3-2-21)变成:

$$\hat{\boldsymbol{x}}_{k,k}^F = \hat{\boldsymbol{x}}_{k,k}^{(i)} + (\hat{\boldsymbol{P}}_{k,k}^{(1)} - \boldsymbol{P}_{k,k}^C)(\hat{\boldsymbol{P}}_{k,k}^E)^{-1}(\hat{\boldsymbol{x}}_{k,k}^{(j)} - \hat{\boldsymbol{x}}_{k,k}^{(i)}) \quad (3-2-22)$$

$$\boldsymbol{P}_{k,k}^F = \boldsymbol{P}_{k,k}^{(i)} - (\boldsymbol{P}_{k,k}^{(i)} - \boldsymbol{P}_{k,k}^C)(\boldsymbol{P}_{k,k}^E)^{-1}(\boldsymbol{P}_{k,k}^{(i)} - \boldsymbol{P}_{i,k}^C)^{\mathrm{T}} \quad (3-2-23)$$

$$\boldsymbol{P}_{k,k}^E = \boldsymbol{P}_{k,k}^{(i)} + \boldsymbol{P}_{k,k}^{(j)} - \boldsymbol{P}_{k,k}^C - (\boldsymbol{P}_{k,k}^C)^{\mathrm{T}} \quad (3-2-24)$$

其中,$\boldsymbol{P}^C$为两传感器航迹估计误差的交叉协方差矩阵,计算公式如下:

$$\begin{aligned}\boldsymbol{P}_{k,k}^C = &[\boldsymbol{I} - \boldsymbol{K}_k^{(i)}\boldsymbol{H}_k^{(i)}]\boldsymbol{\Phi}_k \boldsymbol{P}_{k-1,k-1}^C \boldsymbol{\Phi}_k^{\mathrm{T}}[\boldsymbol{I} - \boldsymbol{K}_k^{(j)}\boldsymbol{H}_k^{(j)}]^{\mathrm{T}} + \\ &[\boldsymbol{I} - \boldsymbol{K}_k^{(i)}\boldsymbol{H}_k^{(i)}]\boldsymbol{\Gamma}_k \boldsymbol{Q}_k \boldsymbol{\Gamma}_k^{\mathrm{T}}[\boldsymbol{I} - \boldsymbol{K}_k^{(i)}\boldsymbol{H}_k^{(j)}]^{\mathrm{T}}\end{aligned} \quad (3-2-25)$$

4. 原理分析

上面讨论的2类4种融合方法成立的一个基本条件是,不同传感器的量测或状态估计值为同一时刻来自同一目标的数据,即必须满足文献中提到的同时性要求。比较两种不同的量测融合方法,可以得到:

(1)当不同的传感器的观测矩阵相同时,即使量测噪声特性不同,两种量测融合方法等价,这种情况下MF2与MF1相比具有较小的计算负载。

(2)当不同传感器的观测矩阵不相同时,MF1在融合的性能上要优于MF2,这是由于MF1利用所有量测的信息,并且在有些情况下,MF2不可用。分析MF2与TF2在稳态情况下的估计误差协方差阵的性能,有:MF2相比于TF2其性能要改善6%~8%。这种改善的内在原因是基于全局数据集的充分统计量无法用局部数据集的充分统计量的综合来表示。

当滤波器能观、能控,即稳态滤波协方差阵满足正定条件[稳态交叉协方差阵为一个离散李亚普诺夫(Lyapunov)方程的解]时,此时TF2的性能优于TF1的性能,同时认为对于两个噪声特性不同的传感器,TF2的性能只是略微优于其中性能较好的传感器。当两个传感器噪声特性相差较大时,则不主张进行状态矢量融合。对上述问题进行进一步研究表明,解等价于求解稳态交叉协方差阵积分方程,该方程的解为一个矩阵求逆,其矩阵的元素与单个跟踪器参数相关。对于同一种类型的传感器,上述矩阵又可以化为劳斯-赫尔维茨(Routh-Hurwitz)矩阵,即为线性系统状态稳定性问题,由此可求得数值解,结果表明:TF2由于考虑了交叉协方差阵,性能相比TF1得到改善。

此外,可以通过改进TF2得到一种最优的状态矢量融合方法。有研究者已经证明TF2只是极大似然(Maximum Likelihood,ML)意义下的最优,而不是MMSE意义下的最优。如果已知一些相关先验估计值,可采用贝叶斯公式推导出MMSE意义下的最优估计,由此得到航迹融合方法3(Track Fusion 3,TF3),公式如下:

$$\begin{aligned}\tilde{\boldsymbol{x}}_{k,k}^F = \boldsymbol{P}_{k,k}^F[&(\boldsymbol{P}_{k,k}^{(i)})^{-1}\hat{\boldsymbol{x}}_{k,k}^{(i)} + (\boldsymbol{P}_{k,k}^{(j)})^{-1}\hat{\boldsymbol{x}}_{k,k}^{(j)} - \\ &(\overline{\boldsymbol{P}}_{k,k}^{(i)})^{-1}\overline{\boldsymbol{x}}_{k,k}^{(i)} - (\overline{\boldsymbol{P}}_{k,k}^{(j)})^{-1}\overline{\boldsymbol{x}}_{k,k}^{(j)}(\overline{\boldsymbol{P}}_{k,k}^E)^{-1}\overline{\boldsymbol{x}}_{k,k}^F]\end{aligned} \quad (3-2-26)$$

$$P_{k,k}^F = [(P_{k,k}^{(i)})^{-1} - (P_{k,k}^{(j)})^{-1} - (\bar{P}_{k,k}^{(i)})^{-1} - (\bar{P}_{k,k}^{(j)})^{-1} + (\bar{P}_{k,k}^F)^{-1}]^{-1} \quad (3-2-27)$$

其中,$(\bar{x}_{k,k}^i, \bar{P}_{k,k}^i)$、$(\bar{x}_{k,k}^j, \bar{P}_{k,k}^j)$分别表示传感器$i$、$j$和融合航迹$k$时刻状态估计值及其方差的先验值。可以证明,在稳态情形 TF3 等价于 MF2。

对不同分辨率的传感器(低分辨率雷达和高分辨率光电)跟踪群目标的航迹融合研究表明:雷达跟踪数据给出的是群目标的中心,而光电则能分辨出不同目标轨迹数据,此时,采用最近邻法进行相关处理,融合航迹的性能可能低于性能最低的传感器性能。

3.2.2 雷达与光电数据融合

3.2.2.1 雷达与光电跟踪特点

由于系统可观测性的局限性,采用单一雷达或光电传感器的跟踪系统要精确跟踪高速、大机动的空间飞行器是非常困难的。目前,一般配置有雷达火控通道和光电火控通道。

两种火控通道各有自己的优势与弊端。雷达火控通道具有全天候工作的突出优点,但在跟踪快速、掠海飞行小目标时,常规火控雷达存在严重缺陷:一方面受海杂波影响,不容易提取目标信号;另一方面受多路径效应干扰,目标跟踪性能严重下降,甚至会导致丢失目标。光电火控通道不受海杂波和多路径效应的影响,可以很好地跟踪快速、掠海飞行小目标,具有抗干扰能力强、测角准确的特点。但它的目标跟踪性能受气象、天候和光背景条件影响较大,很难满足全天候工作的作战需求。

电子干扰和光电干扰是现代海战环境的基本特点之一,提高抗干扰性能、有效抑制人为的各种有源和无源干扰,是雷达火控系统和光电火控系统适应现代海战环境的关键技术。同时,雷达火控系统在跟踪掠海飞行小目标时,应能有效克服海面杂波和海面非相关目标的干扰。光电火控系统跟踪目标时应能有效克服气象、天候和光背景条件影响。总之,综合使用两种不同性能传感器,在火控领域实现跟踪传感器信息的融合处理,能更精确地获得目标的运动状态信息。

国外在解决传感器信息使用方面大致经历了三个阶段。在第一个阶段,由于跟踪雷达作为武器系统的主要跟踪器,在雷达技术领域内努力寻找解决问题的技术途径和方法。在一些特定的环境中,这些措施具有一定的成效,但它们都不能适用于所有的战术环境。在第二个阶段,人们把注意力转移到光电跟踪器所具备的一些特殊性能,它能克服雷达火控系统所不能克服的电子干扰和目标的镜像干扰,因此企图以光电传感器来取代常规的跟踪雷达,如法国的"萨吉姆"反导光电系统。但这种系统受自身缺点的限制,也没有得到推广应用。在第三个阶段,人们采用了集大成的办法,即用多传感器优势互补的办法,结合跟踪雷达和光电跟踪仪的优点,以达到有效抗干扰的目的。典型系统有意大利的"海上卫士"近程防御武器系统,它能综合利用各种传感器得到的观测数据,进行优化和融合处理。

较早采用雷达和光电传感器进行目标跟踪研究的是 W. D. Blair 等,将雷达作为主传感器,利用光电传感器的精确角度量测信息,采用最小二乘方法进行数据融合研究。Helmick. R.E 等人从多传感器系统的空间配准角度,详细研究了多传感器系统的配准误差,为多传感器目标跟踪提供了很好的工程应用基础。

3.2.2.2 雷达与光电跟踪融合体系结构

设雷达跟踪传感器为 S_1,光电传感器为 S_2,S_1 和 S_2 数据融合的必要条件是量测同时、目标同域、目标同维、完全通信,但不必同质,更不必同型。

跟踪器与火控设备分立时,其数据融合体系结构有以下三种形式。

(1)先量测融合,再状态估计的集中式结构,如图3-2-13所示。

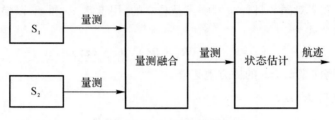

图3-2-13 集中式结构

(2)先各自状态估计,再航迹融合的分级式结构,如图3-2-14所示。

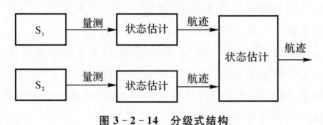

图3-2-14 分级式结构

(3)跟踪器与火控设备综合时,其数据融合体系结构如图3-2-15所示。

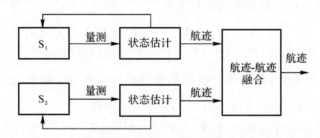

图3-2-15 跟踪器与火控设备综合时的信息结融合体系结构

图3-2-15体系结构明显优于图3-2-14体系结构,图3-2-14体系结构明显优于图3-2-13体系结构,图3-2-13体系结构明显优于不做任何信息融合的结构。

火控系统数据融合是火控系统综合的基础,它的实施减少了跟踪器与火控设备信息处理上的重复环节,克服了各个跟踪器分立量测、火控设备分立处理形成的量测与航迹不能自动辨识目标的缺陷,使多个跟踪器与火控设备形成了有机的、闭环的系统,大大缩短了火控系统反应时间并提高了精度。

3.2.2.3 工程应用算例

基于上面介绍的量测和状态矢量融合原理及算法,结合舰载火炮控制中跟踪雷达与光电传感器信息的综合利用,下面举两个工程应用算例。

1. 以雷达坐标系为基准的量测融合

对实际物理量测值,如距离(D)、方位角(β)和高低角(ε)等直接量测量进行数据融合,然后进行滤波估计等处理。

首先进行时空配准,将光电传感器天线坐标测量值(包括光电天线指向和偏差),转换到雷达天线坐标系上,数据的时戳对准,然后,以雷达和转换过来的光电指向和偏差进行数据融合;最后,进行滤波估计。

假定传感器 i 和 j 对同一目标量测噪声是独立的,用量测 z_k^i 和 z_k^j 以递推的形式,给出的量测最小方差滤波公式为

$$\hat{z}_k = z_k^i + R_k^i (R_k^i + R_k^j)^{-1} (z_k^j - z_k^i) \tag{3-2-28}$$

式中:R_k^i,R_k^j 是量测向量 z_k^i,z_k^j 的协方差矩阵。

$\hat{z}_k$ 的协方差矩阵为

$$\hat{R}_k = [(R_k^i)^{-1} + (R_k^j)^{-1}]^{-1} \tag{3-2-29}$$

利用式(3-2-28)和式(3-2-29)计算结果 $\hat{z}_k$ 和 $\hat{R}_k$,参与航迹的估计计算,可以得到最小方差意义下的目标状态矢量的最优无偏估计。

2. 以光电传感器坐标系为基准的状态矢量融合

考虑雷达与光电传感器在舰艇上分立安装的情况,对两个传感器输出的数据的滤波估计,是以各个传感器的基座为坐标原点,在正北坐标系下进行。

首先进行时空配准,两个传感器滤波估计后的值,都转换到以舰艇摇摆中心为原点的正北坐标系,数据的时戳对准,然后进行数据融合。

设两个不同的传感器 i 和 j 的状态估计为 $\hat{x}^i(k/k)$ 和 $\hat{x}^j(k/k)$,基于贝叶斯最小均方误差准则和基于最大似然准则的融合公式是分别为

$$\hat{x} = \hat{x}^i + (P^i - P^{ij})(P^i + P^j - P^{ij} - P^{ji})^{-1} (\hat{x}^j - \hat{x}^i) \tag{3-2-30}$$

$$P = P^i - (P^i - P^{ij})(P^i + P^j - P^{ij} - P^{ji})^{-1} (P^i - P^{ji})^T \tag{3-2-31}$$

式中:$\hat{x}$ 是融合的状态估计,P 是融合状态估计的协方差阵,P^i 和 P^j 是对应于 $\hat{x}^i(k/k)$ 和 $\hat{x}^j(k/k)$ 的协方差,P^{ij} 是 $\hat{x}^i(k/k)$ 和 $\hat{x}^j(k/k)$ 的互协方差阵。

当假定两个传感器估计为独立,且 $P^{ij} = P^{ji} = 0$ 时,则式(3-2-30)、式(3-2-31)为

$$\hat{x} = \hat{x}^i + P^i (P^i + P^j)^{-1} (\hat{x}^j - \hat{x}^i) \tag{3-2-32}$$

$$P = P^i - P^i (P^i + P^j)^{-1} (P^i)^T \tag{3-2-33}$$

式(3-2-32)、式(3-2-33)的计算结果为 $\hat{x}$ 和 P,是航迹融合后的状态估计与对应的协方差阵。

3.2.3 图像融合

1. 问题描述

图像配准是将不同时间、从不同视角、用不同传感器获取的同一场景的图像,按其在场景中的几何位置重叠在一起的过程。图像配准是计算机视觉、图像分析和医学影像等研究领域中十分重要的环节。图像配准是融合战术图像(如无人机图像)和卫星图像信息的必要和关键步骤。

设 M 和 I 分别表示战术图像和卫星图像,图像配准可以表述为:寻找一个几何变换 g 和一个灰度变换 f,使得

$$I(x,y)=f\{M[g(x,y)]\} \qquad (3-2-34)$$

图像配准的全部工作就是寻找满足式(3-2-34)的几何变换 g。对于目标定位来说,灰度变换是不必要的。实际问题中,由于噪声的存在、成像条件的差异等问题,两幅图像严格匹配是不可能的。因此,将问题重新描述为:寻找一个几何变换 g,使得

$$\varepsilon = \text{dist}\{I(x,y),M[g(x,y)]\} \qquad (3-2-35)$$

最小,其中 $\text{dist}(a,b)$ 为 a 和 b 之间差异的某种度量。

2. 基本分析

图像配准的第一个基本问题是确定赖以配准的图像特征,灰度值是最基本的特征,如果成像条件、成像设备相同,根据灰度值进行图像配准是可行的。但如果战术图像和卫星图像的摄取间隔时间太长,采用的成像设备和成像条件不同,那么通常同样的场景在图像中的表现是不同的。例如,同一场景的可见光图像和红外图像是截然不同的,而天气的阴晴变化对图像会产生很大的影响。因此,灰度值作为战术图像和卫星配准的特征,不具有鲁棒性。

通过观察发现,尽管战术图像和卫星图像的灰度值表现出各种各样的变化,但是,即使图像的类型不同,如可见光和红外,图像中表现出的结构特征仍具有一致性。这正是图像配准赖以进行的基础。图像的结构特征刻画了物体的轮廓,表现为一系列的边缘、线、角点等。边缘、线和角点等特征可以采用一些基本的图像处理方法,如 Canny 算子和 Harris 算子等,来检测。

变换空间的确定是图像配准的另一个基本问题,即采用什么样的空间几何变换将战术图像覆盖到卫星图像上。战术图像相对于卫星图像存在多种变形,如旋转、两个方向不同比例缩放、位置的平移、图像四周的畸变以及由于场景变化带来的变形,但图像配准算法只需要考虑图像获取过程带来的变形,而不必考虑场景的变化。另外,由于一般情况下图像的非线性变形并不严重,为减小计算量,图像配准算法只考虑线性形变,对于图像四周的畸变则不予以考虑。通常,仿射变换能够满足战术图像和卫星图像配准和目标定位的精度要求。

仿射变换的一般形式可以表达为

$$\begin{bmatrix} x' \\ y' \end{bmatrix} = \begin{bmatrix} a & c \\ d & b \end{bmatrix} \begin{bmatrix} x \\ y \end{bmatrix} + \begin{bmatrix} t_x \\ t_y \end{bmatrix} \qquad (3-2-36)$$

式中:$\begin{bmatrix} a & c \\ d & b \end{bmatrix}$ 表示缩放、旋转和剪切变形,$\begin{bmatrix} t_x \\ t_y \end{bmatrix}$ 表示战术图像在两个方向的平移,$\begin{bmatrix} x \\ y \end{bmatrix}$,$\begin{bmatrix} x' \\ y' \end{bmatrix}$ 分别表示战术图像和卫星图像的坐标。

3. 图像配准算法

互相关,或者称为模板匹配,是一种基本的图像配准方法,也是一种模式识别方法。互相关系数表达了两幅图像相似的程度,归一化的互相关系数定位为

$$CC = \frac{\sum\sum M[g(x,y)]I(x,y)}{\left[\sum\sum I^2(x,y)\right]^{\frac{1}{2}}} \qquad (3-2-37)$$

对于战术图像的每一个变换,都可以根据式(3-2-37)得到一个互相关系数。对应于最大互相关系数(残差最小)的变换 g 即为使两幅图像匹配的最佳变换。

利用灰度值之间相关性的模板匹配方法有很多改进形式,序贯相似性检测算法(Sequential Similarity Detection Algorithms)就是其中的一个。该算法采用 L_1 范数度量两幅

图像的相似性,其计算要比传统相关性方法简单很多:

$$E = \sum\sum |M[g(x,y)] - I(x,y)| \quad (3-2-38)$$

其归一化形式定义为

$$E = \sum\sum |M[g(x,y)] - \bar{M} - I(x,y) + \bar{I}| \quad (3-2-39)$$

式中:$\bar{M},\bar{I}$ 分别为战术图像和相应局部区域卫星图像的均值。

实践中,即使不作归一化处理,一般也能够保证找到最佳变换。而传统的互相关方法则需要对互相关系统做归一化处理,增加了计算量。

序贯相似性检测算法的另一个优点是采用了序贯搜索策略。按照序贯搜索策略,对于任何一个可能的变换,一旦残差超过某一个阈值就结束计算,而不再考虑其余的像素点。序贯搜索技术大大降低了计算复杂度,而其配准精度基本不受影响。

正如前面提到的,边缘轮廓是比灰度值更为可靠的图像配准特征。边缘轮廓是一个点集,是图像灰度值变化比较剧烈的点,能够表达图像中的一些基本结构。仍然用 M 和 I 表示战术图像和卫星图像的边缘轮廓,那么战术图像和卫星图像配准就变成两个点集 M 和 I 的匹配问题。度量边缘轮廓之间的相似性有很多方法,如链码等,但这些方法都没有考虑可能存在的场景的较大变化。由于卫星图像和无人机图形的摄取可能间隔很长时间,场景的局部变化是普遍存在的,所以两个点集之间的相似性度量标准的选择必须使算法具有局部图像匹配的能力,以克服局部场景变化的影响。部分 Hausdorff 距离就是能够比较两个图形局部相似性的一种度量。

已知两个点集 A 和 B,A 和 B 之间的 Hausdorff 距离定义为

$$H(A,B) = \max[h(A,B), h(B,A)] \quad (3-2-40)$$

其中

$$h(A,B) = \sup_{a \in A} \inf_{b \in B} \|a - b\| \quad (3-2-41)$$

式中:$\|\cdot\|$ 表示定义在坐标平面上的某种范数(如 L_p 范数),通常采用 L_2(欧几里得)范数。函数 $h(A,B)$ 称为从点集 A 到 B 的有向 Hausdorff 距离。如果 A 和 B 为紧集,则有

$$h(A,B) = \max_{a \in A} \min_{b \in B} \|a - b\| \quad (3-2-42)$$

对于点集 A 中的每一点,计算到点集 B 中最近点的距离,那么这些距离中的最大值就是 $h(A,B)$。凭直觉即可看出,如果 $h(A,B) = d$,那么点集 A 中的任一点一定在点集 B 中某一点的 d 邻域内,并且有某一点到点集 B 中最近一点的距离正好是 d。

从 Hausdorff 距离的定义可以看出,如果两个点集在平面上的分布完全相同,则其 Hausdorff 距离为零,分布的差别越大,Hausdorff 距离就越大。因此,两个点集之间的 Hausdorff 距离确实能够度量两个点集之间的相似性。

卫星图像和战术图像的提取可能间隔很长时间,在这段时间场景可能发生了较大的变化。另外,由于噪声的存在,两幅图像的边缘轮廓也不可能完全相同。因此我们希望,即使存在一些差别,两幅图像仍然能够精确配准。现在,将 Hausdorff 距离修改为

$$H_{kl}(A,B) = \max[h_k(A,B), h_l(B,A)] \quad (3-2-43)$$

式中:$h_k(A,B)$ 表示将点集 A 中任一点到点集 B 中的距离由小到大排序后的第 k 个值;$h_l(B,A)$ 具有类似的意义;$H_{kl}(A,B)$ 称为部分 Hausdorff 距离。

根据部分 Hausdorff 距离的定义,战术图像和卫星图像配准问题可以表述为:在仿射变换空间 G 中寻找一个变换 g,使得 Hausdorff 距离 $H_{kl}[g(M),I]$ 具有最小值,即 $\min\{H_{kl}[g(M),I]\}$。这里,M 和 I 分别表示 Canny 边缘检测算子检测到的战术图像和卫星图像边缘点构成的集合。

试验表明,融合战术图像、卫星图像和地理信息库,从而实现远程岸上目标的快速精确定位,在技术上是完全可行的。该技术能为各种舰载远程打击武器提供准确的目标信息和射击效果观察手段。战术图像和卫星图像的配准是该技术的核心。必须指出,任何一种算法其适应范围,必须根据具体的应用选择合适的算法。图像配准仍然是一个需要进一步深入研究的课题,其目的就是提高算法的鲁棒性、计算有效性和配准精度。

3.3 目标综合识别

目标识别在现代战争中具有很重要的意义。指挥员只有在弄清楚目标的敌我属性以及目标类型、目标位置和运动诸参数后,才能下达攻击命令,武器系统也只有得到各种目标参数之后才能准确地击中目标。而现代战争由于武器系统的作用范围扩大、准确性提高、威力增强以及更加隐蔽,使战场时空关系复杂化,指挥员决策更加困难。

目标识别技术就是通过综合利用统计信号处理、数字信号处理和图像处理、小波分析、人工神经网络、高阶谱分析、非平稳信号分析和模糊信息处理等诸多现代信号和信息处理方法,对所获得的信息进行专门的分析和处理,这样将会对目标的状态、组成特征有更多的了解,对目标本身及其周围的环境有更深刻的认识,从而实现目标识别。

目标识别主要由预处理、特征提取与分类决策等几个部分组成。其中预处理主要是去噪等,特征提取主要用于解决目标识别中特征信息的获取、分析和处理,分类决策是用各种识别方法把识别对象归为某一类别。随着现代战场环境的日益复杂和各种目标特征控制技术的进一步发展,目标的可观测性越来越低,目标识别技术面临更多的困难。基于数据融合的目标综合识别技术利用各类传感器的性能优势,具有提高目标识别系统的稳定性、可靠性,增强系统的抗干扰能力和环境适应能力,提高目标识别的准确度,降低目标识别的不确定性等诸多优点。

3.3.1 目标识别概述

3.3.1.1 目标识别框架

不同传感器提供的目标信息一般分为目标动态信息和目标身份信息。目标动态信息是描述目标的位置、运动的动态参数,通常包括目标的位置、速度、航向等。目标身份信息可以看成是有助于区分目标身份的有关信息,包括目标的传感器特性、特征信息和身份说明等,如图 3-3-1 所示。传感器特性主要包括频率、脉宽、重复频率、扫描周期等。特征信息主要包括目标形状、尺寸、结构等。身份说明主要包括类型、种类、威胁属性、型号、舷号等。

目标识别建立在输入数据的基础上,不同的输入数据就决定了其适用的不同层次和范围,这主要取决于输入数据的获取机理及其受环境的影响和获得数据的分辨率。不同获取机理的传感器提供的数据,反映着目标不同的特征,也就决定了适用不同的识别层次与范围。

目标识别是输入对象划分类别的处理过程,其结果与使用的输入数据和采用的分类方法密切相关。需要划分的类别受目标识别需求所制约,不同的需求确定分类的具体内涵,也随之确定相应分类必须具备的性能。目标识别的需求大体可以划分为五个层次,如图3-3-2所示。目标识别的五个层次,因其分类任务内涵的不同,对目标表述的精细程度的需求也不一样。

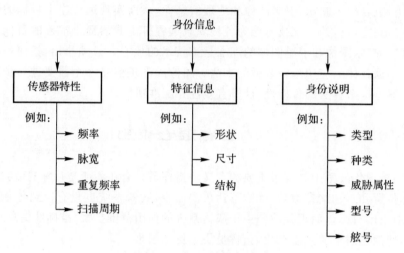

图 3-3-1 目标身份信息

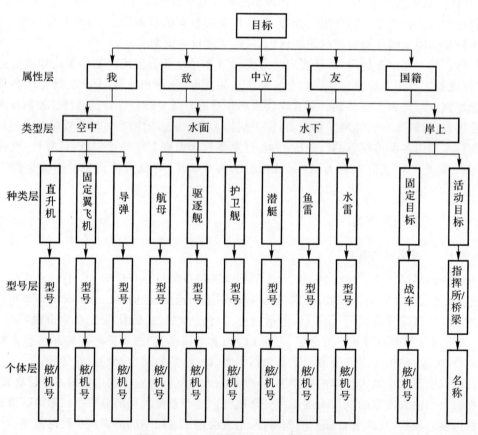

图 3-3-2 目标综合识别的基本原理

3.3.1.2 目标识别技术分类

目标识别技术可以按识别方是否发射电磁波信号来划分,分为有源识别和无源识别两大类。有源识别技术是指通过发射电磁信号对目标进行探测识别,主要包括无线电应答识别技术、雷达成像目标识别技术等;无源识别技术是指通过监听目标平台上的导航雷达、火控雷达等各种电子装置发出的各种电磁辐射信号来进行识别。

此外,目标识别技术也可按照识别方与被识别目标之间的关系来划分,分为协同式目标识别技术(Cooperative Target Recognition,CTR)、非协同式目标识别技术(Non Cooperative Target Recognition,NCTR)及综合目标识别技术。

1. 协同式目标识别技术

协同式目标识别技术需要识别方与被识别目标之间进行协同而完成自动识别,主要用于识别敌我属性。通常被识别目标装有应答机或各种相应设备进行协同配合,完成敌我识别任务。由于协同式目标识别技术要求所有参战单元都配置相应的敌我识别器,因此系统庞大,且容易被敌人欺骗和利用。

协同式目标识别技术主要包括雷达询问识别、毫米波识别、GPS定位识别、激光识别、红外热成像识别、被动式识别等。例如,雷达询问识别是用询问编码信号去调制雷达,通过雷达的发射信道发射询问信号,目标应答机用宽带接收机检测雷达发射的询问信号,进行译码判决处理后,通过应答机发回应答编码信号,完成目标识别。

2. 非协同式目标识别技术

非协同式目标识别技术不需要被识别目标协同,而是依靠各种传感器,如雷达、声呐、电子支援措施、红外、光学传感器等获取目标信息,对目标的专有特性进行分析,从而做出正确的判别。由于非协同式目标识别技术不需要协同工作,可单独配套,故独立性强。不仅可识别友方,也可识别敌方或中立方,这是它突出的优点。

(1) 雷达目标识别。雷达目标识别通过雷达探测或雷达对目标成像(合成孔径雷达成像、毫米波雷达成像)来了解目标的类型和形状,从而对目标进行识别和分类。

具体接收雷达回波信息(延迟时间/接收振幅/多普勒频率等),经过各种信号处理,如跟踪处理、极化频率特性分析、多普勒分析、高分辨率脉冲压缩、逆合成孔径雷达(Inverse Synthetic Aperture Radar,ISAR)处理等将信息转化为可用于分类识别的特征量,如目标的位置及运动参数、RCS极化频率特性、多普勒谱形状、反射强度在距离方向的分布、ISAR图像等。然后利用跟踪信息识别、RCS特性识别、多普勒像识别、距离像识别、ISAR图像识别等识别方法基于分类识别的特征量进行识别。

(2) 雷达辐射源识别。各种作战平台通常都装备有不同的探测设备,而不同的探测设备具有不同的辐射特征,即具有不同的电子指纹特征。侦察设备能隐蔽地对空中辐射的电磁信号进行搜索、截获、分选、分析和识别,条件允许时还可以利用无源定位技术对辐射源进行定位,是一种判断目标属性的较可靠的手段。

(3) 光电/红外识别。光学传感器和红外传感器分别利用光学成像和红外成像原理,在取得目标的反射特性和辐射特性后提取其特征进行识别。其中红外传感器主要对近距离目标(如导弹等)告警。这两种方法都是获取目标的图像信息,据此进行图像识别,图像识别已有成熟的理论和方法。

3. 综合目标识别技术

综合目标识别技术是把协同式目标识别和非协同式目标识别综合起来，利用敌我识别器及各种传感器数据，通过数据融合技术实现目标属性的最终判决。该系统是一个多传感器、多层面的综合识别系统。

不同传感器对被检测目标提供的识别结果，反映了该传感器对该目标的一种判断。为了最终下一个结论，必须对该目标的所有识别结果进行综合识别。综合识别也就是融合识别，可以在三个层次上进行，包括数据层、特征层、决策层，目前在决策层的融合较为成熟。

例如在海上一体化作战中，单一手段往往难以对目标做出及时准确的判断，只有综合运用多种手段和多种信息进行联合目标判别，才有可能有效地判别目标，进而及时形成态势情报。高效联合目标判别的实现，需要以较完备的识别装备体系和高效的情报信息传输网络为基础，以明确的多源情报协同关系、灵活的融合报知和情报分发体系为依托，以数据融合技术为支撑，以综合识别数据库为资源，以常态化综合判情机制为保证。

在现代战争中，敌我识别问题至关重要。如在两次海湾战争及近年来世界范围内发生的数次小规模冲突中，出现了多起由于未采取敌我识别措施，或采取的敌我识别措施失效，而造成己方或友方的武器装备或人员被错误攻击的作战行为。

如在海湾战争期间共发生28起误伤事件，导致35人死亡、72人受伤，其误伤比例达到17%（此前整个20世纪的平均误伤率为15%）；在伊拉克战争中也多次发生误伤事件，如美军PAC-3爱国者防空导弹击落英军狂风GR4战斗机，致使2名飞行员死亡；两辆英军"挑战者"主战坦克互相炮击，致使2死2伤；美军F-16战斗机发射AGM-88反辐射导弹击毁爱国者导弹雷达；等等。

可以采用基于不同技术体制的信息获取系统来完成对目标敌我属性的识别和确认工作，这些信息获取系统总的目标是一致的，即通过获取目标所提供的各种信息（包括目标反射、辐射的信息，建立与目标的信息交换信道等）来完成对其敌我属性的确认和识别。

从信息获取的基本方式上，大致可以分为采用直接和间接方式的协同识别、非协同识别以及更高层次的综合识别等基本类型，如图3-3-3所示。

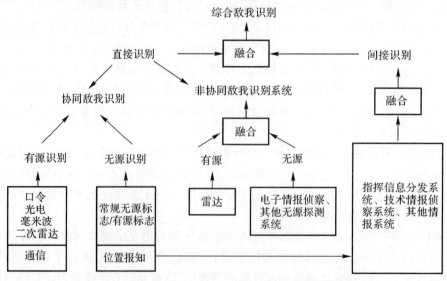

图3-3-3　用于目标属性信息获取的主要技术与装备

3.3.2 目标综合识别的基本原理

目标识别是模式识别技术在多传感器数据融合中的重要应用,两个主要的功能如下:

(1)特征提取:从原始数据中提取对目标识别有用的信息。

(2)目标识别:对以上数据作出适当处理,完成特征信息与目标身份间的关联与判决。目标综合识别是针对各类传感器的各种探测信息或直接的身份报告,利用各种目标识别融合方法对其综合,得到最终的目标身份报告的过程,能产生比任一单传感器更具体、更精确的身份估计和判决。

一般按信息抽象程度,目标综合识别可分为三种结构层次:决策级融合、特征级融合和数据级融合。

(1)决策级融合:每个传感器执行一个变换以得出一个独立的身份判定,来自每个传感器的身份判定继而被融合。

(2)特征级融合:对每个传感器的观测数据进行特征抽取以得到一个特征向量,然后把这些特征向量融合起来,并根据融合后得到的特征向量进行识别。

(3)数据级融合:对传感器原始数据进行直接融合,提取融合的特征向量并由此进行目标识别判定。

现实中并没有对所有应用环境都适用的目标识别融合结构,结构类型的选择既要能对给定的任务具有优化检测和识别的性能,也要受技术能力(软、硬件)的制约,同时还与传感器质量、传输数据的带宽等有关。

1. 决策级融合

图3-3-4所示为决策级融合过程,在决策级融合中,每个传感器都完成了特征提取目目标识别,获得独立的身份估计,然后对来自多传感器的识别结果进行身份信息融合得到最终的目标身份信息。用于决策级身份识别的融合技术包括表决法、Bayes理论、DS证据理论和模糊集法等。

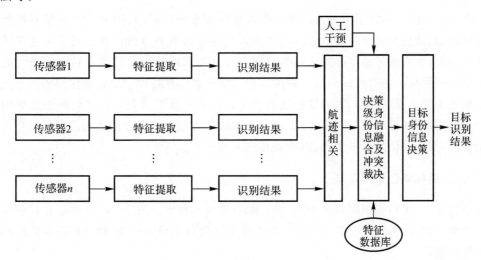

图3-3-4 决策级目标身份融合

对多个传感器给出的识别结果,利用决策级融合算法对其综合处理得出比单一传感器更可靠的身份识别报告。

2. 特征级融合

图 3-3-5 所示为特征级融合过程。

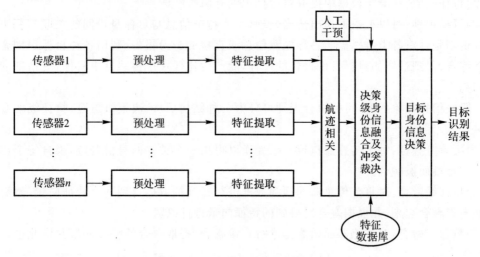

图 3-3-5 特征级目标身份融合

在特征级融合中,每个传感器完成了特征提取,并获得了来自每个传感器的特征向量。对多个传感器提取到的特征信息,利用各种融合算法进行特征融合,利用融合后的特征向量进行识别从而给出目标的身份报告。在这种方法中,必须使用相关处理把特征向量分成有意义的群组。由于特征向量之间可能具有较大差别,因而位置信息(距离、方位、高度或经纬度)在相关处理过程中通常是有用的。用于特征级身份估计的融合技术包括聚类算法、模板算法和神经网络等。

3. 数据级融合

图 3-3-6 所示为数据级融合过程。在数据级融合中,对来自同等级的传感器原始数据进行直接融合,然后对基于融合的传感器数据进行特征提取和身份识别。为了实现这种数据级的信息融合,所有的传感器必须是同类型的。通过对原始数据的关联来确定要融合的数据是否来自同一目标。融合后的目标识别可以像单传感器一样处理。如成像传感器数据级融合涉及图像画面像素级的融合,因而数据级融合也常称为像素级融合。像素级融合主要用于图像复合、图像分析和理解、同类雷达波形的直接合成等。数据级融合的优点是保留了尽可能多的原始信息,缺点是信息处理量大,因而处理实时性较差。

3.3.3 目标综合识别算法

迄今为止,关于目标识别算法准确、统一的分类尚不存在。图 3-3-7 所示是目标识别算法的一种概念性分类,这种分类方法将目标识别算法大体上分为三类:物理模型、参数分类、基于知识的模型。

3.3.3.1 物理模型

该类算法试图准确地建立可观测数据或可计算数据的模型,并通过模型化数据与实际数据进行匹配来估计目标的身份。但是,要建立身份估计的模型是非常困难的,它只能利用一些经典技术在概念上估计目标身份,因而只用于某些基础研究。尽管如此,这些方法在技术上是可行的,已有少数作战系统使用。这种方法的处理过程如图3-3-8所示。

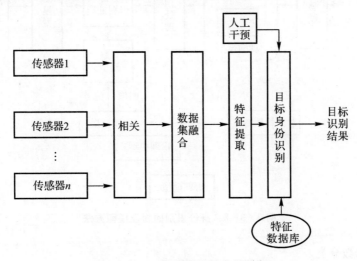

图3-3-6 数据级目标身份融合

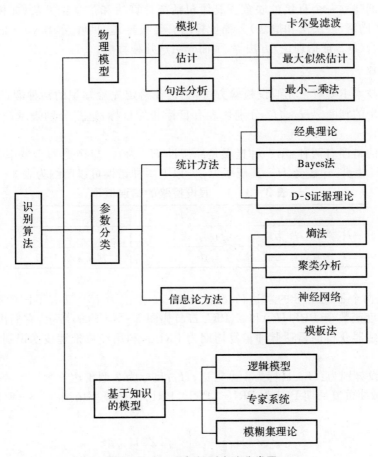

图3-3-7 目标识别方法分类图

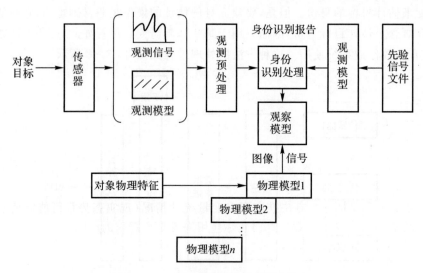

图 3-3-8 身份识别的物理模型方法

3.3.3.2 参数分类

参数分类技术是依据参数数据获得属性说明,而不使用物理模型。在参数数据(如特征)和属性说明之间建立一个直接的映象。具体包括统计算法和信息论方法(如模板法、聚类分析、自适应神经网络、表决法和熵法)。统计算法有经典推理、贝叶斯(Bayes)推理、Dempster-Shafer 证据组合(D-S证据理论)方法等,下面介绍这几种算法。

1. 经典推理

经典推理技术主要有二元假设检验方法,它是在给定先验知识的两种假设 H_0 和 H_1 中做出接受哪一个的判断。H_1、H_0 分别代表有目标和无目标,这里分别表示两种不同属性的目标。

假设检验的错误有两种:第一种错误是原假设 H_0 为真,却接受 H_1,概率为 α;第二种错误是原假设 H_1 为真,却接受 H_0,其概率为 β。以上两种错误可以归纳为表 3-3-1。

表 3-3-1 假设检验的错误概率

	接受 H_0	接受 H_1
H_0 为真,H_1 为假	判断正确 $1-\alpha$	α
H_1 为真,H_0 为假	β	判断正确 $1-\beta$

[例] 假设两个不同型号的雷达(1型记为 E_1,2型记为 E_2)具有不同的脉冲重复周期 PRI,其概率密度函数 $f(\text{PRI}/H_0)$ 和 $f(\text{PRI}/H_1)$ 如图 3-3-9(a)所示,它们出现重叠范围。设雷达侦察传感器获得的雷达脉冲重复周期为 PRI_{obs},利用经典推理技术识别其属于哪种型号的雷达。

设两种假设分别为:H_0:目标为1型雷达;H_1:目标为2型雷达。

2型雷达脉冲重复周期 PRI 为 $\text{PRI}_N \leqslant \text{PRI} \leqslant \text{PRI}_{N+1}$ 的概率由图 3-3-9(a)中阴影区域给出,表示为

$$P(Z/H_1) = \int_{(Z_1,Z_2)} f(Z/H_1) \mathrm{d}z \qquad (3-3-1)$$

式中:$Z = \mathrm{PRI}, Z_1 = \mathrm{PRI}_N, Z_2 = \mathrm{PRI}_{N+1}$。

经典推理方法对于给定阈值 PRI_c,识别规则为:若 $\mathrm{PRI}_{obs} > \mathrm{PRI}_c$,则识别为 H_1(目标为 2 型雷达);否则识别为 H_0。其中 PRI_c 值由分析员选择,也可以通过研究所有问题的众多因素选取。

显然由于 PRI 存在重叠区(由于传感的跳变),因此基于 PRI_c 的判定会导致错误的识别。由图 3-3-9(b) 可以看出,1 型雷达的观测 PRI 大于 PRI_c 的概率为 α;同样,2 型雷达的观测 PRI 小于 PRI_c 的概率为 β。这是两类错误概率,其中:

$$\alpha = \int_{(\mathrm{PRI}_c,\infty)} f(Z/H_0)\mathrm{d}z, \quad \beta = \int_{(-\infty,\mathrm{PRI}_c)} f(Z/H_1)\mathrm{d}z \qquad (3-3-2)$$

经典推理技术的优点是能提供判定错误概率的一个度量值。但一次仅能估计两个假设(H_0 和 H_1),如果需要把这个方法推广到多变量统计情况(现实态势很可能需要),则需要先验知识并计算多维概率密度函数。这对实际应用来说是个严重的缺陷。

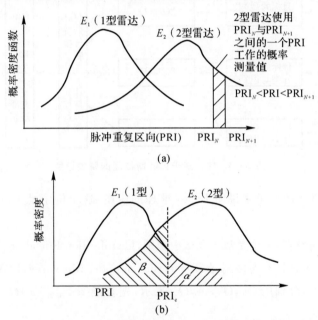

图 3-3-9 经典推理识别雷达种类的例子
(a)PRI 密度函数;(b)1 型和 2 型的误差

2. Bayes 推理

假设有 m 个传感器用于获取未知目标的参数数据。每一个传感器基于传感器观测和特定的传感器分类算法提供一个关于目标属性的说明(关于目标属性的一个假设)。设 $O_1, O_2, \cdots, O_n$ 为所有可能的 n 个目标,$D_1, D_2, \cdots, D_m$ 表示 m 个传感器各自对于目标属性的说明。$O_1, O_2, \cdots, O_n$ 实际上构成了观测空间的 n 个互不相容的穷举假设,则有

$$\sum_{i=1}^{n} P(O_i) = 1$$

$$P(O_i \mid D_j) = \frac{P(D_j \mid O_i) P(O_i)}{\sum_{i=1}^{n} P(D_j \mid A_i) P(A_i)}, i=1,2,\cdots,n; j=1,2,\cdots,m \qquad (3-3-3)$$

基于贝叶斯推理的属性识别框图如图 3-3-10 所示。

由图可见，Bayes 融合识别算法的主要步骤为：

(1) 将每个传感器关于目标的观测转化为目标属性的分类与说明 $D_1, D_2, \cdots, D_m$。

(2) 计算每个传感器关于目标属性说明或判定的不确定性，即
$$P(D_j|O_i), j=1,2,\cdots,m; i=1,2,\cdots,n$$

(3) 计算目标属性的融合概率：
$$P(O_i|D_1,D_2,\cdots,D_m)=\frac{P(D_1,D_2,\cdots,D_m|O_i)P(O_i)}{\sum_{i=1}^{n}P(D_1,D_2,\cdots,D_m|O_i)P(O_i)}, i=1,2,\cdots,n \quad (3-3-4)$$

如果 $D_1, D_2, \cdots, D_m$ 相互独立，则
$$P(D_1,D_2,\cdots,D_m|O_i)=P(D_1|O_i)P(D_2|O_i)\cdots P(D_m|O_i) \quad (3-3-5)$$

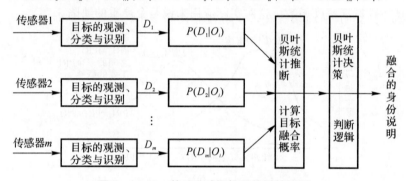

图 3-3-10 基于贝叶斯推理的属性识别

下面通过一个具体的例子来说明 Bayes 推理的应用，这个例子是 Hall 首先使用的，后来被广泛引用。

[例] 设有两个传感器，一个是敌－我－中识别(Identification Friend or Foe or Neutrality, IFFN)传感器，另一个是电子支援测量(Electronic Support Measures, ESM)传感器。设目标共有 n 种可能的机型，分别用 $O_1, O_2, \cdots, O_n$ 表示，先验概率 $P_{\text{IFFN}}(x|O_i)$ 已知，其中 x 表示敌、我、中 3 种情形之一。

对于传感器 IFFN 的观测 z，应用全概率公式，得
$$P_{\text{IFFN}}(z|O_i)=P_{\text{IFFN}}(z|我)P(我|O_i)+P_{\text{IFFN}}(z|敌)P(敌|O_i)+P_{\text{IFFN}}(z|中)P(中|O_i)$$

对于 ESM 传感器，能够在机型级上识别飞机属性，从而有
$$P_{\text{ESM}}(z|O_i)=\frac{P_{\text{ESM}}(O_i|z)P(z)}{\sum_{i=1}^{n}P(O_i|z)P(z)}, i=1,2,\cdots,n \quad (3-3-6)$$

基于两个传感器的融合似然为
$$P(z|O_i)=P_{\text{IFFN}}(z|O_i)P_{\text{ESM}}(z|O_i) \quad (3-3-7)$$

又因为
$$P(O_i|z)=\frac{P(z|O_i)P(O_i)}{\sum_{i=1}^{n}P(z|O_i)P(O_i)}, i=1,2,\cdots,n \quad (3-3-8)$$

从而

$$P(我|z) = \sum_{i=1}^{n} P(O_i|z)P(我|O_i) \quad (3-3-9)$$

$$P(敌|z) = \sum_{i=1}^{n} P(O_i|z)P(敌|O_i) \quad (3-3-10)$$

$$P(中|z) = \sum_{i=1}^{n} P(O_i|z)P(中|O_i) \quad (3-3-11)$$

Bayes 推理在许多领域有广泛的应用,但直接使用概率计算公式主要有两个困难:首先,一个证据 A 的概率是在大量的统计数据的基础上得出的,当所处理的问题比较复杂时,需要非常大的统计工作量,这使得定义先验似然函数非常困难;其次,Bayes 推理要求各证据之间是不相容或相互独立的,从而当存在多个可能假设和多条件相关事件时,计算复杂性迅速增加。Bayes 推理的另一个缺陷是缺乏分配总的不确定性的能力。

3. D-S 证据理论

D-S 证据理论又称登普斯特-谢弗理论或信任(Belief)函数理论,是经典概率理论的扩展,这一理论产生于 20 世纪 60 年代。Dempster 和 Shafer 在证据理论中引入了信任函数,它满足比概率论弱的公理,并且能够区分不确定和不知道的差异。在 Bayes 随机试验中,当所有的基本假设 $O_1, O_2, \cdots, O_n$ 互不相容,并且不存在不确定性测度时,D-S 证据理论与 Bayes 推理产生同样的结果,即当概率值已知时,证据理论就变成了概率论。因此概率论是证据理论的一个特例。当先验概率难以获得时,证据理论比概率论合适。D-S 证据理论为不确定信息的表达和合成提供了强有力的方法,特别适合于决策级信息融合。

D-S 方法与其他方法的区别在于:它具有两个值,即对每个命题指派两个不确定性度量(类似但不等于概率),存在一个证据属于一个命题的不确定性测度,使得这个命题似乎可能成立,但使用这个证据又不直接支持或拒绝它。以下首先给出几个基本定义。

设 Ω 是样本空间,Ω 由一个互不相容的陈述集合组的幂集 2^{Ω} 构成命题集合。

定义 3.1 (基本概率分配函数 M)设函数 M 是满足下列条件的映射:

$$M: 2^{\Omega} \to [0,1] \quad (3-3-12)$$

(1) 不可能事件的基本概率是 0,即 $M(\Phi) = 0$;

(2) 2^{Ω} 中全部元素的基本概率之和为 1,即

$$\sum_{A \subseteq \Omega} M(A) = 1 \quad (3-3-13)$$

则称 M 是 2^{Ω} 上的概率分配函数,$M(A)$ 称为 A 的基本概率数,表示对 A 的精确信任。

定义 3.2 (命题的信任函数 Bel)对于任意假设而言,其信任度 Bel(A)定义为 A 中全部子集对应的基本概率之和,即

$$Bel: 2^{\Omega} \to [0,1]$$

$$Bel(A) = \sum_{B \subseteq A} M(B), \text{对所有的 } A \subseteq \Omega \quad (3-3-14)$$

Bel 函数也称为下限函数，表示对 A 的全部信任。由概率分配函数的定义容易得到：

$$\mathrm{Bel}(\phi)=M(\phi)=0 \quad (3-3-15)$$

$$\mathrm{Bel}(\Omega)=\sum_{B\subseteq\Omega}M(B) \quad (3-3-16)$$

定义 3.3 （命题的似然函数 pl）

$$\mathrm{pl}:2^{\Omega}\rightarrow[0,1]$$

$$\mathrm{pl}(A)=1-\mathrm{Bel}(-A),\text{对所有的}A\subseteq\Omega \quad (3-3-17)$$

Pl 函数也称为上限函数或不可驳斥函数，表示对 A 非假的信任程度，即表示对 A 似乎可能成立的不确定性度量。

容易证明，信任函数和似然函数有如下关系：

$$\mathrm{pl}(A)\geqslant\mathrm{Bel}(A),\text{对所有的}A\subseteq\Omega \quad (3-3-18)$$

A 的不确定性由 $u(A)=\mathrm{pl}(A)-\mathrm{Bel}(A)$ 表示。

对偶 $[\mathrm{Bel}(A),\mathrm{pl}(A)]$ 称为信任空间，它反映了关于 A 的许多重要信息。D-S 证据理论对 A 的不确定性的描述可以用图 3-3-11 表示。

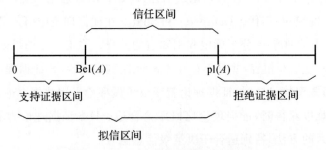

图 3-3-11 证据区间和不确定性

以上过程首先是靠人的经验和感觉给出假设的基本概率分配函数 M，然后由该函数给出取值在 $[0,1]$ 上的置信度和似然度，信任度和似然度分别是对假设信任程度的下限估计——悲观估计和上限估计——乐观估计。从这两个测度再得出后验可信度分配值，就可以得到证据推理的模式。

定义 3.4 （两个信任函数的组合规则）设 M_1 和 M_2 是 Ω 上的两个概率分配函数，则其正交和 $M=M_1\oplus M_2$ 定义为

$$\left.\begin{array}{l}M(\phi)=0\\ M(A)=c^{-1}\sum_{x\cap y=A}M_1(x)M_2(y),A\neq\phi\end{array}\right\} \quad (3-3-19)$$

其中

$$c=1-\sum_{x\cap y=\phi}M_1(x)M_2(y)=\sum_{x\cap y\neq\phi}M_1(x)M_2(y)$$

如果 $c\neq 0$，则正交和 M 也是一个概率分配函数；如果 $c=0$，则不存在正交和 M，称 M_1 和 M_2 矛盾。

多个概率分配函数的正交和 $M=M_1\oplus M_2\oplus\cdots\oplus M_n$ 定义为

$$M(\phi) = 0 \\ M(A) = c^{-1} \sum_{\cap A_i = A} \prod_{1 \leqslant i \leqslant n} M_i(A_i), A \neq \phi \quad \quad (3-3-20)$$

其中

$$c = 1 - \sum_{\cap A_i = \phi} \prod_{1 \leqslant i \leqslant n} M_i(A_i) = \sum_{\cap A_i \neq \phi} \prod_{1 \leqslant i \leqslant n} M_i(A_i)$$

图 3-3-12 给出了基于 D-S 证据方法的信息融合框图。由图可见,首先计算每个传感器获得的信息证据的基本概率分配函数、置信度和似然度,再根据 D-S 证据方法的组合规则计算所有证据联合作用下的基本概率分配函数、置信度和似然度,最后根据给定的判决准则选择置信度和似然度最大的假设,将其作为系统最终融合结果。

例如在一个多传感器系统(如 n 个传感器)中,有 m 个目标,即 m 个命题 $A_1, A_2, \cdots, A_m$。每个传感器都基于观测证据产生对目标的身份识别结果,即产生对命题 A_i 的后验可信度分配值 $M_j(A_i)$。之后在融合中心借助于 D-S 综合规则获得融合的后验可信度分配值。最后判定逻辑与 Bayes 的 MAP 类似。

它的优点是无需先验概率的信息,因此在故障诊断、目标识别、综合规则等领域得到了广泛的应用。在贝叶斯推理中,决策的结果非此即彼,不能将不确定与不知道严格分开,证据理论弥补了这一不足。

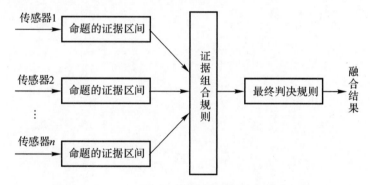

图 3-3-12 基于 D-S 证据方法的信息融合框图

3.3.3.3 基于知识的模型

属性融合算法的第三个主要方法是基于知识的模型。这些方法主要是模仿人类对属性判别的推理过程。它们可以在原始传感器数据或抽取的特征基础上进行。用此类方法进行目标识别的原理如图 3-3-13 所示。

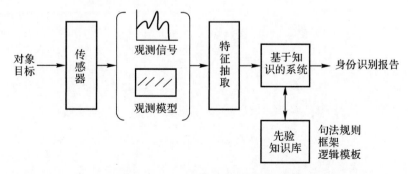

图 3-3-13 基于知识的身份识别

基于知识的方法的成功与否，在很大程度上依赖于一个先验知识库。有效的知识库是用知识工程技术建立的。这里虽然不明确要求使用物理模型，但是建立在对要识别的实体的组成和结构有一个彻底了解的基础上的，因此，该方法只不过是用启发式的方法代替了数学模型而已。当目标物体能根据其组成部分及其相互关系来识别时，这种基于知识的方法就尤其有用，不仅如此，对于一个复杂的实体，这种方法会变得很有用。例如，发射体的识别可以很容易地通过物理模型、模板法或神经网络来完成。但是，在识别诸如地对空导弹基地这样的军事目标时，就需要识别几个组成部分，辨别它们的功能及相互关系，并进行一些推理，因此只有基于知识的技术才能更好地进行这类识别。

这个分类中的技术主要包括逻辑模板、知识（专家）系统和模糊集合论。这些方法在一定意义上是基于人类处理信息的过程得出有关属性的结论。

第4章 作战辅助决策

军事辅助决策是人工智能科学的重要分支,是指挥信息系统建设的一个十分重要的方面。它为指挥员提供了拟制、评估、优选作战方案和保障方案,以及系统模拟、军事重演、军事专家系统等辅助决策的功能。

4.1 辅助决策的概念

辅助决策技术是在现代决策科学理论、方法与现代计算机技术相结合的基础上发展起来的综合技术。为最有效地利用辅助决策技术,应深入分析在决策过程的各阶段,决策者需要明确计算机能给予的帮助,明确决策者做什么,计算机做什么,使二者有效地结合起来。

目前辅助决策技术的设计主要有三种类型:一种是以战术计算为核心,并利用运筹学知识和数据模型完成规定任务,即传统的运筹学方法;另一种是通过模拟军事指挥人员的决策思维过程与总结实战成功经验,建立以知识库为基础、以推理机为核心的军事专家系统来完成规定任务,此即为人工智能方法;再一种是决策者根据自己的判断和偏好,从多个备选方案中选择一个优先方案,该方法称为判断分析方法或预案检测方法,这种方法要求决策者对每一备选方案的各个可能结构的必然性及自己对每个结构的偏好程度做出判断,这就把决策者的经验和智慧容纳在形式化的逻辑分析之中。它是以分析人员、计算机与决策人员交互,以定性与定量相结合的方式辅助决策的有力工具,特别适用于半结构性的决策问题。

海军指控系统中采用的辅助决策系统,基本具备了研制一些初级专业化的军事辅助决策的技术条件和决策能力,但由于辅助决策的复杂性,其研究仍将是一个渐进获取的过程,需在实践中不断完善和充实。

4.1.1 决策与辅助决策

4.1.1.1 决策与辅助决策概念

决策指人类在生存与发展过程中,以对事物发展规律及主客观条件的认识为依据,寻求并实现某种最佳(满意)的准则和行动方案而进行的活动。决策工作是作战管理的基础,指挥员及其参谋人员需要掌握制定决策的方法、科学工具和技术。决策是一个主观思维的活动过程,主要包括决策单元、准则体系、决策结构和环境、决策规则等决策要素,无论是对目标的选择还是对实现目标手段的选择,都是由决策者或决策分析者做出。因此,决策具有主观性、目的性、系统性、协调性、实效性、风险性、科学性、动态性、优化准则的模糊性等特点。在决策过程的每个环节均有辅助决策的需要。特别是在风险性、欺骗性、对抗性、信息不完备的情况下,辅助决策发挥了重要作用。近年来,计算机科学与信息技术的发展为决策提供了重要的辅助工具,大大提高了决策效率。

辅助决策是指借助决策者之外的人和工具,利用科学决策的方法和先进的信息技术,辅助决策者完成决策的过程,即一切有助于决策者更好、更快、更有效率地制定决策的理论、技术、手段和措施,都属于辅助决策的范畴。

作战指挥决策是指挥员根据敌我双方各方面情况的分析判断,对作战意图和行动策略做出决定的过程,一般可分为情报决策、组织决策和作战(战斗)决策三大类:

(1)情报决策指对情况的判断、计划的隐蔽以及对作战行动场所、战场、装备和部队状态的判断。它给组织决策和作战决策提供初始资料。其过程为:要把如敌情、友情、我情、作战条件等资料输入,然后进行分析,预测可能的后果,或用特征选取,确定预测的可靠性,最后作出情报决策。

(2)组织决策是要确定组织结构,建立一条指挥与通信系统的链条。一个组织是一个准备从事有目的的联合行动的组合,包括结构、方法(空间或地区的位置)以及在其成分之间的职能分配。舰艇编队有编队的组织结构,如舰艇种类的配置,战斗时有兵力、武器等投入的组织决策。

(3)作战决策是最复杂、最重要的决策,包括与战斗活动有关的各种决策工作,特别是确定军事行动的目标,制定战斗装备的等级,明确主攻方向,部署兵力、武器和作战方式,确立部队任务,相互配合等。情况的难以预料和迅速变化、不完整的情报或假情报、时间不够以及大量需要重视的因素,使作战决策工作极为复杂、重要和紧迫。

一般,把高层指挥司令部要做的决策称为战略决策,把直接执行战斗的低层指挥做的决策称为战役决策。舰艇编队在执行上级指挥命令的情况下,指挥一个编队执行某一个具体的战斗任务时,需要编队指挥员作出战役决策。对于每一条舰艇的具体战斗动作,编队指挥又是战略指挥员,所以还要进行情报决策、组织决策。

4.1.1.2 辅助决策的目标

辅助决策系统是技术对系统的运用。作战指挥的四要素是:指挥员、指挥机关、指挥手段和指挥对象。系统是通过指挥控制的自动化和智能化为指挥员和指挥机关服务,其目标是提高作战指挥决策的正确性和快速反应能力。

随着高新技术装备的广泛使用,部队指挥员和指挥机关面临的指挥和管理工作越来越复杂、信息越来越多,提高指挥工作的效能、增强部队的战斗力、增强部队的实时响应能力越来越迫切地需要科学决策手段的支撑,准确掌握战场态势,准确进行情况分析和判断,进行科学的资源分配、部队部署,有效组织作战行动,提高快速反应能力,提高工作的时效性成为辅助决策的主要任务。

因此,系统中的辅助决策应达到以下四个目标以体现辅助决策的四个等级:

(1)指挥员提供实时战场态势和非实时情况信息;
(2)提供态势要素、威胁要素、决策要素的分析估计结果,为指挥员提供决策依据;
(3)提供多个备选方案,给指挥员决策时选择;
(4)具有人-机交互决策能力。

4.1.1.3 作战辅助决策的特点

根据作战时间、规模、级别的不同,辅助决策分为战略级、战役级和战术级。然而,不管哪类辅助决策都应具有以下基本特点：

(1) 有效性。有效性是指辅助决策的决策方案能得到指挥员的认可和采纳，在执行过程中能保证高效益、低风险地持续发展。这就要求辅助决策的备选方案不仅能被指挥员采纳，而且能向有利于或较有利于我方的态势方向发展。

(2) 实时性。作战中，敌我双方的参战因素是瞬息万变的，战场态势不断变化，因此，作战指挥决策是一个实时性很强的动态过程，特别在战术级。如果不能及时地做出决策，就会贻误战机，甚至导致战败。因此，辅助决策必须具有较强的实时性，或称快速性。这就要求信息的获取、传递、处理和显示都必须快速进行。为了满足实时性要求，一般在建立和求解战场态势和辅助决策模型时，常采用满意的或简单的优化模型和求解方法，而避免采用复杂的优化模型和求解方法，同时要求计算机具有快速处理能力。

(3) 多样性。海上编队作战中，相应的辅助决策模型和使用方式必然多样化。联合和合成作战的辅助决策要求，又使多样化的决策模型相互交织在一起，表现为多目标要求。多目标之间有时相互冲突，因此，在决策模型建立和求解中存在巨大的复杂性。经常出现多领域优化模型的统一优化问题，它们的求解与具体战役战术要求联系在一起。因此，解决辅助决策问题时，必须明确是哪一级的辅助决策，应解决哪些问题。

(4) 灵活性。在战役、战术进程中，由于战场态势千变万化，造成辅助决策不可套用固定的模式解决辅助决策问题。这就要求辅助决策模型的输入和输出参数要充分，辅助决策模型要灵活多变，辅助决策能适应辅助决策各阶段的相互交织性，辅助决策能够循环反馈。为了充分体现指挥员灵活多变的决心和意志，应具有良好的人-机交互辅助决策能力。

(5) 不确定性。作战过程是一个诸多因素不完全确定的过程，作战因素随时间的变化具有偶然性。因此，辅助决策具有不确定性，其解也不具有唯一性。从某种意义上讲，指挥员的任意决策都可能是可行的，有道理的，不违反作战目标、上级意图和作战原则的，决策的好坏取决于指挥员的指挥艺术。

(6) 核心性。如同在战役战术进程中指挥员的决策指挥是主宰战场态势变化的核心行为一样，辅助决策系统在指挥控制系统中也应处于核心地位。

4.1.1.4 辅助决策相关技术

自然科学、社会科学的理论从不同侧面提供了辅助决策的技术与方法，也影响着决策者制定决策和选择方案的能力。每个学科体系的方法和技术都为开展编队作战辅助决策提供了独特的、有效的视域，在辅助决策中发挥了重要作用。

1. 预测技术

决策与预测有不可分割的关系，决策前必先进行预测。预测是决策的前提和基础，其目的是更有效地辅助决策。预测是一个认识过程，而决策是根据认识到的将来的事物变化，按决策人的价值观和偏好做出决策，达到某种利益和目标。

预测模型支持对事物的发展方向、进程和可能导致的结果进行推断和测算。预测模型又分为定性预测模型和定量预测模型。定性预测模型主要有德尔菲法（专家调查法）、情景分析法、主观概率法和对比法等。定量预测方法主要有回归预测法、确定型时间序列预测法、随机时间序列预测法、概率预测法、经济生命周期预测法、趋势平移法、指数平滑法、交叉影响分析法、因素相关分析法、先行指标分析法等。其他预测技术还有灰色预测、模糊预测、基于混沌理论的分析预测、拟合预测等。

在作战指挥应用上,它可辅助战场态势、天气、我方后勤补给、危机、敌主攻方向的判断,敌方兵力增援等方面的决策。

2. 规划技术

规划是产生决策方案并进行排序的方法与求解技术,规划本身不是决策,但规划技术可用来辅助决策。规划技术是研究如何合理使用有限资源,以最小的代价取得最优的效果。规划问题大致可分为两类:一是用一定数量的资源去完成最大可能实现的任务;二是用尽量少的资源完成给定的任务。解决这类问题一般都有几种备选方案。在规划问题中,必须满足的条件称为约束条件,要达到的目标用目标函数来表示。规划问题可归结为在约束条件的限制下,根据一定的准则从若干个备选方案中选择一个最优方案。实质是用数学模型来研究系统的优化决策问题。如果把给定条件定义为约束方程,把目标函数看作目标方程,把目标函数中的自变量看作决策变量,这三者就构成规划模型。规划模型包括线性规划、非线性规划、动态规划、目标规划、网络规划、更新理论和运输问题等。

在作战指挥应用上,它可辅助调配武器、兵力部署、武器(火力)动态择优分配、武器更新、后勤运输、指挥活动的网络分析等方面的决策。

3. 决策方案优化技术

建立辅助决策模型后,依据该模型可获得决策方案(实质是建议的方案)。除特殊情况,一般会有多个方案,但哪一种方案最优,需经实战或实兵演习检验得出。然而,实战或实兵演习耗资巨大,不宜过多采用。因此,多用计算机模拟技术,按照想定生成敌我双方的作战态势,用想定的程序和数据来描述和研究作战过程,检验各种决策方案的作战效果,作战效果"最佳者"为最佳方案。用模拟技术评价作战效果时常用兰彻斯特(Lanchester)方程或马尔可夫(Markov)过程描述作战过程,同时基于直观或经验构造的启发式优化技术,可用于许多非结构化决策问题的求解。

最佳方案除应使作战效果最佳外,还应考虑其快速性、敏捷性、自适应性、科学性、可实现性、操作简单性等。这对实时决策问题尤为重要。对于实时辅助决策问题,往往是确定方案和优化方案综合在一起的。

确定出最佳或满意方案后,便输出决策结果,提出建议供指挥员选择。由于在不同的约束条件下,会有不同最佳或满意决策方案,因此,提供的建议方案应是多个,并附有最优性成立的先决条件。在决策方案确定后,需细化环节并对其进行优化,实施过程中再进行调整,以达到最佳(满意)结果。还应指出,即使优选出高明的方案,还会因执行不到位而达不到预期的效果,因此,执行环节的配合也是重要因素。

4. 灵敏度分析技术

按一定规则改变决策模型的各项参数,观察其对方案的影响幅度,直至方案的排序发生变更为止,此时即找到了各项参数的最大容许变化范围,这样有助于增加决策(分析)者对最佳(满意)备选方案的信任程度。其主要内容有:决策问题的某些指标或参数的一个微小扰动是否会影响决策的结论,即讨论该参数的灵敏性;确定决策问题中某参数在什么范围内变化不会或会影响决策方案的排序结论。决策要素灵敏度分析技术包括基于线性优化的、基于连环替代法的多因素灵敏度分析,多目标决策下权系数的灵敏度分析等。

在作战上的应用案例有目标选择方案的灵敏度分析、指挥决策效能的灵敏度分析等。

5. 评估技术

评估技术有层次分析法、模糊综合评估法、灰色综合评估法、相似度辨识评估法、逼真度评估法、专家系统评估法、人-机评估法等。

作战应用案例有作战指挥效能评估、通信系统生存能力评估、防空信息战作战效能评估、信息网络风险评估、作战想定预案效能评估等。

4.1.2 辅助决策系统

20 世纪 50 年代到 20 世纪 60 年代，出现了基于电子计算机的电子数据处理系统(Electronic Data Processing System,EDPS)，主要用于数据处理和编制报表。这是层次较低的、主要面向业务的辅助决策系统。20 世纪 60 年代到 20 世纪 70 年代，在 EDPS 基础上发展了管理信息系统(Management Information System,MIS)，它由数值计算领域拓展到数据处理(非数值计算)领域，可通过较固定模式的数据处理与分析来辅助决策。同时，开始系统地研究如何在决策过程中把运筹学、系统工程和计算机技术等结合起来以形成基于模型的辅助决策系统。1971 年，高瑞(Gorry)和斯考特认为 MIS 主要关注结构化决策问题，首次建议把支持半结构化和非结构化决策的信息系统称为决策支持系统(Decision Support System,DSS)。DSS 是利用数据库、人-机交互进行多模型的有机组合，辅助决策者实现科学决策的综合集成系统，是目前广泛使用的一种辅助决策工具。DSS 是在 MIS 和基于模型的辅助决策系统基础上发展起来的、可形式化的、可模型化的、层次较高的辅助决策系统。它主要以模型库系统为主体，通过定量分析进行辅助决策，其辅助决策能力已从运筹学、管理科学的单模型辅助发展到多模型综合辅助，使得数值计算和数据处理融为一体。自 DSS 的概念提出以来，在人工智能、数据库、模型库、知识管理、联机分析(ON-Line Analysis Processing,OLAP)、语义 Web 服务等新技术的不断推动下，DSS 的研究已经取得了一系列重要的进展，如：对 DSS 定义和基本框架的拓展和改进、面向组织和团队的群体决策支持系统(Group Decision Support System,GDSS)、商业智能(Business Intelligence,BI)技术、基于知识工程(Knowledge Engineering,KE)和多主体(Multi-Agent)技术而发展起来的智能决策支持系统(Intelligent Decision Support System,IDSS)以及基于网络技术而发展的分布式决策支持系统(Distributed Decision Support System,DDSS)等。

一般而言，决策支持系统按驱动方式大致可以分为模型驱动、数据驱动、知识驱动、文本驱动和通信驱动等 5 种基本类型。其中，模型驱动的决策支持系统是最重要的一种类型，而模型管理系统是系统用户创建、存储、查询、操作和利用模型的核心部件，也是模型驱动的决策支持系统走向实用和成功的关键。伴随着信息技术的快速发展以及对决策理论、方法的深入研究，辅助决策系统本身呈现出了以不同技术为主要表征的多种形态。但无论是哪种形态的辅助决策系统，都需要经过系统调查、可行性论证、系统规划、系统分析、系统设计、系统实施和系统评价等各阶段。

目前，辅助决策系统并无公认定义，典型定义有：

辅助决策系统是以现代信息技术为手段，综合运用计算机技术、管理科学、系统科学、经济学、社会学、人工智能技术、网络技术等多种学科知识针对某一类型的半结构化或非结构化决策问题，通过提供背景材料、协助明确问题、修改完善模型、列举备选方案等方式，为管理者做出正确决定提供帮助的人-机系统。

辅助决策系统以人工智能、军事运筹学和信息处理技术作为工具,以数据库、专家系统和数学模型为基础,通过计算、推理和仿真等辅助手段来实现上述功能,以辅助指挥人员制定作战方案,组织实施作战指挥,并在平时借此完成作战模拟和进行部队训练。

作战辅助决策系统是专门用于支持决策的人-机系统,以作战指挥学、军事运筹学、控制论、思维科学和行为科学为基础,以计算机技术、模拟技术和信息技术为手段,面向作战指挥决策问题,支持指挥员和指挥机构作战指挥决策活动全过程的、具有智能作用的人-机系统。

4.1.3 辅助决策的发展

在当今信息化时代,新的技术不断涌现,新的需求也在不断产生。辅助决策系统正面临着新的挑战。

(1)决策问题和决策环境复杂多变,而决策要求又不断提高,辅助决策系统如何根据决策环境和决策问题的变化快速地做出反应,为决策者提供高质量的帮助。

(2)决策资源更加丰富,海量的数据、模型和遗留系统普遍存在,如何界定各决策资源的适用范围,如何合理、高效地获取和使用现有的资源。

(3)对于复杂多变的决策问题,如何设计或选择建模方法、模型集成方法及模型求解技术。

(4)计算机技术、管理科学和运筹学、信息经济学、行为科学、人工智能等理论或技术的发展与融合,使得辅助决策系统的构建方案和实现技术的可选择性大大增加,新型辅助决策系统如何按照需求选择合适的理论和技术来构建。

(5)针对需求,如何进一步提高人-机交互水平和辅助决策系统的智能化程度。

这些都对设计和实现辅助决策系统提出了新的要求,也代表了辅助决策系统的发展方向。

1. 开放式系统

辅助决策系统要具有良好的开放性,不断搜索和集成有用的信息资源,及时扩展新的功能,为决策者提供更好的支持。辅助决策系统中的决策构件需要遵循开放标准,具有良好的可移植性和互操作性。

2. 决策资源高度共享

海量的决策资源主要是以各种形式存在于 Internet/Intranet 甚至各类云平台上,包括数据、文本、模型、知识、图表等。这些决策资源由独立的提供者发布,随时可能被添加、删除和修改。Internet/Intranet 上的决策资源具有的这种自治、异构、分布、动态的特点,使得对 Internet/Intranet 上的决策资源的管理和共享相当困难,但是为了能够充分利用和集成这些决策资源,必须建立标准,实现这些资源的高度共享机制。

3. 高度智能化

面对复杂多变的决策问题和浩如烟海的决策资源,辅助决策系统需要具有高度的智能化水平,要能够理解决策者的真实意图,帮助决策者快速、准确地找到合适的决策资源,给出合理的建议,承担尽可能多的结构化问题处理任务,并逐步解决部分半结构化和非结构化问题,减轻决策者的负担。

4. 友善高效的人-机交互

人-机交互是辅助决策系统的重要组成部分,辅助决策系统强调决策过程中与人的交互性,对人-机交互系统的要求也越来越高。除了传统的输入方式外,还需要语言、手势、视觉等多种交互方式,目前更要进一步加强基于知识的智能人机交互的研究。通过人-机交互方式,要能深化用户对复杂系统运行机制、发展规律乃至趋势走向的认识,并为决策过程中超越其认知极限问题的处理要求提供技术手段。

5．注重各种相关方法和技术的集成应用

对于涉及复杂的半结构化或非结构化决策问题的高层次、综合性辅助决策系统来说,单一的系统方法和技术难以完成,这就需要采用定性到定量的综合集成方法,将各种相关方法和技术有机地整合起来,构成一个高度智能化的人-机系统,它具有综合集成各种知识,从感性上升到理性,实现从定性到定量的功能。

6．时空与多维决策过程

在决策过程中引入时间、空间等多维准则,可以突破时空限制,优化和改进决策过程,提高决策支持效果。目前,很多决策过程已经对时间和空间因素提出相当高的要求,这些因素反过来又对辅助决策系统的理论和方法提出了新的挑战。

4.2 辅助决策系统的组成与结构

4.2.1 辅助决策系统基本组成

作战辅助决策系统因其使用范围、使用目的及辅助决策任务等的不同而不同,但其组成基本类似。

1．情报融合分系统

情报融合分系统是辅助决策系统不可缺少的要素,为辅助决策系统提供来自包括多平台、多(类)传感器在内的多种收集手段获得的情报和情况信息,包括敌情、我情、天候气象、地形地理、战区社会政治经济等各类实时、非实时信息及融合判定信息(态势和威胁估计),其输出是辅助决策系统生成决策方案以及为指挥员定下决心的主要依据。

2．数据库分系统

数据库分系统一般包括静态数据库、动态数据库和专用数据库。静态数据库存储作战指挥决策所需要的各类静态情况信息,这些信息在一段时间内相对不变,如部队情况、作战原则、武器性能、战区兵要地质、地理信息、天候气象、社会政治经济情况、主要战例、敌军的有关情况等。动态数据库在存储战场上收集到的各类随时间变化的动态情报信息,这些信息将决定着预定作战计划和方案是否调整或者是否继续执行。专用数据库存储为作战辅助决策所必需的各种专业战术技术数据。

3．决策模型分系统

决策模型分系统是辅助决策系统的核心,其中包括结构化模型和某些半结构化模型。不能笼统地称为"模型库",因为决策模型系统是为特定的辅助决策功能建立的具体模型,可以是一个程序(服务)系统。

4．决策知识分系统

决策知识分系统可以提高辅助决策系统的智能化水平,主要存储辅助决策的非结构化知识。它也是从某特定的辅助决策功能出发,收集、存储该类决策所需要的各类启发性、经验性知识,建立相应的知识库,为决策推理提供依据。

5. 决策推理分系统

决策推理分系统指为解决非结构化决策问题所建立的模仿人的逻辑思维的推理系统,又称为推理机。它使用知识分系统、数据库分系统中的知识和数据,用功能驱动或事实(证据)驱动方式工作。推理分系统一般须考虑不确定性推理,包括知识和事实的不确定性度量及其传播等。

6. 人-系统界面

人-系统界面是任何辅助决策系统直接面对使用者的部分,用来实现某种决策信息的输入,指挥员对辅助决策过程进行体现其意志的干预以及对多个备选决策方案的选择和修改等。在非结构化决策中,须在人-系统界面上进行知识库、数据库的维护、修改和更新等操作。多媒体技术已成为设计具有个性化、可视化、全信息化 MSI 的主流技术。

目前,研究和开发的作战辅助决策系统形态各异,但从最本质和最核心的角度来看,辅助决策系统仍然主要是由 5 个基本部分组成,即数据库系统、模型库系统、方法库系统、知识库系统和人-机接口系统。

4.2.2 辅助决策系统体系结构

系统体系结构是指构成系统的各组成部分的关系、组织和相互作用的方式。根据系统科学的基本原理,系统功能取决于系统结构,系统结构影响着系统功能的实现与发挥,因而对系统体系结构的研究是研究系统的前提和基础。

辅助决策系统体系结构可分为两大类:一类是以 Sprague 两库结构为基础的"三部件"体系结构;另一类是 Bonczek 的基于知识的"三系统"体系结构。前者以各种库及其管理系统作为辅助决策系统的核心,而后者则以问题处理子系统作为系统的主要部分。这两种框架结构各有优缺点,都为辅助决策系统的发展做出了重要贡献。

1. 三部件体系结构

三部件体系结构是 Sprague 于 1980 年在两库结构的基础上提出来的,它由数据部件、模型部件和对话部件组成,如图 4-2-1 所示。

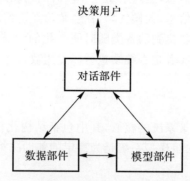

图 4-2-1 辅助决策系统的三部件体系结构

数据部件包括数据库及其管理系统,它负责存储和管理辅助决策系统使用的各种数据,并实现各种不同数据源间的相互转换。

模型部件包括模型库及其管理系统,它是决策支持系统的核心,也是最难实现的部分。其中模型库用于存放各种决策模型,模型库管理系统支持决策问题的定义、建模和模型的运行、修改、增删等操作。模型部件与对话部件之间的交互,使用户能够添加、修改、管理和使用其中的模型。它与数据部件的交互,为模型运行提供所需的数据环境,实现模型输入、输出和中间结果存取的自动化。

对话部件是决策支持系统人-机接口的界面,它负责接收和检验用户的请求,协调数据部件和模型部件之间的通信,为决策者提供信息收集,问题识别以及模型构造、使用、改进、分析和计算等功能。通过对话部件,决策者能够依据个人经验,利用辅助决策系统的各种功能,制定最优的决策方案。

Sprague 的两库结构对后来的辅助决策系统结构产生了很大的影响。在此基础上,随着方法库和知识库的加入,辅助决策系统又发展成目前较为流行的四库(数据库、模型库、方法库、知识库)结构。另外,如果需要强化 DSS 某些方面的功能,还可加入文本库、图形库等,形成 DSS 的五库、六库结构等。

基于多库的结构模式明确了部件之间的接口关系和集成方式,便于决策支持系统的设计和关键技术的解决。随着各种库的增加,辅助决策系统的功能由定量计算增强到定量计算与定性分析相结合,方便了对模型的管理,也使人-机界面变得更为友好,对辅助决策系统的发展产生了积极的推动作用。然而,由于各种库的增加使系统的知识表示变得十分复杂,各部件之间的接口和知识的处理也更难以实现。如果不采用统一的信息组织与处理模式,势必会使 DSS 成为毫无特色的"杂烩"系统,从而导致 DSS 结构的松散和处理的低效。

2. 三系统体系结构

三系统体系结构是 Bonczek 于 1981 年提出的,它由语言子系统、问题处理子系统和知识子系统组成,如图 4-2-2 所示。

图 4-2-2 辅助决策系统的三系统体系结构

语言子系统是用户与系统联系的工具,用于处理语言翻译、图形解释、人-机交互。语言子系统是决策者与辅助决策系统通信的桥梁,决策用户利用语言子系统的语句、命令、表达式等来描述决策问题,交给问题处理子系统进行处理,得出决策结果。

问题处理子系统是辅助决策系统的核心部分,它能够针对实际问题提出处理方法,并利用语言子系统对问题进行形式化描述,写出问题求解过程,最后利用知识子系统提供的知识进行实际问题求解,产生辅助决策所需要的信息。

知识子系统是辅助决策系统能够解决用户问题的智囊,它包含问题领域的各种事实和知识(如数据、模型、规则等)。知识子系统中存储的知识增强了辅助决策系统解决问题的能力。

辅助决策系统的三系统体系结构将专家系统中的问题处理技术引入到辅助决策系统的体系结构中,克服了辅助决策系统缺乏知识的弱点,较好地解决了对决策问题求解过程的控制,符合辅助决策系统智能化发展的趋势,对辅助决策系统的发展起到了很大的促进作用。但该体系结构仍然保留着专家系统的求解思路,未能充分体现出决策者在模型建造、模型选择等方面的作用和辅助决策系统模型驱动的特点。

上述两种辅助决策系统结构分别从不同的角度揭示了辅助决策系统的内部结构和功能模块特征,奠定了现有辅助决策系统研究工作的基础。但随着以网络为平台的各项业务活动的兴起,网络环境下的决策活动日益增多且更变化莫测,传统的辅助决策系统体系结构已无法满足人们对辅助决策的需求,必须寻求新的应对之道。

3. 辅助决策系统的结构特征

可用辅助决策系统的构成部件来表达辅助决策系统的结构特征,这也是对辅助决策系统一般结构的基本理解。一个辅助决策系统应具备数据库及其管理系统、模型库及其管理系统、知识库及其管理系统、多通道人-机交互系统。这些构件间的相互关系如图 4-2-3 所示。

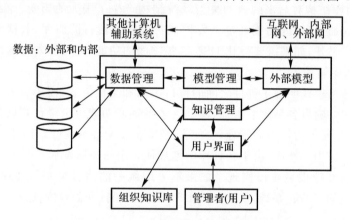

图 4-2-3　一个辅助决策系统结构示意图

4.2.3　辅助决策系统软件结构

按辅助决策软件的使用要求进行划分,辅助决策软件分为实时指挥决策软件和非实时指挥决策软件。

实时指挥决策软件是战时和训练时使用的辅助决策软件,能够根据战场情况,为指挥员和指挥机关提供实时战场敌我态势,实时、准确地计算出决策依据要素和决策方案,具有实时、快速、分布性强的特点。

非实时指挥决策软件主要作为作战研究、战前部署、预案拟制使用的辅助决策软件,为指挥员提供作战研究,全面掌握情况,合理进行资源分配、部队部署、优化配置的工具,具有全面、严密、准确的特点。下面就这两类软件的结构分别进行介绍。

1. 实时指挥决策软件结构

针对实时指挥决策软件的特点,实时指挥决策软件结构采用类似于以模型和方法形式的辅助决策软件的结构加上与作战相关的模型的支撑,其结构如图 4-2-4 所示。

实时指挥决策系统中大大简化了数据部件与模型部件的关系,模型与数据直接进行交换,模型部件只采用当前关键模型,只处理决策依据要素信息,可对网络传来的战场数据进行接收和处理,进行实时显示、并行推理和实时建议,满足系统的实时、快速、分布性强的需求。

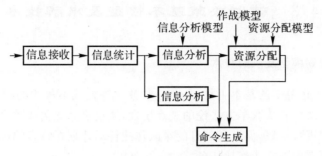

图 4-2-4 实时指挥决策软件结构示意图

2.非实时指挥决策软件结构

针对非实时指挥决策软件的特点,非实时指挥决策软件结构除采用标准辅助决策软件的结构外,还加上了对数据仓库和数据开采的支撑能力,其结构如图 4-2-5 所示。

与标准辅助决策软件的结构相比,非实时指挥决策软件结构具有以下特点:

(1)模型多元化。采用模型库对模型进行管理,对多种模型进行管理(包括数学模型、数据处理模型、图形图像模型、报表模型、智能模型),采用专家系统和神经网络为决策软件提供全面的模型支撑。

(2)数据分布化。采用分布式的数据仓库为决策软件提供完整的原始数据,提供联机分析处理能力。

(3)查询多样化。采用类似于数据开采的查询手段,形成数据的切片描述、偏差检测和预测,作为决策的数据支持手段,并进行相关分析、聚类、分类。

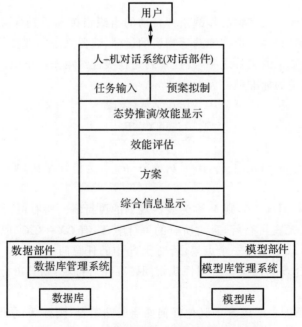

图 4-2-5 非实时指挥决策软件结构示意图

4.3 辅助决策基本模型及求解技术

4.3.1 数学规划模型及求解技术

数学规划是军事运筹学的基本工具,是在一些数学等式或不等式约束条件下,求一个(或一组)函数极值的方法。它从数学方法论的观点出发,通过研究优化问题中各种因素之间的数学关系,构造模型并进行求解,保证所制订的军队作战行动计划在特定约束条件下使目标函数值达到最优,从而更有效地完成作战任务。

常见的数学规划有线性规划、非线性规划、多目标规划、动态规划、组合规划、随机规划、模糊规划、粗糙规划、随机模糊规划等。它们在军队指挥辅助决策中均有不同程度的应用,能解决诸如武器调配、兵力部署、兵器(火力)动态择优分配、武器更新、后勤运输、指挥活动的网络分析、最优多梯次防卫、按不同类型武器分配资源等问题。

这里只简要介绍基于线性规划与动态规划的辅助决策基本模型及求解技术。

1. 线性规划模型及求解技术

线性规划是规划论中起源较早、理论较为成熟、应用最广泛的分支之一。它具有适应性强、应用广泛、计算技术较简单等特点。

1947年,美国学者丹兹格(Dantzig)为解决空军分时、分阶段的训练进度及后勤供应的规划问题,在《结构为线性型的规划》一文中首次提出"线性规划及其通用算法——单纯形法",它奠定了线性规划的基本理论。此后,线性规划在理论上趋于成熟,在实际中的应用日益广泛。特别是在能用计算机来处理成千上万个约束条件和变量的大规模线性规划问题之后,其适用领域更加广泛。

线性规划方法被成功用来解决作战指挥行动的组织指挥和后勤保障问题,如兵力的快速集中与疏散、兵力兵器的分配、武器弹药等物资的运输、武器系统的选择等问题。

作为优化领域最基本的工具之一,线性规划是在线性约束条件下,寻找线性函数的极值问题。一个线性规划问题的标准型可表示为

$$\max \mathbf{Z} = \mathbf{CX} \\ \text{s.t.} \left. \begin{aligned} \mathbf{AX} &= \mathbf{B} \\ \mathbf{X} &\geqslant 0 \end{aligned} \right\} \quad (4-3-1)$$

式中:$\mathbf{C}=[c_1\ c_2\ \cdots\ c_n]$,$\mathbf{A}=[a_{ij}]_{m\times n}$,$\mathbf{B}=[b_1\ b_2\ \cdots\ b_m]^\mathrm{T}$ 为已知系数,$\mathbf{X}=[x_1\ x_2\ \cdots\ x_n]^\mathrm{T}$ 为决策变量。

若 $\mathbf{X}$ 满足 $\mathbf{AX}=\mathbf{B}$ 且 $\mathbf{X}\geqslant 0$,则 $\mathbf{X}$ 称为线性规划的可行解。所有可行解构成的集合称为可行解集(可行域)。若 $\mathbf{X}$ 是可行解,且对所有的可行解 $\mathbf{X}$,有 $\mathbf{CX}=\mathbf{CX}^*$ 成立,则 $\mathbf{X}^*$ 为最优解。

假设 S 是 n 维欧式空间的一个点集,若对于 S 中的任意两点 x_1,x_2 有 $\lambda x_1+(1\ \lambda)x_2\in S$ ($\lambda\in[0,1]$),则称集合 S 为凸集。若线性规划问题存在可行域,则其可行域 $D=\{\mathbf{X}\,|\,\mathbf{AX}=\mathbf{B},\mathbf{X}\geqslant 0\}$ 是凸集。

若 $\mathbf{X}\in S$,且 $\mathbf{X}$ 不能表示成 S 中其他任何两点的凸组合,则称 $\mathbf{X}$ 为凸集 S 的一个顶点(极点)。若可行域有界,则线性规划问题的目标函数值一定可在其可行域的有限顶点上达到最优,这是单纯形法的理论基础。由丹兹格最先提出的单纯形法目前已成为相继发展的许多线

性规划求解方法中较为实用、最为有效的算法。为了解决大规模的或特殊结构的线性规划问题,一些学者相继提出了一些改进的技术,如修正单纯形法、对偶单纯形法、原始对偶单纯形法、Wolfe-Dantzig 分解法以及 Karmarkar 内点算法。

因辅助指挥决策实际问题需要,当所求得的解为整数问题时,称为整数规划问题。若所有的变量都限制为整数时,称为纯整数规划;若部分变量限制为整数时,称为混合整数规划问题;若变量取值仅限于 0 或 1 时,称为 0-1 规划,如指派问题等,它们均有对应的模型与求解技术。

2. 动态规划模型及求解技术

动态规划是美国贝尔曼等学者在 20 世纪 50 年代根据一类多阶段决策问题的特点提出和发展起来的一种解决多阶段决策过程最优化问题的一种数学方法。它涉及的基本概念有阶段、状态、决策、策略、状态转移方程、指标函数和最优值函数等。

策略是在多阶段决策问题中由一系列互相联系的各个阶段所确定的决策而构成的一个决策序列,并且决策随时间而变动。多阶段决策过程就是寻求使整体决策过程达到最优化的策略。贝尔曼提出了动态规划问题的最优性原理:"作为整个过程的最优策略具有这样的性质:即无论过去的状态和决策如何,对前面的决策所形成的状态而言,余下的诸决策必须构成最优策略",并于 1957 年出版了著作《动态规划》。由于它具有易于确定全局最优解,能得到一组解,有利于分析结果,能利用经验,提高求解的效率等优点,使得它在工程技术、企业管理及军队指挥等方面的辅助决策中起着重要作用。

由于实际问题不同,其动态规划模型也相应的有所差异。到目前为止,没有一个统一的标准模型可供应用。但将一个实际问题建成动态规划模型时,需满足以下关键点:

(1)实际问题必须能够分成几个相互联系的决策阶段;

(2)在每个决策阶段都须有若干个与该阶段相关的状态,状态变量可数值化且具无后效性,识别每一阶段的状态是建立动态规划模型的关键内容;

(3)要有明确的指标函数 $V_{k,n}$,且阶段指标值 $d(s_k, u_k)$ 可计算,并能正确列出最优指标函数 $f_k(s_k)$ 的递推公式和边界条件。

由于动态规划方法有逆序和顺序求解技术,其关键在于根据实际问题的特点正确写出动态规划的递推关系式(逆推或顺推)。一般地说,当初始状态给定时,用逆推关系式;当终止状态给定时,用顺推关系式。

4.3.2 对策论模型及求解技术

指挥决策问题往往带有显著的对抗性特征,因此对抗性决策的定量化方法研究具有重要的军事价值。经典对策论(博弈论)是一个十分重要的定量分析工具。在军事上,对策论可用于解决选择与敌对抗的武器种类、战术战法、电子对抗措施等问题。

4.3.2.1 对策论基本模型及求解技术

对策论研究人与人之间的对抗,是为在互相冲突的局势中做出最优决策的运筹分支。对策论讨论的模型都带有矛盾、冲突、对抗以及谈判、妥协、合作等因素。许多对策现象虽然表现的形式不同,却具有一些共同的、本质的东西,因而可利用特定模型进行描述和刻画。

应用对策论对军事问题进行辅助决策,需建立有关作战行动的对策模型,以找出最优对抗策略。对策模型明确指出了作战双方可能采取的行动策略及在每一局势下的收益或得失。

1. 对策论基本概念

在对策论中，将诸如军事对抗、政治角逐、商业竞争、体育竞赛，甚至竞争性游戏等存在利益冲突的决策问题统称为对策，一个对策就是对现实世界中某个对抗局势的抽象，即现实对抗局势的数学模型。

对策论涉及的基本概念包括局中人、行动、信息、策略、结果、支付函数、均衡等。局中人是指参与对抗或竞争的个人或利益集团选择行动以最大化自己效用的决策主体。策略是指局中人可选择的行动策略。一个策略就是局中人在对策中的一套完整的行动方案。所有策略组成的集合称为策略集。支付函数是指所有局中人战略或行动的函数，是局中人从对抗中获得的效用水平。局中人、行动和结果统称为对策规则，对策分析的目的是使用对策规则决定均衡。

2. 对策类型

对策的种类很多，可依据不同标准进行分类。主要的对策模型分类如图 4-3-1 所示。

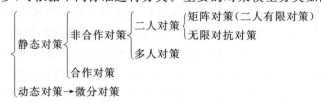

图 4-3-1 对策模型分类

3. 二人有限零和对策模型

二人有限零和对策（矩阵对策）的特点是：

(1) 对抗只有两方参与。

(2) 每方只有有限多个可选策略。

(3) 任一局势中，双方的胜利和失败均具有对称性，双方的支付之和为零。它是一种具有更强对抗性的对策类型，因而适合于描述战役、战斗层次的战场对抗态势。

4. 矩阵对策

定义 4.1 设局中人 1 有 m 个纯策略 $\alpha_i(i=1,2,\cdots,m)$，局中人 2 有 n 个纯策略 $\beta_j(i=1,2,\cdots,n)$，设局中人 1,2 的策略集分别为 $S_1(\alpha_1,\alpha_2,\cdots,\alpha_m)$，$S_2(\beta_1,\beta_2,\cdots,\beta_n)$，若局中人 1 选择 α_i 决策，局中人 2 选择 β_j 策略后，就形成了一个纯局势 (α_i,β_j)。对任一纯局势 (α_i,β_j)，局中人 1 从局中人 2 得到的支付函数值为 $a_{ij}(i=1,2,\cdots,m;j=1,2,\cdots,n)$，则称 $A=[a_{ij}]_{m\times n}=$
$\begin{bmatrix} a_{11} & a_{12} & \cdots & a_{1n} \\ a_{21} & a_{22} & \cdots & a_{2n} \\ \vdots & \vdots & & \vdots \\ a_{m1} & a_{m2} & \cdots & a_{mn} \end{bmatrix}$ 为局中人 1 的支付矩阵。由于假定对策是零和的，故局中人 2 的支付矩阵就是 $-A$。

局中人 1、2 和策略集 S_1、S_2 及局中人 1 的支付矩阵 A 确定后，一个矩阵对策模型就给定了。通常，将一个矩阵对策记作 $G=\{1,2;S_1,S_2;A\}$ 或 $G=\{S_1,S_2;A\}$。

可见，矩阵对策就是一个二人有限零和对策。任何二人有限零和对策一定可用矩阵的形式表示，任何形式的矩阵也确定了一个唯一的二人有限零和对策。在矩阵对策中给定支付矩阵是进行决策的必要条件。

定义 4.2 设 $G=\{S_1,S_2;A\}$ 为矩阵对策，其中 $S_1(\alpha_1,\alpha_2,\cdots,\alpha_m)$，$S_2(\beta_1,\beta_2,\cdots,\beta_n)$，则

$$A=[a_{ij}]_{m\times n}=\begin{bmatrix} a_{11} & a_{12} & \cdots & a_{1n} \\ a_{21} & a_{22} & \cdots & a_{2n} \\ \vdots & \vdots & & \vdots \\ a_{m1} & a_{m2} & \cdots & a_{mn} \end{bmatrix} \quad (4-3-2)$$

若等式 $\max\limits_i \min\limits_j a_{ij}=\min\limits_j \max\limits_i a_{ij}=a_{i^*j^*}$ 成立，记 $V_G=a_{i^*j^*}$，则称 V_G 为矩阵对策 G 的值（鞍点），称使等式成立的纯局势 (α_i^*,β_j^*) 为 G 在纯策略下的解，α_i^*、β_j^* 分别称为局中人 1，2 的最优纯策略。

定理 4.1 矩阵对策 $G=\{S_1,S_2;A\}$ 在纯策略意义下有解 $\Leftrightarrow$ 存在纯局势 (α_i^*,β_j^*)，使得对一切 $i=1,2,\cdots,m;j=1,2,\cdots,n$，均有 $a_{ij^*}\leqslant a_{i^*j^*}\leqslant a_{i^*j}$ 成立。

定义 4.3 设有矩阵对策 $G=\{S_1,S_2;A\}$，其中 $S_1(\alpha_1,\alpha_2,\cdots,\alpha_m)$，$S_2(\beta_1,\beta_2,\cdots,\beta_n)$，$A=[a_{ij}]_{m\times n}$，记：$S_1^*=\{x\in E^m|x_i\geqslant 0,i=1,2,\cdots,m;\sum\limits_1^m x_i=1\}$，$S_2^*=\{y\in E^n|y_j\geqslant 0,j=1,2,\cdots,n;\sum\limits_1^n y_j=1\}$，则 S_1^*,S_2^*，分别称为局中人 1，2 的混合策略集；$x\in S_1^*$ 和 $y\in S_2^*$，分别称为局中人 1，2 的混合策略；对于 $x\in S_1^*$ 和 $y\in S_2^*$，称 (x,y) 为一个混合局势，局中人 1 的支付函数记为

$$E(x,y)=x^T Ax=\sum_i\sum_i a_{ij}x_iy_j \quad (4-3-3)$$

记 $G^*=\{S_1^*,S_2^*;E\}$，称 G^* 为对策 G 的混合扩充。

定义 4.4 对于 $G^*=\{S_1^*,S_2^*;E\}$，若 $V_G=\max\limits_{x\in S_1^*}\min\limits_{y\in S_2^*} E(x,y)=\min\limits_{y\in S_2^*}\max\limits_{x\in S_1^*} E(x,y)$，则称 V_G 为对策 G^* 的值，称使 $V_G=\max\limits_{x\in S_1^*}\min\limits_{y\in S_2^*} E(x,y)=\min\limits_{y\in S_2^*}\max\limits_{x\in S_1^*} E(x,y)$ 成立的混合局势 (x^*,y^*) 为 G 在混合策略意义下的解，x^*,y^* 分别称为局中人 1，2 的最优策略。

定理 4.2 矩阵对策 $G=\{S_1,S_2;A\}$ 在混合策略意义下有解 $\Leftrightarrow \exists x\in S_1^*,\exists y\in S_2^*$，使对 $\forall x\in S_1^*,y\in S_2^*$，有 $E(x,y^*)\leqslant E(x^*,y^*)\leqslant E(x^*,y)$，即 (x^*,y^*) 为函数 $E(x,y)$ 的鞍点。

一般矩阵对策在纯策略意义下的解是不存在的，但在混合策略意义下的解总是存在的。

4.3.2.2 冲突分析

冲突分析是一种新型的对抗决策定量分析方法，是分析多人决策和解决多人竞争问题的有效工具之一。其主要特点是最大限度地利用信息，通过对许多难以定量描述的现实问题的逻辑分析，进行冲突事态的结果预测（事前分析）和过程分析（事后分析），帮助决策者科学周密地思考问题。目前，它已在社会、政治、军事、经济等不同领域得到应用。

应用冲突分析理论来研究辅助决策问题，就是在定性研究的基础上，决策问题抽象成冲突分析模式，用形式化与定性研究相结合的方法，对决策问题展开讨论，这一方法将大大提高战略决策问题研究的质量。

1. 冲突分析的要素及一般过程

冲突分析的要素是使现实冲突问题模型化、分析规范化所需的基本信息，也是对冲突事件

原始资料处理的结果。一个冲突模型由局中人、选择或行动、结局、优先序或优先向量等要素所构成。

冲突分析的过程是一个动态的过程,其一般过程如图4-3-2所示。

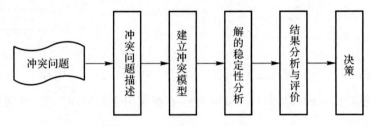

图4-3-2 冲突分析过程示意图

2.冲突分析建模及求解技术

冲突分析建模是在初步信息处理之后,对冲突事态进行稳定性分析用的冲突分析或冲突分析要素间相互关系及其变化情况的模拟模型。建立的模型应具有动态性、阶段性、可变性等特征,一般用表格形式表示比较方便。

建立模型的方法步骤:

(1)确定分析的时间点;

(2)确定局中人;

(3)确定局中人的选择;

(4)删除不可行结果;

(5)确定局中人的偏好变量。

在问题的冲突分析模型建立之后,对冲突的所有结果进行稳定性分析,它须考虑有关各方的优先选择和相互制约。如果一个局势对所有的局中人都稳定的话,这即为冲突分析的解。它是使冲突问题得以"圆满"解决的关键,其目的是求得冲突事态的平稳局势。稳定性分析的计算流程如图4-3-3所示。

根据解的稳定性定义,每一个结局的稳定性可以在以下3种情况中确定:理性稳定;连续稳定;不稳定。

在冲突对抗的军事环境中做出决策,与一般决策的环境与特征不同,要准确地预测到可能的结果,必须具备以下适用条件:

(1)构成冲突态势的局中人必须能独立地做出决策;

(2)局中人必须具有主观能动性,不一定理智,但要一定的偏好和一定的规律可循;

(3)局中人的偏好不一定具有传递性;

(4)局中人可以相互制约。

现代冲突分析研究的发展趋势是研究在不完全信息、模糊环境或随机环境下且状态为动态的复杂系统冲突决策,即把风险性、可信性、鲁棒性、可靠性等因素融入冲突分析理论与实践中。其研究方法除进行数学分析外,还使用数值分析、模拟仿真等方法来描述冲突态势,并建立起辅助系统等来帮助冲突分析。

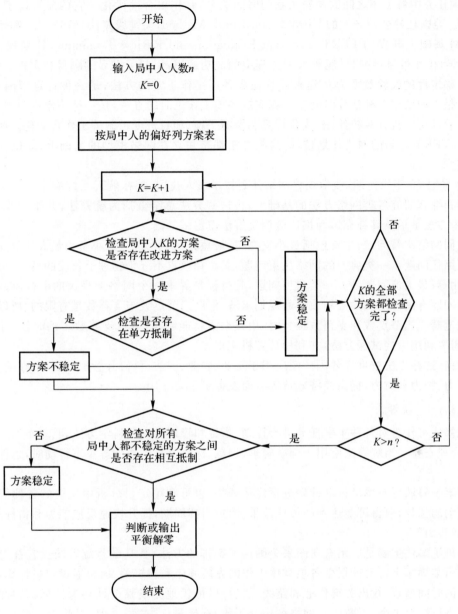

图 4-3-3 稳定性分析计算流程

4.3.3 网络模型及求解技术

网络决策通过对系统的网络化描述,应用网络理论研究系统并寻求方案优化的方法。网络决策模型主要有两大类型:一类是沿时间展开的决策模型,研究工作进度、顺序、设备更新等问题的优化;另一类是沿空间展开的决策模型,研究路径、网络流(物流、能流、信息流)等问题的优化。网络决策在军事上的应用有作战指挥、训练演习、武器装备研制、后勤运输等军事活动的组织计划、管理控制等方面。

网络计划技术是沿时间展开的一种网络决策模型,研究的是如何用网络形式表示一项工程、一项任务中各工序之间的逻辑关系与时间关系,并作出合理优化。它的发展始于20世纪50年代,美国杜邦公司开发的CPM(Critical Path Method,关键线路法)(1956年)和美国海军在CPM基础上开发的PERT(Program Evaluation and Review Technique,计划评审技术)(1958年)在北极星导弹、潜艇等大型工程中的成功运用,引起了世界的瞩目和重视。CPM是一种以确定性的经验数据为基础来计算完成各项工作工时的方法,是一种肯定型网络技术。PERT是一种根据3种估计时间来计算完成各项工作工时的方法,是一种非肯定型网络技术。现已有软件可实现计算机绘图、优化计算和资源平衡、项目进度控制等工作自动化。此外还有GERT、VERT等新的网络计划技术,这些方法都是建立在网络模型的基础上,故也称为网络计划技术。

20世纪60年代初期,钱学森将网络计划技术引入我国,并在航天系统应用。著名数学家华罗庚在综合研究各类网络方法的基础上,将这些方法总结概括为统筹法,并于1965年发表了《统筹方法平话及其补充》,为推广应用统筹法奠定了基础。

空间网络决策问题,主要包括最小支撑树、最短路径、最大流、最小费用最大流等问题。其中最短路径问题是一类典型的网络决策问题,其路径权重不限于物理上长度的概念,可以为时间、费用等;最大流问题是另一类典型问题,其目标是寻求一个网络上最大的可行流。空间网络决策问题有的可用线性规划或整数规划求解,但由于节点数与支路数是有限的,所以属于组合优化范畴。当节点数和支路数很少时,用枚举法就能解决,节点支路数多的时候,计算量会很大,需要利用一些试探方法,并利用计算机实现。

目前,这些方法被世界各国广泛应用于工业、农业、国防、科研等管理计划中,在缩短工期,节约人力、物力和财力,提高经济效益等方面发挥了重要作用。

4.3.3.1 统筹法

统筹法可作为对各种军事任务进行计划、指挥和管理的一种科学方法,其基本思想是统筹兼顾、合理安排。当统筹法应用于部队管理、训练、保障、演习、作战等军事行动时,也称为军事统筹法。

军事统筹法可对军事行动计划进行优化调整,也可利用定量分析中反馈的各种信息加强军事行动的指控,取得可能达到的最佳效果,缩短指挥周期,提升快速反应能力和指挥效能,以倍增"战斗力"。

军事统筹法主要是应用有向图来刻画计划编排的方法,其基础是统筹图。它首先用统筹图来表示某项军事行动计划中各项具体工作的先后顺序和逻辑关系,再通过定量计算,确定各项工作的时间参数,找出关键作业和路线;然后,以最优地完成整个计划为目标,对时间、资源和费用进行综合平衡,不断优化网络结构及参数,选择最优方案;最后,以此为根据组织、调整和控制计划进度,以达到预期目标。

国内外应用网络计划技术的实践表明,军事统筹法具有一系列优点,特别是在复杂多变、规模庞大的军队指控体系中,能与计算机结合以收到更大的成效。它不受计划规模和复杂性的制约,较为直观、易于掌握,并具系统性、协调性、可控性、动态性、科学性等特性,故便于推广与普及。

4.3.3.2 统筹图的拟制

统筹图是用圆圈、箭头等图形或符号,把军事行动计划的各个环节和工作项目,按其内在联系以及指挥员的设想拟制成的网络图。它是统筹计划的表现形式,由作业、事项和路线三要素组成。

1. 统筹图的组成

(1)作业。

1)作业(又称工作、工序、活动):指完成某一任务而进行的各项活动过程及其联系,可分为实作业和虚作业。

2)实作业(见图4-3-4):指需要一定人力、物力,并消耗一定时间的实践活动。如行军、炮兵准备或行军途中的休息、宿营等。在统筹图中,用箭线"——▶"表示,箭线上方标注名称,下方标注作业需要的时间。

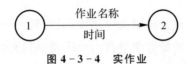

图4-3-4 实作业

3)虚作业:是一项虚设的活动,不是具体的实践活动,仅用来表明一项作业与另一项作业间的逻辑关系或内在联系。如各连组织现地侦查与组织开进两项工作时间的制约关系。在统筹图中用虚箭线"----▶"表示,所需时间为零。

4)紧前作业:指紧排在本作业之前的作业,且仅当该作业开始并完成后,才能开始本作业。

5)紧后作业:指紧排在本作业之后的作业,且本作业开始并完成后,才能做的作业。

(2)事项(节点、事件)。事项表示某项作业开始或结束的时刻,在统筹图中用圆圈表示。事项本身既不消耗资源也没有持续时间,其逻辑意义为既是前一项作业的结束,又是后一项作业的开始,即当所有进入某一节点的作业全部完成时,从该节点引出的各项工作才能开始。有了事项和作业,就可以按照作业的先后次序绘制统筹图。

(3)路线。路线是指作业的连贯流程,即从最初节点顺箭头方向连续不断地到达终点的一条通路。路线反映了作业之间的逻辑顺序关系。路线可以通过虚作业,路线的长度就是通过路线上各项作业长度之和。从网络图可以计算出各路线所需时间,其中持续时间最长的路线称为关键路线,其持续时间决定整个计划的总时间。

2. 统筹图的拟制原则

拟制统筹图是统筹计划的基础。为正确地用统筹图的符号表达计划内各项工作间的内在联系或逻辑关系,需遵循如下规则:

(1)表达作业的箭线应尽量指向右方,不许出现回路和缺口;

(2)任何两相邻节点间只能有一条箭线,只表示一项作业,否则将造成逻辑上的混乱;

(3)一个节点只能有一个编号且不能重复,节点编号顺序应沿箭线方向增大;

(4)一般地,一张完整的统筹图要求只有一个最初节点和一个最终节点;

(5)统筹图中的虚作业应尽量少。

其基本画法是拟制统筹图的基础,主要包括作业画法和规定画法。从接受任务到拟制出该任务的统筹图大致需要5步,即调查研究、列出清单、绘制草图、调整草图、检查定稿。

如果草图已做到符合上级意图、正确地反映了指挥员的决心计划、无逻辑错误和构图错误、已标绘出关键路线即可定稿使用。

根据实际需要,统筹图可分为总计划网络图、分级计划网络图、局部计划网络图等,可以用计算机进行计划网络图的分解和合并,以便显示不同粗细程度的网络计划。

3. 统筹图的时间参数计算

统筹图上的时间参数计算方法有多种,典型的双代号网络计划有工作计算法和节点计算法,单代号网络计划有节点计算法。

在确定型网络中,关键路线是指路线中工作总持续时间最长的线路,在路线上无机动时间,工作总时差为零。在非确定型网络中,关键路线是估计工期完成可能性最小的线路。

4.3.3.3 统筹图的优化

绘制统筹图,计算出时间参数和确定关键路线,只得到一个初始计划方案。然后根据上级要求和实际资源的配置,需要对初始方案进行必要的调整和完善,即进行统筹图的优化。绘制统筹图的目标是科学地安排工作流程、合理分配资源、缩短任务期限、降低费用等。

统筹法研究的问题不同(如作战指挥、训练、演习、后勤保障等),各问题预期的目的不同,实现优化的要求和方法也不同。通常有时间优化、资源优化和流程优化等。

由于计算机在作战指挥领域的广泛应用,特别是辅助决策系统的快速发展,使军事上的大部分计划与指挥任务都可以用统筹法来完成。经过实践检验的传统方法与统筹法的结合使用可以取得更大的效果。

在辅助决策的筹划中应用统筹法是指挥决策科学化方面的飞跃,也是行之有效的辅助指挥方法和手段。它已成为军队指挥中一系列过程自动化的基础,为提高军队的快速反应能力和指挥决策水平发挥了重要作用。

4.3.4 排队模型及求解技术

排队论是研究关于公用服务系统的排队和拥挤现象的随机特征和规律的理论。它通过对服务过程进行定量分析,计算各种数量指标,以使服务系统效率最优化(静态最优、动态最优),已被成功地应用于交通运输、电信、计算机、公用服务业、军队指挥和管理等方面。

在指挥系统中,排队论可应用于估计各种武器及指挥、通信系统的效率,分析各类军事后勤保障部门的组织机构效能和导弹、航空兵、炮兵等的作战效能,进行 C^3I 系统的运行管理,以最优方式组织武器装备的维修供应及伤员救护等方面,是科学组织、合理安排各项军事行动的科学方法,是提高军队指挥决策能力的基本技术。

1. 辅助指挥决策中的排队问题

在军队作战行动中,经常会遇到影响战斗过程的"拥挤或等待"现象。比如在某前沿阵地,某连队有6门火炮,而空中敌机多,防空射击时产生"等待"现象,此时如何安排射击才能使作战效能达到最大?在某防御阵地,由于反坦克武器数量不足,导致了某些装甲目标排队"等待"射击的现象,若等待时间过长,将对战斗产生不利的影响。在某修理所,由于损坏武器数量超出修理所的能力,部分武器必须排队等待修理,若等待时间过长,将影响部队的战斗力等问题。这些都是军队行动和指挥中经常遇到的问题。

一般地,一个服务(排队)系统由顾客源、服务机构、队列、服务规则等几部分构成,其基本运行流程可如图 4-3-5 所示。由此出发,军队指挥与行动中常见的排队问题见表 4-3-1。

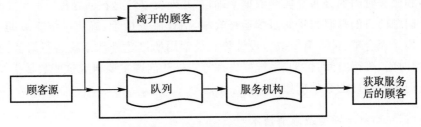

图 4-3-5 服务系统的运行流程

表 4-3-1 军队行动中常见的排队问题

到达顾客	服务内容	服务机构	到达顾客	服务内容	服务机构
进入敌机	射击	高炮群	敌方目标	侦察与监视	侦察与监视的资源与工具
返航机群	降落	跑道	情报	分析与处理	计算机、情报分析员
损坏武器	修理	修理所(机构)	伤病员	治疗	医生、各种器械
敌坦克	摧毁	反坦克兵器	部队装备	过河	船、桥

2. 服务系统的决策变量

决定一个服务系统运行效率的指标变量有:顾客到达服务系统的平均速率 λ 和规律,服务机构的平均服务率 μ 和规律以及服务通道的数目。

输入过程是一种特殊的随机过程,最常见、最重要的输入过程是泊松输入过程,其次还有定长输入过程和爱尔朗输入过程。

对于同时具有平稳性、无后效性和普通性的泊松流,数学上已证明,在时刻 t,系统有 n 个顾客到达的概率服从泊松分布,即

$$P_n(t) = \frac{(\lambda t)^n}{n!} e^{\lambda t}, t>0, n=0,1,2,\cdots \tag{4-3-4}$$

其数学期望为 $\mu = \lambda t$,均方差为 $\sigma = \lambda t$。

对一顾客的服务时间常假设服从负指数分布,其分布函数和密度函数分别是

$$F_v(t) = e^{\mu t}, f_v(t) = \mu e^{\mu t} \tag{4-3-5}$$

3. 排队问题的决策模型及求解技术

为使用上的方便,肯达尔(D. G. Kendall)在 1953 年提出排队模型分类法,影响最大的特征有 3 个,即顾客相继到达间隔时间的分布、服务时间的分布、服务台的个数。据此特征,他归纳了一种服务系统的符号表示法(Kendall 记号):$X/Y/Z$。其中:X 处表示相继到达间隔时间的分布;Y 处表示服务时间的分布;Z 处表示并列的服务台的数目。如:$M/M/1$ 表示相继到达间隔时间为负指数分布、服务时间为负指数分布、单服务台的模型;$D/M/c$ 表示确定的到达时间间隔、服务时间为负指数分布、c 个平行服务台的模型;$M/M/c$ 表示相继到达间隔时间为负指数分布、服务时间为负指数分布、c 个平行服务台的模型。

1971 年,Kendall 记号被扩充为 $X/Y/Z/A/B/C$,前三项意义不变,A 表示系统容量限制 N,B 表示顾客源数目 m,C 表示服务规则。

把一个实际问题作为排队问题求解时,首先需研究它的模型类型,其中只有顾客到达的间隔时间分布和服务时间的分布需实测数据来确定,其他要素均是在问题提出时给定的。

解排队问题的目的是研究排队系统运行效率,估计服务质量,确定系统参数的最优值,以决定系统结构是否合理、是否需要改善设计等。最常用的描述排队系统运行特征的指标有排队长度、停留时间、等待时间、忙期、系统损失率等。排队问题主要研究这些数量指标的概率分布和反映它们平均特性的数学期望。

4.3.5 Lanchester 模型及求解技术

兰彻斯特(F. W. Lanchester)是第一个对作战过程中对抗双方的力量关系进行系统数学描述的工程师。早在第一次世界大战期间,他就构建了几个预测战争结局的数学模型,即用微分方程的形式来刻画在特定的初始兵力(兵器)条件下交战双方战斗结果变化的数量关系,从而把一种半经验半理论的描述方法引入作战过程的描述中。其中有传统的正规战争模型,也有稍微复杂的游击战争模型,以及双方分别使用正规部队和游击部队的所谓混合战争模型。

Lanchester 模型被公认为是现代战争理论的经典基础。在军事上的应用主要有作战指挥、作战预测(预测交战双方的获胜方,预测作战过程的大致持续时间,预测战斗结束时胜方战斗损失等)、军事训练、武器装备论证等方面。

在各种不同的条件下进行的作战过程,需要用不同的模型予以描述,其典型形式是线性律和平方律。

4.3.5.1 Lanchester 线性律

1. 第一线性律

(1)方程基本形式。设 x_0, y_0 为作战双方在 $t=0$ 时刻的初始兵力,x, y 为作战双方在 t 时刻的瞬时兵力(或剩余兵力),即 $x_0 = x|_{t=0} = x(0), x_t = x|_{t=t} = x(t), y_0 = y|_{t=0} = y(0), y_t = y|_{t=t} = y(t)$,$\alpha$ 为 x 方的兵力损耗系数,β 为 y 方的兵力损耗系数,t 为时间变量,则微分方程组:

$$\left. \begin{array}{l} \dfrac{\mathrm{d}x}{\mathrm{d}t} = \alpha \\ \dfrac{\mathrm{d}y}{\mathrm{d}t} = \beta \end{array} \right\} \qquad (4-3-6)$$

称为 Lanchester 第一线性律。

利用初始条件可得方程组的解:

$$\left. \begin{array}{l} x(t) = x_0 - \alpha t \\ y(t) = y_0 - \beta t \end{array} \right\} \qquad (4-3-7)$$

即任何一方的瞬时兵力等于初始兵力减去损耗。

令 $u = \dfrac{y}{x}, \dfrac{\mathrm{d}u}{\mathrm{d}t} = \dfrac{\alpha y - \beta x}{(x_0 - \alpha t)^2} = \dfrac{\alpha y_0 - \beta x_0}{(x_0 - \alpha t)^2}$,此式表明了兵力比随时间变化的规律。

由状态方程可得:$\alpha y \beta x = \alpha y_0 \beta x_0$。式中,$\alpha y_0, \beta x_0$ 分别称为 y 方和 x 方的初始战斗力,$\alpha y, \beta x$ 分别称为 y 方和 x 方的瞬时战斗力。上述结果表明,在整个作战过程中,双方的战斗力之差为恒定。

既然 αy_0 为 y 方的(初始)总战斗力,y_0 为 y 方的(初始)作战单位总量,那么 $\frac{\alpha y_0}{y_0}=\alpha$ 就是 y 方每一个作战单位所具有的战斗力,称其为 y 方作战单位的平均战斗力,简称为 y 方的平均战斗力。同理,β 称为 x 方的平均战斗力。因此,一方的平均损耗率系数就是另一方的平均战斗力。

(2)战斗结局预测。下面利用线性律的状态方程讨论战斗结局。

1)当 $\alpha y_0 > \beta x_0$ 时,y 方胜。其剩余兵力为 $y_e = \frac{\alpha y_0 - \beta x_0}{\alpha}$,战斗持续时间为 $t_0 = \frac{x_0}{\alpha}$。

2)当 $\alpha y_0 < \beta x_0$ 时,x 方胜。其剩余兵力为 $x_e = \frac{\beta x_0 - \alpha y_0}{\beta}$,战斗持续时间为 $t_0 = \frac{y_0}{\beta}$。

3)当 $\alpha y_0 = \beta x_0$ 时,双方势均力敌。

在上面的讨论中,x,y 称为瞬时兵力,而 βx,αy 称为瞬时战斗力。

第一线性律表明:初始战斗力占优势的一方一定取胜。但初始兵力占优势的一方并不一定取胜。

第一线性律适用于同兵种、损耗系数为常数、能进行直接瞄准的一对一格斗。

2. 第二线性律

(1)方程基本形式。对第二线性律进行首先假定:战斗双方进行远距离的间瞄射击;火力集中在对方战斗单位的集结地区,不对个别目标实施瞄准;集结地域大小几乎与部队的集结数量无关。在上述假定之下可得 Lanchester 第二线性律方程:

$$\left. \begin{array}{l} \dfrac{\mathrm{d}x}{\mathrm{d}t} = \alpha xy \\[6pt] \dfrac{\mathrm{d}y}{\mathrm{d}t} = \beta xy \end{array} \right\} \tag{4-3-8}$$

式中:x,y,α,β 的意义同前。两式相除并积分得 $\beta(x_0 - x) = \alpha(y_0 - y)$,这是对应于第二线性律战斗过程的状态方程,与第一线性律的状态方程形式完全一样。

第二线性律的解可表示为

$$\left. \begin{array}{l} x(t) = \dfrac{-x_0(k-1)}{\mathrm{e}^{-\alpha y_0(k-1)t} - k} \\[8pt] y(t) = \dfrac{y_0(k-1)\mathrm{e}^{-\alpha y_0(k-1)t}}{\mathrm{e}^{-\alpha y_0(k-1)t} - k} \end{array} \right\} \tag{4-3-9}$$

式中:$k = \dfrac{\beta x_0}{\alpha y_0}$ 为 x 方对 y 方的初始总战斗力之比。

y 方对 x 方的瞬时兵力比为

$$u = \frac{y(t)}{x(t)} = \frac{y_0}{x_0} \mathrm{e}^{\alpha y_0 (k-1)t} \tag{4-3-10}$$

(2)战斗结局预测。下面利用线性律的状态方程讨论战斗结局。

1)当 $k < 1$ 时,y 方胜,其剩余兵力为 $y_e = \frac{\alpha y_0 - \beta x_0}{\alpha}$。

2)当 $k > 1$ 时,x 方胜,其剩余兵力为 $x_e = \frac{\beta x_0 - \alpha y_0}{\beta}$。

3) 当 $k=1$ 时，双方势均力敌。

4.3.5.2 Lanchester 平方律

Lanchester 线性律没能反映出现代战争中集中优势兵力会影响作战过程这一重要因素，为此，Lanchester 又推广了已取得的结果，即 Lanchester 平方律。

1. 基本形式

若假定作战双方中的每一方兵力的战斗损耗除与己方的损耗率有关外，还与对方的作战单位数量成正比，由此得

$$\left.\begin{aligned}\frac{dx}{dt}&=\alpha y\\\frac{dy}{dt}&=\beta x\end{aligned}\right\} \quad (4-3-11)$$

式中：x,y,α,β 的意义同线性律，双方的初始兵力分别为 x_0,y_0。

两式相除，在 $(0,t)$ 区间上积分并利用初始条件有：$\frac{\alpha}{2}(y_0^2-y^2)=\frac{\beta}{2}(x_0^2-x^2)$，整理后得 $\alpha(y_0^2-y^2)=\beta(x_0^2-x^2)$。

这是双方兵力在作战过程中应满足的状态方程。由于双方兵力以二次方的形式在方程中出现，因而称为平方律。在平方律描述的作战中，任何一方的兵力都以二次方的形式对战斗进程和结局产生作用。

相除并积分得 $\beta(x_0-x)=\alpha(y_0-y)$，这是对应于第二线性律战斗过程的状态方程，与第一线性律的状态方程形式完全一样。

2. 方程的精确解

由 Lanchester 平方律可得

$$\left.\begin{aligned}\frac{d^2x}{dt^2}-\alpha\beta x&=0\\\frac{d^2y}{dt^2}-\alpha\beta y&=0\end{aligned}\right\} \quad (4-3-12)$$

再利用初始条件：$x(t)|_{t=0}=x(0),y(t)|_{t=0}=y(0)$ 和 $\frac{dx}{dt}|_{t=0}=-\alpha y_0,\frac{dy}{dt}|_{t=0}=-\beta x_0$，可得 Lanchester 平方律方程的精确解：

$$\left.\begin{aligned}x(t)&=x_0\text{ch}(\sqrt{\alpha\beta}t)-(\sqrt{\alpha/\beta}y_0)\text{sh}(\sqrt{\alpha\beta}t)\\y(t)&=y_0\text{ch}(\sqrt{\alpha\beta}t)-(\sqrt{\beta/\alpha}y_0)\text{sh}(\sqrt{\alpha\beta}t)\end{aligned}\right\} \quad (4-3-13)$$

式中：$\text{sh}x=\frac{e^x-e^{-x}}{2},\text{ch}x=\frac{e^x+e^{-x}}{2}$，为双曲函数解。由双曲函数解的性质，在过程趋于结束时，过程将加快，失败一方后一半兵力被歼灭的时间比前一半要短。

3. 战斗结局分析

利用平方律的状态方程讨论战斗结局，由状态方程可推出：

$$\alpha y_0^2-\beta x_0^2=\alpha y^2-\beta x^2 \quad (4-3-14)$$

式中：$\alpha y_0^2,\beta x_0^2$ 分别称为双方的初始战斗力；$\alpha y^2,\beta x^2$ 分别称为双方瞬时战斗力。因而，在

Lanchester 平方律所描述的作战过程中,交战双方有效战斗力正比于作战单位数的平方与每一个作战单位平均战斗力的积。而且,双方战斗力之差在作战过程中保持恒定。

Lanchester 构建的模型非常简洁,只考虑交战双方的兵力和战斗力。兵力数量因战斗减员和非战斗减员而减少,又因后备力量的增援而增加。战斗力强弱是指杀伤对方的能力,其与射击率(单位时间的射击频率)、射击命中率及战争的类型(正规战、游击战)等因素有关。这些模型当然没有考虑交战双方的政治、经济、社会等因素,而仅靠战场上兵力的优劣是很难估计战争胜负的,所以我们认为用这些模型判断这个战争的结果是不可能的,但对于局部战役来说或许还有参考价值。

第二次世界大战之后,从事军事运筹学和作战模拟研究的研究者们依此为基础,根据现代战争的实际情况,从不同角度对方程进行了改进和扩展,包括多兵种、多武器协调作战的战斗模型和莫斯(Moose)模型等。1967 年,彼得森(Peterson)提出了另一种形式的 Lanchester 方程。假设是在战斗中每一方的损耗仅与本身的数量有关,得到的方程被称为对数律。服从对数分布的参战双方在作战过程中的数量比例保持不变。

人们通过对模型的完善与扩展,成功地分析和解释了历史上一些著名战争,如第二次世界大战中的美日硫磺岛之战和 1975 年结束的越南战争等。

特别地,Lanchester 模型是军队作战指挥中应用最广泛的辅助决策模型之一,受到了极大的重视。Lanchester 方程除应用在防空作战、水雷战、海战、炮兵对抗、信息战、多维战争等方面,还可应用在作战效能评估、作战能力需求、作战过程建模及仿真等方面。

4.3.6 不确定型决策模型及求解技术

决策是在认知域工作,依据认知的充分程度,可把决策划分为确定型决策、风险型决策和不确定型决策,如图 4-3-6 所示。

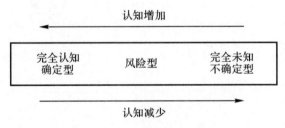

图 4-3-6 决策制定区域图

确定型决策是在明晰的环境中构建的,知识可以完全获取,决策者知道每种备选方案未来将产生怎样的结果,并可以产生最优解。

风险型决策也称为概率决策或随机决策,决策者对面临的决策环境不是完全确定地掌握,这时必须考虑每种备选方案的多种可能性结果,并且每种结果具有一定的发生概率(可通过调查、根据过去经验或主观估计等途径获得这些概率)。决策者可以评估每种备选方案的风险大小。一般采用期望值作为决策依据,分析过程可采用决策树方法等。

在不确定型决策过程中,因信息缺失,使决策变得很困难,决策者一般不知道或无法估计产生每种方案结果的概率,这时建模工作必须考虑决策者对于风险的态度。在军队作战指挥决策中,决策者会试图获取更多的信息,通过统计分析或主观估计来得到各种自然状态发生的概率,使其转化为风险决策。非确定型决策问题的求解方法有悲观法(小中取大准则)、乐观法(大中取大准则)、折中法(乐观系数准则)、最小后悔值法(大中取小准则)、等可能性法等。

(1)悲观法[又称瓦尔德(Wald)准则法]:针对我方的每一作战方案先找到最不利的情况,然后在这些最不利的情况中,选择相对有利的情况所对应的我方作战方案作为实施方案。这是一种避险型决策方法,或者说是一种比较保守的辅助决策方法。

(2)乐观法:首先从我方每个方案中选择一个最大的效益值,然后从这些最大效益值中选择相对最大的效益值,它所对应的我方作战方案作为实施方案。这是一种趋险型决策方法。

(3)折中法:先以我方方案的最好与最差收益值为变量,然后给出反映决策者偏好的折中系数 α,计算各自的期望,选择期望最大者所对应的方案为实施方案。

(4)最小后悔值法:先在各个方案中选择最大后悔值,然后比较各方案的最大后悔值,从中选择最小者对应的方案为实施方案。

(5)等可能性法:认为敌方采用所有方案中任一方案的可能性是均等的,据此计算我方各个方案的期望收益值,然后进行比较,选期望收益最大值对应的方案为实施方案。

在解决不确定型决策问题时,既不能过于乐观也不能过于悲观,要审时度势地选择恰当的解决方法,这取决于指挥员的经验、指挥艺术和心理素质。

第 5 章 多传感器管理与武器控制

舰艇作战是一个复杂的过程,需要管理和控制各种武器装备,指控系统则是完成这些控制的核心装备,集中表现为指控系统对作战过程的综合控制。综合控制是舰艇指控系统的基本功能之一,它的任务是控制舰艇武器装备迅速、准确地进行攻击和防御。其主要控制过程是根据目标的性质、威胁程度以及我方武器的性能、状态(如跟踪器、发射架的指向等),依据决策方案,进行武器分配,并给指定的武器送出目标指示参数和交战控制命令。综合控制主要包括作战通道组织、传感器管理、火力兼容控制和电磁兼容控制等。

5.1 武器通道组织

舰艇指控系统控制武器交战,首先要将待攻击和防御的目标信息迅速、准确地指示(或分发)给武器系统,并保持探测传感器、跟踪传感器、武器射击控制装置、火力单元(即武器)之间的有效连接和信息畅通。

5.1.1 武器通道基本概念

1. 武器通道

武器通道是指在探测发现目标、跟踪目标并处理目标数据、决策及目标指示、解算射击诸元及发射武器,最后引导武器命中目标的过程中,所形成的指挥控制武器的信息通道。武器通道是一种有机的链条,指控系统是其中心环节,任何一个环节的断裂都有可能导致正常作战信息流的终止,使得作战行动陷于停顿。

2. 武器通道组织

武器通道组织是指指挥员根据当时的作战态势、作战资源和作战方案,选择适当的武器通道,并组织通道中各环节人员密切合作,迅速构成武器系统对指定目标的交战关系的过程。

武器通道组织包括探测传感器的选择、探测与跟踪传感器指示与交接、火力单元(即武器)的分配等多个环节,而这些行为主要是指挥员借助指控系统完成的。

武器通道组织是舰艇指挥员的主要任务之一。如何针对不同的态势选择不同的武器通道,如何组织各种装备及其使用人员构成武器通道,如何在装备战损或故障的情况下重组武器通道,这就需要指挥员全面了解作战系统及其作战使用,以指控系统为主要工具,正确、实时地进行决策指挥,灵活地组织武器通道,力求作战效果的最优。

5.1.2 武器通道的类型

通常,为实施某一作战方案有数条武器通道可供选择,但由于武器通道中装备的性能和使用条件存在差异,导致通道质量不尽相同。根据使用的优先级不同,武器通道可分为以下2类:

(1)主通道:综合效能最佳,作战时应优先选用的武器通道。

(2)备用通道:性能满足作战需求,在主通道不可用或不宜采用时的备选通道。

另外,还可以根据舰艇的作战样式或武器种类,将武器通道进行分类。比如根据作战样式,武器通道可分为对海武器通道、对空武器通道、反潜武器通道等;根据武器系统不同,武器通道可分为舰舰导弹武器通道、舰空导弹武器通道、副炮武器通道、主炮武器通道、电子战武器通道等。

例如,某型舰装有对海导弹,并配属了相应的导弹射击指挥仪。为充分发挥导弹武器的效能,能在多种情况下保证导弹武器的作战使用,指控系统对导弹武器的射击控制设有多条通道。其通道示意图如图 5-1-1 所示。

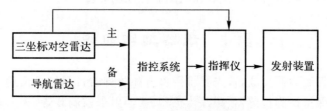

图 5-1-1　对海导弹武器作战通道

主通道:主战雷达→指控系统→指挥仪→发射装置。
备用通道:主战雷达→指挥仪→发射装置。
备用通道:导航雷达→指控系统→指挥仪→发射装置。
备用通道:数据链→指控系统→指挥仪→发射装置。
人工装定攻击:指控系统→指挥仪→发射装置。

5.1.3 武器通道组织的方法

武器通道组织应综合考虑下列因素,并经过判断后进行:战场环境和目标情况、目标威胁程度、武器和跟踪器的良(未占用)/故(占用)情况、舰艇武器的配置、武器射界及其性能等。武器通道的组织方法可分为自动组织和人工组织两种。

1.自动组织

武器通道的自动组织也可分为两种情况,一种是指控系统给出打击目标的批号、使用跟踪传感器、武器控制系统和武器,然后由下级指挥员按此方案实施。另一种是完全自动化,即目标指示和武器分配均自动完成,指挥员只完成武器的射击控制。例如为了提高防空反导的时效性,近程反导武器系统的通道往往采取自动组织的方式。武器通道自动组织的示意如图5-1-2所示,该图可理解为单个武器通道的组织,也可理解为多种武器的通道组织,但武通道自动组织后仍需指挥员的干预,指挥员有权根据战场实际情况或上级的作战意图决定是否执行。

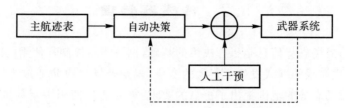

图 5-1-2 武器通道自动组织示意图

2. 人工组织

武器通道的人工组织包括目标的人工选择、武器分配及目标指示。人工组织武器通道一般应根据战场态势和上级的作战意图进行,由指挥员根据指控系统辅助决策方案或人工决策,通过口令、按键、按钮等人工干预命令完成。

3. 目标指示

指控系统向武器系统发送目标指示有两种基本形式,如图 5-1-3 所示。其中图 5-1-3(a)是由指控系统先给武器系统的雷达跟踪器或光电跟踪器送出目标指示参数,雷达跟踪器或光电跟踪器根据目标指示参数搜索、捕获和跟踪目标,然后将精确跟踪的目标参数送至指挥仪,指挥仪对目标参数进行滤波平滑,求解射击诸元,将跟踪器指向和武器指向与目标匹配的信息回告给指控系统,然后等待指控系统发出"允许射击"命令,控制武器射击可由指控系统遥控和武器系统本控来实施。

图 5-1-3(b)中,由指控系统直接向指挥仪传送被指示目标的参数,然后交指挥仪解算射击诸元,例如,舰舰导弹对目标指示信息的要求相对较低,因此其在射击过程中通常直接采用经由指控系统处理后的警戒信息于导弹射击。由于指控系统的目标信息主要来自于舰艇探测器材或者通信系统,经指控系统综合处理以后的目标信息,其数据率和精度相对较低,通常不能满足火炮、舰空导弹等武器使用的精度要求,需要武器系统利用自己的火控设备进行二次跟踪。但如果目标指示数据的精度和实时性较高,或者武器系统本身的二次跟踪设备故障,这样的数据也可以直接作为射击的基本依据。

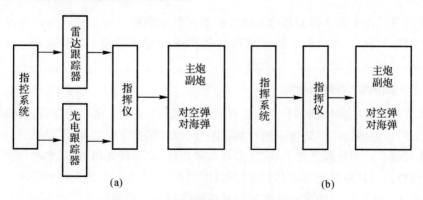

图 5-1-3 指控系统目标指示的基本形式

5.2 传感器管理

传感器获取的战场态势信息是指挥决策的基础,也是武器控制和使用的前提,随着武器距离的不断增加,现代海战的样式发生了很大的变化,视距外导弹攻防战成为海战的主要样式,对探测系统掌握战场态势的范围提出了更高的要求,需要通过使用一定数量的探测系统并且合理管理探测传感器,来完成对战场的监视。

本节将概述多传感器管理的基本概念,包括传感器管理的定义、传感器管理的功能、传感器管理的体系结构多传感器管理的原理,并列举指挥控制中的传感器管理的例子说明多传感器管理的基本方法。

5.2.1 多传感器管理的基本概念

5.2.1.1 多传感器管理的定义

传感器管理是对一组传感器进行自动控制的系统或过程,其目的是选择恰当的传感器、传感器工作模式和传感器搜索方式以优化数据融合系统完成指定任务(目标的检测、跟踪和识别)的性能。它作为信息融合系统中的一个反馈环节,使多传感器信息融合系统构成一个闭环控制系统,从而提高系统的实时性和整体优化性。

传感器管理系统(Multisensor Management System,MSMS)就是在传感器覆盖的空间范围内,对各类传感器进行综合监测和电磁频谱管理,它包含空间管理、模式管理和时间管理三个方面。它由实际应用的信息需求、目标、事件的优先级等众多因素,早期的传感器管理主要限于空间管理和模式管理,对时间管理部分没有深入研究。

空间管理是对非全向传感器给出其空间观测方向。对监测应用来说,传感器的视野必须有规律地移动(扫描),以搜索和截获新的目标,或周期性地再现目标点,以获得运动目标的准确航迹。

模式管理是对传感器的工作模式进行选择。这包括对传感器的孔径、搜索模式、信号波形、功率级别和处理技术(算法)进行选择。如机载火控雷达一般有主动式、被动式、低截获概率式等多种工作方式。

时间管理是指在某传感器必须与其他传感器或目标环境中的事件同步的情况下(如目标检测、航迹关联、对抗活动),要求对传感器的操作进行定时管理。有些文献中又称为时间规划。

5.2.1.2 多传感器管理的功能

一般军事应用中的多传感器管理功能可用图 5-2-1 表示。多传感器管理依赖于人工输入(指操作员对传感器进行的直接干预)、数据融合信息(航迹文件数据、态势估计)以及外部提示或其他随机请求。在管理功能上,它应实现六种功能:目标优先级排序、事件(态势)预测、传感器预测、传感器与目标的配对、空间和时间范围控制、传感器的配置和控制策略。

(1)目标优先级排序。确定所探测目标和可能的搜索空间的相对优先级,以建立一个数量基础,由此确定传感器资源分配的最佳方案。决定目标优先级的因素有很多。

(2)事件预测。利用当前事件、目标状态和战术原则的知识来预测未来可能发生的事件,为检测或验证所期望的事件而管理传感器。例如在目标跟踪中,根据对目标在复现时位置的预测来指引传感器复现跟踪的目标。

(3)传感器预测。为产生传感器分配的可选方案,必须事先确定传感器检测目标的能力。将任一传感器分配给一个目标的能力是一个有效的配对。传感器性能模型可用来预测传感器对目标的效能,以便量化各备选的传感器分配效用。

(4)传感器对目标的分配。当出现多目标和多传感器的情形时,传感器管理需要合理进行传感器与目标间的配对。分配方案一般基于某些合成目标函数的优化,这些目标函数是传感器对所有目标复杂采集性能的度量。

(5)空间和时间范围控制。通过设置目标指示传感器的视域来管理一组传感器覆盖的空间范围以覆盖探测的目标,并搜索进入该组传感器监视空间尚未探测到的新目标。传感器管理搜索空间范围或持续照射被跟踪目标所花费的时间总量也必须权衡下述几条准则加以管理:检测概率、跟踪和识别性能以及被敌方传感器检测并反跟踪的概率。这种控制功能被建立为任务模式、操作员人工输入和态势的一个函数。

(6)配置和控制策略。传感器配置要求将传感器分配问题的解转换成对传感器的命令,同时包含一些附加的控制要素。

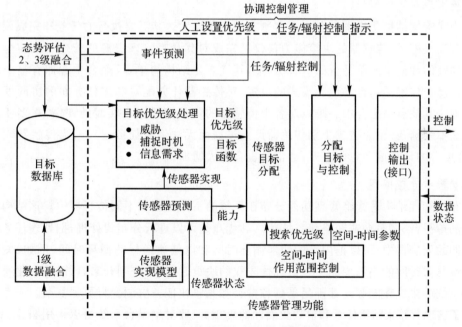

图 5-2-1 军事应用中的多传感器管理功能

随着现代化武器平台的快速发展,多传感器管理系统在信息融合系统中所占据的地位越来越重要,正确的传感器管理与控制是提高信息融合系统性能的先决条件。传感器管理的作用主要有以下几方面:

(1)减轻操作者的工作负担。操作者的人工操作是传感器系统的必要元素。由于操作者经常被要求适时地制定对传感器的调度和任务目标的高级决策。因此,他不应当被低级别的非战术性决策负担分散了完成主要目标的注意力。有了传感器管理系统,操作者只需要建立总体的传感器任务指标。例如,取消一个跟踪目标的优先级,或者请求一个专门的数据收集。而传感器管理系统自行对传感器的低级别功能加以控制,大量的传感器的专用细节信息就不必呈现给操作者了。

(2) 能根据较好的详细信息传感器分派给工作。在有传感器管理的系统中,大量系统信息能够被传感器管理系统自行整合到要执行任务的决策中,而不必将所有提取的跟踪系统的工况信息显示给操作者。

(3) 具有更快的适应性。具有传感器管理的自反馈系统将会对变化的环境产生更快的适应性。因为传感器管理系统能够对传感器细节信息进行决策,进而提取传感器工作性能信息,并可将其提供给传感器,使其跟踪性能下降的早期探测之用。

5.2.1.3 多传感器管理系统的体系结构

随着信息融合和作战指挥系统规模和结构的变化,MSMS体系结构也有了很大的改变。按系统所拥有的传感器和武器平台的数量来分,传感器管理一般可以分为传感器级的传感器管理(Sensor Management,SM)、基于单平台、多平台或网络化的多传感器管理。相应地,传感器管理的结构则分为集中式和分布式。

1. 集中式管理结构

集中式管理结构是指由融合中心向所有的传感器发送其需要执行的任务和完成该任务的参数集或运行模式,传感器的决策能力仅仅是完成对其自身物理资源的管理。该结构主要用于传感器级的和简单的单平台的MSMS中,其优点是结构简单,且融合中心拥有整个系统最完备的信息。传感器运行参数和模式的设置、对传感器任务配对和多任务间的协调可以更加精确合理。其缺点是融合中心难以对各个传感器的负载情况做出实时的评估,在多任务时会造成负载不均衡,甚至会造成个别传感器严重过载而无法完成任务,另外,当传感器数目增多时,融合中心的计算量会急剧上升,通信量也会大大增加。

2. 分布式管理结构

分布式管理结构是指将管理功能分布在系统的不同位置或不同传感器中。该结构可以用于复杂的单平台、多平台或网络化系统中。其优点是可以进行分布式处理,把处理任务分布到几个不同的处理器中;可以把内部的快速循环时间和以低速运行的循环时间(例如,关于波形的选用或驻留时间的决策要比关于目标优先权的决策时间快)分割开来;可以最小化通信负载及改善系统的集成性能等。其不足是任务冲突和竞争使任务协调变得更加复杂。

为了实现分布式结构体系和模块化设计的思想,一般对单平台系统可以采用图5-2-2所示的宏观管理功能与微观管理功能相结合的分层结构模式,对多平台系统则可以采用多个类似系统的交互形成网络化系统。

图中的宏观层主要完成对传感器的任务分配,即负责对传感器进行有效或最优的动态配置,完成传感器间的交互与协调并实现传感器间的引导与交接等;微观层则决定各个传感器如何执行给定的任务,即负责各个传感器的参数控制或模式选取。宏观传感器管理即为通常所说的多传感器管理,其主要技术是传感器调度、线性规划和动态规划、目标排序、决策支持和态势评估等;微观传感器管理则对应于单传感器管理,其主要技术是控制与优化、多属性决策和时间调度等。

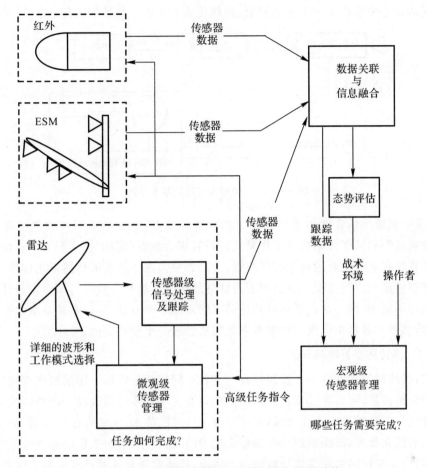

图 5-2-2 多传感器管理系统的宏观/微观结构

5.2.1.4 多传感器管理的原理

在进行传感器管理之前,首先要了解一个传感器所具有的操作自由度有哪些,在传感器管理中什么指令可以用来实现这些自由度,受到自由度管理影响的传感器如何收集数据,在获得传感器细节之后,要进一步分析什么东西将会通过管理而得到优化。为此,必须分析所讨论的主要战术任务,同时必须将这些战术任务及战术目标分解成传感器管理优化指标,传感器管理的目标就是通过管理传感器来优化这些指标。

传感器管理算法一般归结为定量(基于固定的客观准则)和定性(灵活但主观)两种。这两种方法各有优缺点,比如,利用定量方法,会出现由于量纲不一致而造成各因素之间难以计算比较的问题,而定性方法给不同的任务以固定的等级,再依据等级高低优先完成高优先级的任务,其主要优点是简单,但也有问题,如低优先级任务在传感器重负荷的情况下有可能永远不能被执行。因此可以将两种方法融合应用,将定量决策并入定性方法中。

传感器管理的首要目标是有效地指导可利用的传感器资源来收集相关信息,以便有效地完成一个任务。传感器管理可以用来指导传感器资源分配的参数有很多,如卡尔曼滤波协方差阵(或称为信息阵)是一个对跟踪系统当前信息状态的主要量测,可以利用卡尔曼滤波对传感器资源进行分配。传感器管理的另一个目的是实现整体系统优化,通过检查跟踪情况与特定标准之间的相互关系产生一个反馈控制,控制传感器工作。其基本原理如图5-2-3所示。

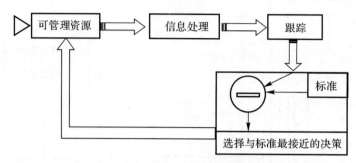

图5-2-3 传感器管理的基本原理

目前,在如何恰当地管理传感器问题上存在两种观点:基于传感器参数进行管理的观点(简称"参数观点")和基于传感器的工作模式进行管理的观点(简称"模式观点")。前者要求传感器管理器直接控制传感器的各个运行参数,而后者只需选择适当的传感器工作模式,它大大简化了传感器管理的决策过程。通过对所有详细的传感器运行参数进行取舍来设计传感器管理的方式是行不通的,因为这样做会导致传感器管理效率十分低下,但是从基本参数的角度出发,分析在传感器的各种工作模式中哪些参数需要管理是十分必要的。

5.2.1.5 多传感器管理的方法

简言之,传感器管理就是一个控制过程。其核心问题就是依据一定的最优准则,建立一个易于量化的目标函数,而后通过优化目标函数选定要工作的传感器及其工作模式或工作参数。传感器管理是一个跨学科的研究领域,它涉及许多领域的技术,主要有数学规划、信息论、决策论或效用论的优化技术、模糊控制与模糊集合论、计算机科学、基于知识的系统或专家系统、数字信号处理、人工神经网络和层次分析法等。目前,传感器管理技术已经引起了许多学者的高度重视,国外对该领域的研究已经初具规模,而国内对该领域的研究还刚刚起步,有关研究很少见诸文献。主要的传感器管理方法有以下几种。

1. 基于数学规划和优化技术的方法

数学规划是优化技术的重要基础,也是解决传感器管理问题的有力工具。目前,应用于传感器管理的数学规划主要有线性规划、非线性规划和动态规划等。

Nash在1977年最先把线性规划和优化技术应用于传感器管理,他在提出一种传感器分配问题的形式化结构的前提下,考虑了传感器的能力限制和目标覆盖要求,给出了多传感器对多个独立目标的分配方法。利用Kalman滤波的误差协方差矩阵的迹作为目标函数中的代价系数,提出当目标数小于传感器跟踪能力时,利用传感器组来处理传感器分配问题的方法。

也有文献提出基于效能函数的传感器管理方法。通过求目标优先级函数和传感器-目标配对函数的加权平均值建立传感器分配的效能函数,以效能函数最大为准则,并结合浪费率函数、对目标覆盖范围约束和传感器最大跟踪能力的约束,利用线性规划技术求解最优分配方案。

Malhotra讨论了传感器管理的时间属性,把时序决策过程描述为一般的马尔可夫决策过程,并利用动态规划的方法求解该马尔可夫过程,提出了一种基于最终状态确定最小代价的递归算法。为了解决采用动态规划求解可能出现计算的组合爆炸和必须已知各个阶段的先验最优代价的不足，他还提出了利用增强学习法进行目标搜索和检测的方法，该方法也可以解决组合爆炸难题。

而 David A. Castanon 提出了一种传感器管理的近似动态规划方法，研究了在对多个未知目标进行分类应用中的多模式传感器资源的动态调度问题。该方法把传感器的动态调度问题看作大型状态空间中部分可观测的马尔可夫决策过程，通过修改传感器的约束条件并引入拉格朗日乘子，将多目标动态规划问题解耦成多个单目标动态规划问题，解决了动态规划的组合爆炸问题。

另外，David A. Castanon 提出的基于最大检测概率的传感器管理方法也是基于动态规划的方法，并在单目标检测中取得了较好的效果，只是对多目标检测的出错概率比较大，其原因是该算法一旦检测到概率最大的目标，就不再搜索其他目标了。

Washburn 等人给出了一种基于动态规划来预测未来传感器管理决策效果的传感器管理方法，该方法依据管理决策的效果，合理调度传感器或传感器组。

2. 基于模糊推理和神经网络的方法

战场环境和目标的不确定性使得传感器管理技术也充满了不确定性的挑战，模糊推理和神经网络作为近似优化的两种主要方法，被广泛应用于传感器管理领域。

Dan Stromberg 等人讨论了单传感器管理问题——传感器的控制与引导，模糊控制器完成了对传感器扫描速率的控制。Moolina Lopez 等人提出了基于知识推理和模糊决策论实现传感器-目标分配的传感器管理方案和利用模糊管理系统处理决策系统任务评估问题的方法，后者通过符号推理的方法导出了任务优先级的量化表示方法。Fukuda 把模糊推理应用于机器人精密加工的传感器管理中，利用系统中的某特定传感器参数控制其他传感器。Vine 研究了用模糊逻辑自适应地对动态环境中的任务进行优先级排序，以控制雷达的开机时间。Smith 则开发了一种基于模糊逻辑的专家系统，实时地对电子攻击资源进行自动化分配，提出了一种管理器的树形结构，整个管理器由单平台树、多平台树、模糊参数选择树和策略树组成，并利用基于优化的遗传算法来确定隶属度函数的形式。James 和 Robert 又把基于模糊逻辑的传感器管理推广到了多平台的情况。

另外，Zhong Liang Jing 等人研究了不同条件下的机动目标跟踪问题，通过把并行 Kalman 滤波器和 BP 神经网络应用于目标跟踪而改善了对目标的位置、速度和加速度的跟踪准确度。Kostrzewski 和 Kim 把基于模糊神经网络的传感器管理方法应用于图像融合中，其实质是利用穷尽搜索的方法进行传感器故障管理。Bronell 则把神经网络用于工业生产中的传感器管理和故障诊断，以提高能源的利用率，减少浪费和污染。

3. 基于信息论的方法

传感器管理的作用就是选择最优的传感器或传感器组，使其与环境进行交互作用以减少目标环境的不确定性，这种不确定性可以用信息论中的熵来度量，不确定性的度量还包括最大熵概率估计、分辨力信息函数以及互(Mutual)信息函数等。

Hintz 和 Mcvey 首先将信息论中的熵用于调度单传感器对多目标的跟踪。该方法把传感器视为有一定限制的通信信道，并把其与带宽有限信道中信息容量的香农度量相比较，利用以误差协方差范数描述的熵的变化量作为信息增量，以信息增量最大为准则来选取需要进行状态更新的目标，其实质是使每个采样周期所获得的新信息最多，后来 Hintz 又把这种信息度量方法应用到自动目标识别系统中进行传感器引导。Schmaedeke 在 Hintz 和 Mcvey 的研究基础上,利用信息增益作为线性规划的代价函数来优化多传感器对多目标跟踪的性能,利用通过外推法得到的卡尔曼滤波的期望信息增益,计算每次更新后的协方差矩阵。McIntyre 和 Hintz 则在实际仿真中利用基于信息论的熵度量来确定搜索和跟踪的优先级。McIntyre 还提出了利用熵随时间的变化来度量系统不确定性的改变,并以最大化每次传感器运行的信息增量为判据,确定目标检测、跟踪和识别的任务排序问题。

另外,Pirre Dodin 等人以 Kullback-Leibler 熵为目标函数,引入了传感器组的概念,进行了目标-传感器分配,并对多种典型场景进行了仿真,而 Liggins Martin 等人则把基于信息熵的方法扩展到分布式传感器管理领域。其中 Manyika 和 Durrant Whyte 还建立了信息融合和传感器管理的概率信息模型,基于信息熵建立了传感器管理的效用目标函数,构建了传感器管理的基本框架。

基于信息论的另一种传感器管理方法是分辨力函数,又称为混合熵或 Kullback-Leibler 分辨力信息函数。分辨力本身就是信息量大小的一种度量。Kastella 用分辨力增益作为 Nash 的线性规划目标函数中的传感器分配代价函数来确定传感器-目标的任务分配。仿真结果显示该方法效果良好,只是其实时性不够好。Kastella 和 Musick 利用概率分布函数描述目标存在于各个离散单元中的可能性,而后通过计算每次量测后新的分辨力函数值,并最大化分辨力增益来选定下一步要搜索的区域。Kastella 和 Schmaedeke 则应用分辨力增益来确定传感器的分辨力水平。

另外,Schmaedeke 还讨论了传感器管理与非线性滤波问题,而 Kastella 和 Zatezalo 等人又给出了一种传感器管理的非线性滤波近似算法。

4. 基于知识或专家系统的方法

基于知识和专家系统的方法也是解决不确定性问题的重要方法之一。利用专家系统的方法可以集众多领域专家之所长,若再与模糊推理和神经网络相结合,往往可以得到比较好的效果,只是该方法的实时性比较差,因此在军事应用中受到了一定的限制。

Leon 和 Addison Edwin 等人描述了一个对战略传感器网络中的传感器进行管理和控制的专家系统。CowanRosa 给出了一个模拟的专家系统,用于典型战术飞机的传感器管理,其跟踪性能与不使用专家系统相比有了显著提高。Hui Partrick 建立了一个用于导航传感器管理的专家系统,该系统利用专家经验对传感器资源进行有效分配,以获得最优的导航性能。Vincent 和 Vannicola 提出了一种基于知识/规则的系统,该系统可以控制多功能传感器的工作参数和模式,实现对环境的态势评估。Gonsalves 和 Rinkus 等利用基于模糊逻辑的专家系统把信息需求和状态信息变换成资源需求,其规则库中的模糊变量包括传感器的分辨力、时间限制、可用性、空间覆盖范围以及由用户定义的信息威胁程度等。

5. 其他方法

除了以上介绍的几种主要的传感器管理方法以外,还有许多其他的方法。

(1) Mahler 和 Goodman 等利用随机集合论将基于信息论的传感器管理方法推广到更一般的情况,以解决更加复杂的问题,只是其涉及的数学问题也随之更加复杂。

(2) Wang Guohong 利用位置融合的似真度和目标类型融合的一致因子进行传感器资源分配,使得数学计算变得简单。

(3)为了减少传感器管理的计算量,Michael 提出了一种随机子集选择法和高级启发式搜索算法。

对几种方法的比较得出:当计算资源受限且跟踪模型已知时,宜选用频率选择式启发式算法;当计算资源不受限制,或跟踪模型变化较大或未知时,采用渴望式高级启发式算法只需增加较少的计算量就可以得到近优的结果。

5.2.2 指挥控制中的传感器管理

指挥控制过程的本质是获取信息,评估这些信息对当前活动的影响,确定并实施一系列行动。而传感器资源是指挥控制中重要的信息来源,因此整个指挥控制过程成功的一个重要先决条件是传感器资源的有效使用,即传感器管理问题。传感器管理问题就是如何很好地管理和协调传感器资源,以改善数据获取和感知过程。

指挥控制中的传感器管理涉及如何管理、协调和组织传感器资源的使用,以改善数据获取和感知过程,即改善决策者对整个战场态势的感知。管理问题可以简单看作是对多个传感策略作出决策的过程,它由许多因素决定,如信息需求,事件的优先权。

传感器管理可以看作是信息融合系统中过程优化的一部分,按照 JDL 模型,过程优化代表信息融合的第 4 级,表示整个融合过程的最优化。融合问题是在传感器配置预先规定好以后,如何有效利用传感器数据的问题。但是如果输入的数据可利用的信息太少,那么数据融合系统就无能为力了,而这恰恰是传感器管理的目的,即改善输入数据的质量。

5.2.2.1 管理任务

传感器管理研究的是传感过程改善和最优化的方式,从而优化数据融合过程。这种管理本质上指的是可用传感器的控制、配置和分配过程,使传感目标达到最优化,即改善感知过程同时减少操作者的负担和资源的耗费。基于最新的相关信息,管理系统作出进一步收集信息的选择,按照实现任务目标的方向分配和引导传感器,或调整参数进行传感/融合过程的实时改善。如果没有足够的资源实现所有希望的任务,传感器管理就必须分配可用的传感器给那些任务,使得传感过程的效力达到最大。

传感器管理可以定义为一种层次结构,这种表示方法将所有与传感器管理相关的问题划分为许多小的子问题来分别加以考虑,从而有效地解决所有这些问题。这种管理任务的分解如图 5-2-4 所示。

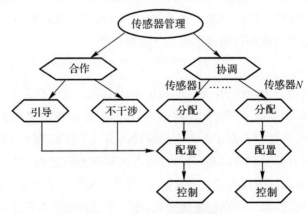

图 5-2-4 传感器管理任务

1. 单传感器问题

单传感器问题考虑的是单个多模式/多功能传感器的管理问题,包括以下不同层次的管理问题。

(1)控制。控制是管理的最低层次。控制器的任务是保证硬件层达到预定的性能。

(2)配置。配置是在多个传感策略和模式存在的前提下,在运行中为指定传感器选取操作模式和配置。

(3)分配。分配主要对"需要收集的信息有哪些,采取什么行动来收集它"这些问题进行决策。例如对于目标跟踪,它包含引导传感器更新航迹或者搜索新的目标。注意,对于传感器分配,一个很重要的问题是目标优先权分配和传感器概率/状态建立。分配的最优准则必须是传感器性能和目标优先权的函数。

2. 多传感器问题

多传感器问题考虑的是分布在同一平台上或多个平台上的一系列传感器的管理问题,单传感器可以看作是多传感器的特例,因此所有上述管理任务仍然存在,另外还有多传感器特有的管理问题,主要包括传感器之间的合作与协调任务。

(1)协调。可用的传感器必须按照各自的需求、这些任务的优先权在任务或目标进行划分,这被称为分组问题(传感器的分布或者传感器在目标中的组合)。

(2)合作。传感器的管理可能需要不同的传感器合作来获得对一个共同目标的量测,例如,动态分配传感器的任务来覆盖其他传感器的盲区,从而在具有战术意义的地区提供相关的测量。两种主要的合作方式为引导和不干预。引导方式是将来自传感器A的探测或航迹引导给另一个指向同一个目标或事件的传感器B,当传感器A已经将监视任务或火力控制任务交给传感器B后,就转为不干预方式。因此,传感器B的响应时间/性能可能因为它获得了传感器A提供的量测、航迹而得到改善。当被跟踪的目标在时间或空间上脱离传感器A的覆盖区域进入传感器B的覆盖区时,也可以保证航迹的连续性。

5.2.2.2 管理需求

处理传感器管理问题要求系统的性能可以定量描述,从而定义管理目标。一个性能指标就可以计算出来,用于评估系统的性能。在系统生存期内,"性能评估、行动选择和执行"的循环要持续进行,因此解决管理和控制问题有以下重要任务。

1. 目标说明

一般而言,目标说明分为两类:性能说明和鲁棒性说明。两种都需要明确指定来达到管理目标。虽然这两者之间的界限并不能始终明确给出,但是性能说明描述了系统所希望的响应(存在不确定性)。鲁棒性说明限制了存在不确定性的情况下性能的下降程度。另外一个重要需求是保证管理代价(时间和资源消耗)最低。后者通常作为问题说明中的约束条件。

这些说明依赖于问题的建模方式。在文献中,建模主要有三种方法:第一种公式表达是将传感器管理看作控制问题;第二种利用最优公式;第三种是基于决策理论和相关的效能概念。

(1)控制问题。在这种情形下,首先指定所希望的性能层次(或参考轨迹),它定义了闭环系统要达到的管理目标。在参考轨迹与实测性能之间的差距就提供了系统实际的行为指标。这个指标用于行为选择或控制设计的基础，以减少或尽可能维持小的差异。

(2) 最优化公式。如果将传感器管理看作最优化问题，那么就要定义一个代价函数，函数一旦最优化，就可以得到最希望的输出。这种最优化是在传感行为花费与相关花费之间得到最佳折中。

(3) 决策公式。使用决策公式时，没有预期的性能水平，就像最优化公式中的情形，目的是选择使某些量达到最大的行为，我们称之为期望的效能函数。因此，这里指定的是在一个给定情形下执行一个给定行为的效能，最好的解决方法是提供最高效能，如可实现的最好性能。

2. 性能评估

正如前面讨论的那样，管理问题的核心是性能评估问题。使用可用的资源，建立候选解决方案。这通常会有许多可能的组合。

给定当前环境和目标的知识，选择最优管理策略，因此提炼出一个矩阵，它是行动选择的基础，即效能函数。这种效能函数用来评价各种可能行动的优势，从而选取最佳方案。最常使用的矩阵是 Fisher 矩阵，它与数据融合第一层中航迹不确定性有关。

3. 行为选择

行为选择指给定目标说明、环境变化和性能观测，传感器管理和控制问题的核心就是选择恰当的行为。为了满足说明，管理系统应该在其行为选择过程中能够推理和对环境变化作出响应(反应计划)，并能对目标改进作出响应(协商计划)。根据内在问题和采用的模型，行为选择有不同的技术。

(1) 控制问题。控制理论与动态系统的设计与分析有关，尤其是以闭环形式运行的系统。上述定义的行为选择问题是控制设计的本质，它为过程 P 选择行为 u，使其输出 y 趋向指定 r，而不需要太多的控制代价(时间/资源花费)。一个更现实的需求是过程输出与预期输出之间的差异应维持在一定的界限内。控制的激发有两种原因，即目标修改和环境变化，它们各自对应不同的控制策略。前馈对应目标改变，反馈控制处理环境变化。这种系统的设计难点在于如何将控制的前馈和反馈部件结合在一个模式中。理想的自适应系统应该包含这两种部件。这种结合的模型可以处理变化环境中的一般问题。

(2) 最优化公式。最优化算法，无论是线性还是非线性，都已经广泛应用于传感器管理问题中，面对这样的最优化问题，通常有几种不同的行为供选择，短期方法是只考虑所选择行为的直接效果，有时近期效果不佳的行为会有较好的远期结果。因此在近期效果和远期效果之间进行折中是好的解决方案。解决这样的多阶段最优化问题需要更精细的技术，其中动态规划方法已经更多地得到传感器管理界的重视，动态规划是指一系列算法的集合，在将环境模型看作马尔可夫决策过程时，它们可以用于计算最优策略。最广泛使用的动态规划依赖于回归算法。

(3) 决策公式。传感器管理问题常常被描述为决策问题。结果的正确性和最优性随着描述传感行为的决策过程的合理性而变化。所有的决策问题都有以下 3 个要素：

1) 一组可供决策者选择的决策集；

2) 一组可能的输出和输出的概率;

3) 一个价值模型(效能),用来描述决策与输出间的各种组合的结果。

一旦这些要素确定,那么决策者就可以找到一个最优决策。使用图形方法,如决策树或决策表可以有效解决这种最优问题。使用效能理论,传感器管理可以重新定义为效能函数 $U(a_i)$,以评价在给定环境状态 x_j,代价为 c_i 时,采用行动 a_i 的收益。最优传感行为 a^* 是使得期望效能最大的行为。

5.2.3 指控系统中的多传感器管理实例

多传感器管理系统所讨论的问题属于观测资源的有效分配问题,例如在以下应用场合下需要进行多传感器管理:具有工作条件或能力限制的大型传感器网络,具有互斥作用的、多模式的传感器的管理,以及可配置的传感器资源,等等。例如雷达网的优化部署和机动组网就属于多传感器管理的研究范畴。目前雷达组网最重要的一种组网模式就是将区域内不同频段、不同体制的多部雷达构建成一个区域虚拟大雷达。在这种组网模式下,将根据不同的作战任务动态组合并控制区域内的各种雷达资源,进行雷达开关机、雷达频率点选择、雷达工作模式选择、雷达检测门限控制、天线转速控制、点迹/航迹上报选择等。通过优化组合这些雷达资源,进行一体化协同探测,以满足不同的作战任务,发挥组网系统的最佳性能。为做到雷达组网一体化协同探测,必须掌握组网雷达的状态和性能,通过组网雷达状态的信息反馈、雷达配置数据库、雷达性能数据库、态势评估、辅助决策专家库等,适时调整雷达工作模式、工作参数和检测门限,以便最大限度地发挥雷达网一体化探测性能。

下面给出两种指控系统的多传感器管理结构,并分析其多传感器管理功能。

5.2.3.1 多传感器管理结构

图 5-2-5 中给出了一种分布式多传感器管理结构,它设置一个多传感器管理系统和各传感器平台上的单传感器管理系统,将多传感器管理系统与各个传感器组成一个星型网络,多传感器管理系统是指控系统的一个分系统或功能模块,可将它看作是传感器网络的中心节点,各个传感器是该网络的分节点。在各个传感器中又由单传感器管理系统软件和硬件平台组成,管理软件是传感器的一个组成部分。

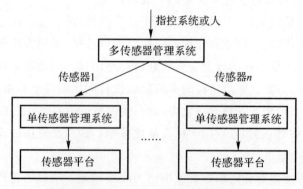

图 5-2-5 分布式多传感器管理结构

其控制流程是:操作人员或上级系统通过多传感器管理系统管理各个传感器,由综合管理系统发送控制指令到各个单传感器管理系统,各个单传感器管理系统对各传感器硬件进行控制。多传感器管理系统与各个具体硬件不直接联系,通过各个单传感器管理系统实现交互。

这种结构适用于多传感器已具备独立的监控系统,各传感器与情报中心相距较远的情况,由这种方案可实现传感器的无人值守,如多基地雷达站、无源探测站之间。

这种结构下可实现的功能有用户管理、转速控制、程序开关机、天线俯仰控制、探测模式控制、故障管理、扇区静默管理、频率选择、波束控制等。

这种结构的优点是各传感器可以利用现有的管理系统(监控系统),不需另行开发,多传感器管理系统不需考虑与直接硬件的联系,只需考虑与软件的信息交互,对于同类传感器而言,各传感器的设备参数集格式相同,可以简化多传感器管理系统的通信复杂度,降低软件的开发难度,传输信息格式一致,通信量小。其缺点是对于不同种类的多传感器管理系统所涉及的参数集格式较多,处理过程复杂,加重了系统的负担。对于没有配备独立监控系统的传感器,需要另行开发监控系统。

图5-2-6中给出一种集中式多传感器管理结构,它是将单传感器管理系统作为一个软件模块嵌入到多传感器管理系统中。在这种结构下,多传感器管理系统在人工控制或接收上一层指控系统的指挥控制命令的情况下,首先由系统的任务管理模块产生相应的控制策略并生成指令集,之后将指令集分别发送到控制这些终端传感器的相应模块,由模块来负责控制传感器的工作。

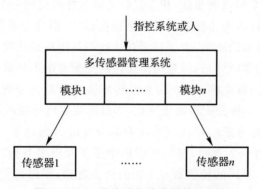

图5-2-6 集中式多传感器管理结构

这种结构适用于单平台多传感器的管理,如水面舰艇指控系统、潜艇指控系统中的传感器管理系统,也可用于有控制中心的多基地雷达或无源探测设备。

这种结构实现的功能与上述结构的大致相同,主要区别在于管理的人-机交互界面不同,实现功能的方式不同。这种结构中主要的人-机交互控制指令是由多传感器管理系统产生的,模块的功能主要是将控制指令翻译成能与终端传感器直接打交道的信息。在这里,模块的功能相对于分布式结构中监控系统的功能大大简化。

这种结构的优点是便于实现集中式的管理控制,只需设立一个台位、一个人就可以对多个传感器进行管理,节省了人力。直接控制传感器的模块是集成在整个系统中的一部分,相比分布式结构的传感器控制可以大大简化,使得可以控制数量较多的传感器。其缺点是由于集成对传感器直接进行控制的模块,整个系统的设计开发复杂困难。每个模块对应控制一个传感器终端,对于同种传感器信息的格式,控制指令的格式基本一样,但对于多种类型的传感器,复杂度将大大增加,使得系统设计的接口很多,不利于统一。

5.2.3.2 任务管理

任务管理的主要目的是在任务与多传感器之间进行合理分配,使得各传感器工作协调一致,完成任务的效率最高。下面用一个简单的例子来描述任务管理的工作过程,如图5-2-7所示,假设A、B、C分别代表3个传感器,a、b、c为3批目标,3条线分别代表3批目标的运动轨迹,下面仅就提高传感器获取目标信息精度、减小不确定性的角度来阐述任务管理的过程。

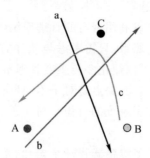

图5-2-7 任务管理过程

在图5-2-7中,每个传感器某一时刻只负责对一个目标进行探测跟踪。管理系统根据指控系统下达的对目标a、b、c进行观测的任务,首先确定目标函数,即确定度量有效性的指标,然后计算不同分配方案的效能指标,相互比较选取效能最高的分配方案。

为简便起见,假设目标距离传感器越近探测精度越高,因此为获得最高的探测精度,设定的度量指标为目标到传感器的距离,由于目标在运动中与传感器之间的距离是不断变化的,因此必须保持对分配方案的实时评估,一旦当前使用的分配方案不是最优立刻换用最优分配。

从图5-2-7中可见,首先将a目标分配给传感器C,b目标分配给传感器A,c目标分配给传感器B,一段时间后,这种分配将发生变化,当目标快要离开探测区域时,目标分配是a目标分配给B传感器,b目标分配给C传感器,c目标分配给A传感器。

本例只是任务管理的一个方面,在任务管理中还涉及很多其他的问题,例如探测空域分配、探测方向分配等问题,不同的传感器有不同的任务管理,不同的管理目标有不同的管理算法和策略。并且本例只进行了直观的定性描述,未做定量分析。下一小节中将对指挥控制中的多传感器分配问题进行定量的分析。

下面介绍一个自适应传感器分配技术的实例。

在指挥控制中,一个理想、有效的跟踪系统的主要目标是建立与物理环境中目标数量相应的清晰、稳定的航迹,这需要获取和维持明确的、稳定的航迹,估计每个跟踪目标的状态。在面临攻击中的目标状态有效性主要取决于航迹信息的准确性和时间性。这就解释了通过传感器管理和控制改善跟踪性能所做的大量工作。

1. 问题说明

下面考虑一个或多个传感器跟踪一个目标集的情形,假定每个传感器都有不同的性能和效能代价。这里举例说明的是一个感兴趣的管理概念——传感器对目标的动态分配。选择的分配策略是使某些目标函数最小化。以下介绍三种场景。

(1)一个传感器对应一个目标;

(2) 一个传感器对应两个目标；

(3) 三个传感器对应两个目标。

在第(3)种情形下，考虑目标无优先级和有优先级两种情况。使用线性规划最优方法来确定传感器/航迹分配，这里误差协方差矩阵的航迹由卡尔曼滤波维持，它作为目标函数中的代价系数。

2. 动态模型

假设被跟踪的目标在二维空间运动，输入的变化不可预测，因此是一个随机变量。要估计的状态由目标的坐标组成，定义为状态向量 x，目标的动态方程可以表示为

$$x_{k+1} = Fx_k + \Gamma V_k \tag{5-2-1}$$

这里 V 是随机变量，反映了动态和模型误差的不可预见的变化，为简化，假定该模型是线性模型，非线性动态方程的使用不应该影响管理策略，过程的噪声协方差矩阵为 Q，观测方程表示为

$$z_{i_k} = H_i x_k + W_k \tag{5-2-2}$$

这里 k 是观察时间，i 是传感器数量，H_i 是观察矩阵，3 个传感器各自为

$$H_1 = [1.5 \quad 0]$$
$$H_2 = [0 \quad 1.5]$$
$$H_3 = [1.2 \quad 0]$$

假设 3 个传感器的测量噪声 W 相同，协方差矩阵为 R，3 个传感器各自的代价为 $c_1 = c_2 = 21, c_3 = 19.5$。

由于跟踪的主要目的是减少目标运动信息的不确定性，那么就需要一种度量方式来定量表示传感行为获得的信息。卡尔曼滤波器常被用于估计目标的状态向量，因此跟踪性能自然可以用卡尔曼滤波的误差协方差矩阵 P 来度量。以下为一种卡尔曼滤波器的递归形式：

$$\hat{P}_{k+1/k+1}^{-1} = [F\hat{P}_{k/k}F^T + Q]^{-1} + H_i^T R^{-1} H_i \tag{5-2-3}$$

最小化协方差矩阵的迹等效于减小状态向量中不同变量的方差之和。考虑到效能代价，得到以下目标函数：

$$\min_a [\text{trace}(\hat{P}_{k+1/k+1}) + \lambda ac] \tag{5-2-4}$$

这里 λ 为加权系数，a 是行为集合，c 为传感代价。上述给定方程为目标函数的一般形式以及最优公式中作为约束条件的动态方程。精确的表达依赖于实际场景。以下给出在给定场景中的表达及讨论结果。

3. 单传感器跟踪单目标

第一种情形是单个传感器跟踪单个目标，这里的问题是在每个时间段、时间配准之后，如何在以下两个行为之间进行选择，即无量测从而不进行状态更新($a=0$)，有量测从而进行状态更新($a=1$)。这个选择需要考虑传感器行为代价 c。这个问题可以被认为是自适应选择航迹更新速率的问题。注意在一对一的情形下，可能有两个静态的策略：

(1) 持续测量，这能提供高性能，但也带来高代价。

(2) 持续无测量，代价低但估计误差会无限增长。

此处的管理目的是设计一个自适应的策略，在上述两种极端方案中进行折中选取，减少传

感的代价(通过减小更新频率),而保持估计误差较小。这种最优化问题可以表示为

$$\min_{a}[\mathrm{trace}(\hat{\pmb{P}}_{k+1/k+1})+\lambda ac] \quad (5-2-5)$$

为了简化,协方差矩阵中的下标$(k+1/k+1)$可以省略,即为

$$\hat{\pmb{P}}\equiv\hat{\pmb{P}}_{k+1/k+1} \quad (5-2-6)$$

上述最优化问题服从以下约束条件:

$$\hat{\pmb{P}}^{-1}=[\pmb{F}\hat{\pmb{P}}_{k/k}\pmb{F}^{\mathrm{T}}+\pmb{Q}]^{-1}+a\pmb{H}^{\mathrm{T}}\pmb{R}^{-1}\pmb{H} \quad (5-2-7)$$

这里 H 为所考虑传感器的测量矩阵。其他约束为

$$a\in\{0,1\}, 0\leqslant\lambda\leqslant 1$$

图 5-2-8 给出了最优结果。图 5-2-8(a)表示综合考虑跟踪质量和测量代价后的最优更新速率(如更新速率为 1/6),黑色线条表示测量的时间,由图 5-2-8(b)可见,与两种静态策略(如更新速率为 6/6 和 0/6)相比,自适应更新策略得到了最好的折中。注意零更新策略导致估计过程发散,由于没有从环境中获取到有关目标信息,因此误差协方差矩阵将无限增长。

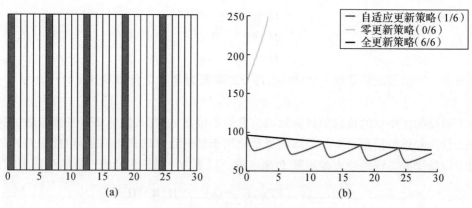

图 5-2-8 单传感器跟踪单目标
(a)更新速率;(b)折中代价/性能

4. 单传感器跟踪两个目标

在单个传感器跟踪两个目标的情形下,这里的问题是在每个时间段进行时间配准之后,考虑到传感器行为代价 c,如何在以下 3 个行为之间进行选择:

(1)两个目标都无量测($a_1=a_2=0$);

(2)只有目标 1 有量测($a_1=1$);

(3)只有目标 2 有量测($a_2=1$)。

假设两个目标具有同等优先级,这个问题类似于自适应选择航迹更新速率的问题,也是计算最优更新速率。差别在于系统必须使用一个传感器同时跟踪两个目标。为了最小化两个目标信息总的不确定性,需要进行一些折中。在这种情况下例如可以用两个误差协方差矩阵的迹的和来表示决策基础矩阵。则最优化问题可以表示为

$$\min_{(a_1,a_2)}[\mathrm{trace}(\hat{\pmb{P}}_1)+\mathrm{trace}(\hat{\pmb{P}}_2)+\lambda(a_1+a_2)c] \quad (5-2-8)$$

约束于

$$\hat{\pmb{P}}_1^{-1} = [\pmb{F}\hat{\pmb{P}}_{1_{k/k}}\pmb{F}^{\mathrm{T}}+\pmb{Q}]^{-1} + a_1\pmb{H}^{\mathrm{T}}\pmb{R}^{-1}\pmb{H}$$
$$\hat{\pmb{P}}_2^{-1} = [\pmb{F}\hat{\pmb{P}}_{2_{k/k}}\pmb{F}^{\mathrm{T}}+\pmb{Q}]^{-1} + a_2\pmb{H}^{\mathrm{T}}\pmb{R}^{-1}\pmb{H} \quad (5-2-9)$$

及

$$a_1 + a_2 \leqslant 1, a_1 \in \{0,1\}, a_2 \in \{0,1\}, 0 \leqslant \lambda \leqslant 1 \quad (5-2-10)$$

结果如图 5-2-9 和图 5-2-10 所示。对于这种情形,所有的静态分配策略都会导致发散。传感器必须兼顾两个目标,以保证两个误差协方差矩阵有限。最优分配策略是使上述目标函数最小的策略。

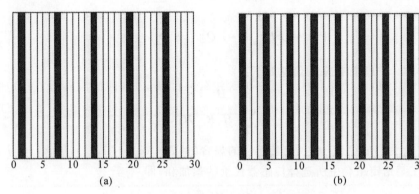

图 5-2-9 单传感器跟踪双目标的更新速率
(a)目标 1;(b)目标 2

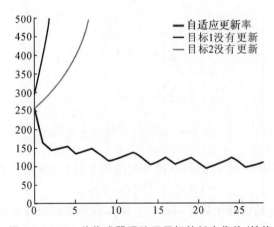

图 5-2-10 单传感器跟踪双目标的折中代价/性能

5. 三个传感器跟踪两个目标

最后一个例子是三个传感器跟踪两个目标。构造伪传感器,即基本传感器的组合,此时可能不止一个传感器被分配给同一个目标,传感器数量(真实的或伪传感器)等于 2^S-1,这里 S 为单个(真实)传感器的数量。

最优问题就是将 2^S-1 种组合分配给目标,方针是使不确定性/代价折中最优。该最优问题表示如下:

$$\min_{(a_{1_i},a_{2_i})} \left[\beta_1 \text{trace}(\hat{\boldsymbol{P}}_1) + \beta_2 \text{trace}(\hat{\boldsymbol{P}}_2) + \lambda \sum_{i=1}^{M}(a_{1_i}+a_{2_i})c_i \right] \quad (5-2-11)$$

这里 β_1 和 β_2 分别表示目标 1 和目标 2 的相对优先级系数，$M=2^s-1$。

考虑以下两种情况：

(1) 无优先权(如 $\beta_1=\beta_2=1$)，假设两个目标具有同等重要性。

(2) 目标有优先权(如 $\beta_1=0.5,\beta_2=1$)，假设目标 2 比目标 1 重要。

最优问题服从约束条件：

$$\left. \begin{array}{l} \hat{\boldsymbol{P}}_1^{-1} = [\boldsymbol{F}\hat{\boldsymbol{P}}_{1_{k/k}}\boldsymbol{F}^{\mathrm{T}}+\boldsymbol{Q}]^{-1} + \sum_{i=1}^{M} a_{1_i}\boldsymbol{I}_i \\ \hat{\boldsymbol{P}}_2^{-1} = [\boldsymbol{F}\hat{\boldsymbol{P}}_{2_{k/k}}\boldsymbol{F}^{\mathrm{T}}+\boldsymbol{Q}]^{-1} + \sum_{i=1}^{M} a_{2_i}\boldsymbol{I}_i \end{array} \right\} \quad (5-2-12)$$

传感行为 i (如 $a_i=1$ 时)带来的信息如下：

$$\boldsymbol{I}_i = \begin{cases} \boldsymbol{H}_i^{\mathrm{T}}\boldsymbol{R}^{-1}\boldsymbol{H}_i, i=1,3 \\ \sum_{j \in C(a_i)} \boldsymbol{H}_j^{\mathrm{T}}\boldsymbol{R}^{-1}\boldsymbol{H}_j, i \geqslant 4 \end{cases} \quad (5-2-13)$$

这里 $C(i)$ 为构成组合 i 的所有传感器的集合(例如 $C(6)=\{2,3\}$)，传感行为 i 的代价简单地表示为在某给定组合中所选择传感器代价的累加和，即

$$c_i = \begin{cases} c_i, i=1,3 \\ \sum_{j \in C(a_i)} c_j, i \geqslant 4 \end{cases} \quad (5-2-14)$$

约束集为

$$\left. \begin{array}{l} \sum_{j=1}^{M} a_{1j} \leqslant 1 \\ \sum_{j=1}^{M} a_{2j} \leqslant 1 \\ a_{ij} \in \{0,1\} \\ 0 \leqslant \lambda \leqslant 1 \end{array} \right\} \quad (5-2-15)$$

为了保证在某一时刻同一个传感器不被分配给两个目标，增加以下约束：

$$C(a_1^*) \cap C(a_2^*) = \phi \quad (5-2-16)$$

这里 (a_1^*,a_2^*) 是上述给定最优问题的解。上述两种情形的最优更新策略如图 5-2-11～图 5-2-13 所示。注意当目标重要程度相同时，传感器对它们的关注程度相同，差别在于目标的运动特性，主要是速度，目标速度越高，更新速度越高。当目标优先级不同时，目标 2[见图 5-2-12(b)]要比目标 1[见图 5-2-12(a)]的更新速度快。

传感器管理与如何最优协调和组织传感资源的使用有关，即使资源协同共用以改善信息融合过程。传感器管理器基于环境信息进行选择来收集更多信息，它分配并引导传感器实现使命任务，或调节参数来实时改善传感过程的效能。与静态策略相比，自适应管理有助于减少稀有资源的使用，而保持系统性能在可接受的范围内。

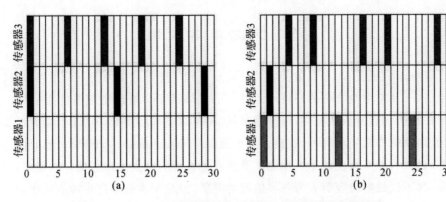

图 5-2-11 三个传感器跟踪双目标(无优先级)的更新速率
(a)目标1；(b)目标2

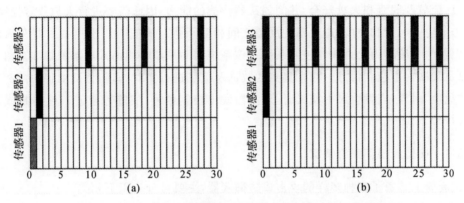

图 5-2-12 三个传感器跟踪双目标(有优先级)的更新速率
(a)目标1；(b)目标2

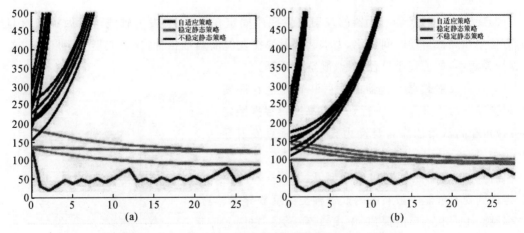

图 5-2-13 三个传感器跟踪双目标的折中代价/性能
(a)有优先级；(b)无优先级

5.3 火力兼容控制

随着军事技术的进步,海军装备技术的日益发展和舰艇作战能力的不断增强,现代海战已演变为水上、水下及空中全方位的高技术条件下的立体战争。舰艇上配备的对空、对海、对潜等武器系统的种类和数量愈来愈多,密度越来越大,控制越来越复杂。由于舰载武器系统互相干扰,不仅武器系统作战效能降低,舰艇人员也面临新的安全威胁。如何解决舰艇武器协同使用安全问题,已成为急需解决的重要课题。既要充分发挥舰载火力武器的作战能力,又要保证舰艇的安全,这不仅是解决舰艇火力兼容的问题需要,也是军事技术进步的必然产物。

舰艇武器发射时首先要保证舰艇自身的安全,特别是新型舰艇上武器装载密度大、布置相对紧凑,各种武器同时使用时,外弹道交叉的矛盾更为突出。当前的武器射弹爆炸威力都很大,互击后会危及舰艇和人员安全,并削弱武器作战的能力,因此需要进行火力兼容控制,找出武器射击危险的时间和空间,避免本舰武器之间相互干扰。舰艇上用于控制武器在活动安全射界内发射的系统称为火力兼容控制系统。该系统自动采集各舰面武器系统瞄准全角和相关信息,以及武器射击控制信号。对采集到的数据及信息进行实时处理,分别求解两两武器间射击时的"危险"射界,当发生火力交叉时,对武器发出控制信号,实施停射或避让控制或发出告警信号。

5.3.1 典型武器不兼容情况

现代舰艇上装备了多种多样的攻击或防御武器,主要可分为以下几类:

(1)固定架发射武器。武器的发射装置固定在甲板上,其发射的方位角和高低角按预先设计的角度固定不动,武器发射后靠射弹自身的动力进行转向或机动,这种武器多为远程导弹武器,如舰对舰导弹等。

(2)旋转式发射武器。武器的发射装置底座固定在甲板上,发射轴线可以做旋和俯仰运动,方位角和高低角随时间变化,力求武器射弹在发射前瞄准目标,这种武器多为舰炮武器或近程导弹武器,如近程小口径舰炮、舰空导弹等。

(3)垂直发射武器。武器的发射装置完全在舰艇内,射弹发射后垂直升空,飞行到一定高度再根据装定的方位角和高低角依靠自身动力转向,如垂直发射导弹、鱼雷等。

任何两种武器之间都可能出现火力不兼容的情况,考虑到现有舰艇一般装备的武器种类为反舰导弹、防空导弹、主/副炮、反潜深弹、干扰弹等 6 类。它们之间相互作用的简要示意图如图 5-3-1 所示。

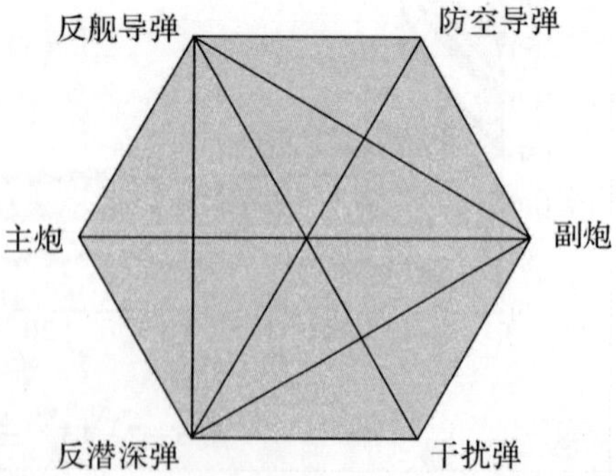

图 5-3-1 典型武器之间相互作用示意图

各武器之间不兼容情况是比较复杂的,如果逐一考虑难度比较大,通过初步分析可以排除某些可能性很小的情况,这样可以集中考虑主要的不兼容问题,以利于问题的顺利解决。

几种武器之间不兼容的典型情况如下：

(1)舰舰导弹和防空导弹使用时，防空弹可能会跟踪舰舰导弹，需要计算所必须的时间差。比如在进行对海导弹攻击之后，马上发现有空中导弹威胁，需要进行防空作战，由于对方的反舰导弹和己方发射的导弹基本处于同一高度，航向相反，如果不进行一定的计算，己方发射的防空导弹可能会跟踪己方发射的反舰导弹，这是非常危险的，也是完全可能的。

(2)反舰导弹、主/副炮之间的影响。反舰导弹速度一般较小，炮弹弹丸的速度较大，如果两者的射界重合，可能会造成炮弹弹丸射击到导弹的情况。需要计算导弹发射一定时间之内不能使用火炮的时间差。

(3)主副炮之间可能存在的相互影响。主炮、副炮两者在防空作战中可能都会使用，尽管两者的使用时机不同，但是存在火力交接的过程，如果不能顺利实现目标交接，要么可能发生两者的弹丸碰撞，要么丧失宝贵的防御时间。

(4)防空导弹和主/副炮之间的影响。主要是它们在防空作战时存在火力交接问题，特别是主炮和防空弹之间，由于射程都比较大，什么时机选择什么武器以及它们的火力交接都是必须考虑的问题，需要进行精确的计算。

(5)干扰弹与其他武器射弹之间的相互影响。干扰弹的使用比较复杂，发射方向多、距离一般较近，有可能会与其他武器之间相互影响。老式舰艇上干扰弹的发射方向比较固定，不能旋回，新型舰艇的远程干扰弹可以旋回发射，这样可能会影响到其他设备的使用。

(6)在编队作战时必须考虑到射弹对友邻兵力的影响。比如射弹头顶飞行，相互处于危险区，某舰施放的干扰弹可能把目标引导到友邻舰艇上，己方舰艇处于己方鱼雷的航路上或搜索区内等情况。

5.3.2 舰艇武器火力兼容控制规则

当判断出武器火力散布区交叉时，需要控制某武器停止发射。这个受控制的武器不是随意挑选的，而是遵循一定的选择规则，称为火力兼容规则。

当两个武器火力交叉危及舰艇和人员安全时，应该控制何种武器，例如防空导弹与舰炮火力交叉，对海导弹与防空武器，等等。火力兼容规则的基本要求是通过对目标的威胁程度、武器的毁伤概率、舰艇的生存概率等因素的分析研究提出的。其基本依据有以下两点。

1. 武器优先级排序规则

舰艇武器系统对不同目标进行射击，当出现火力散布区交叉威胁自身安全，需对武器进行控制时，应停射或避让优先级低的，即当时对威胁相对较小的目标射击的危险武器，目标威胁等级由舰艇指挥系统提供。通常情况下，舰艇武器的优先级排序由高到低依次为：近程反导舰炮武器，电子对抗武器，舰空导弹武器，大口径舰炮武器。

2. 时机优先规则

舰艇武器系统对不同目标进行射击，当出现火力散布区交叉威胁自身安全，需对武器进行控制，其中某一武器发射时机优先时，应停射或避让其他危险武器。如导弹武器发射进入不可逆过程而尚未发射时，若可能发生交叉危险，则需停射或避让其他危险武器。

具体的火力兼容规则有：

(1)近程反导舰炮武器与舰空导弹武器之间。控制舰空导弹停射，火力交叉危险消失后，立即解除对舰空导弹的停射。若舰空导弹已先进入发射不可逆过程时，则对近程反导舰炮停射。

(2)近程反导舰炮武器与电子对抗武器之间。控制电子对抗武器停射,火力交叉危险消失后,立即解除对电子对抗系统的停射。

(3)近程反导舰炮武器与深弹武器之间。控制深弹防御武器停射,火力交叉危险消失后,立即解除深弹防御武器的停射。

(4)舰空导弹武器与电子对抗武器之间。控制电子对抗武器停射,火力交叉危险消失后,立即解除对电子对抗武器的停射。

(5)舰空导弹武器与深弹武器之间。控制深弹武器停射,火力交叉危险消失后,立即解除深弹武器的停射。

(6)深弹武器与电子对抗武器之间。控制深弹武器停射,火力交叉危险消失后,立即解除对深弹武器的停射。

5.3.3 火力兼容控制流程

火力兼容控制一般流程如图 5-3-2 所示。

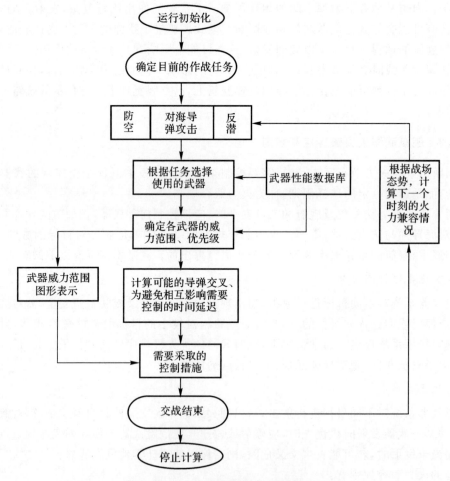

图 5-3-2 火力兼容控制一般流程框图

5.4 电磁兼容控制

信息化条件下的现代战争已逐渐演变为系统与系统、体系与体系的对抗。现代作战舰艇一般都装有多部探测、通信、导航设备,这些设备密集地安装在舰艇的有限空间中,某些设备的工作频段相同或是接近,如果设计、安装或使用不好,在作战使用中它们就可能产生相互干扰,降低装备的战术技术性能甚至使某些装备无法正常工作,严重影响舰艇的战斗力和生命力。20世纪60年代末期,美国"福莱斯特"航母飞行甲板上由于电磁干扰触发飞机上的火箭爆炸,造成损失32架飞机和伤亡134名人员的重大事故。英阿马岛海战中,由于"谢菲尔德"号驱逐舰警戒雷达系统与卫星通信系统的电磁兼容性差,当谢菲尔德号导弹驱逐舰与英国本土通信时恰遇阿根廷飞鱼导弹来袭,直到"飞鱼"导弹近至5km的目视距离时才被舰员发现,一切都为时已晚,最终导致舰毁人亡,引起各国军界震惊。此外国内外还有多起由于电磁不兼容而导致事故的报道,因此对电磁干扰必须采取安全防范措施。要实现舰艇装备的电磁兼容,使各种电子设备正常、有效的工作,需要采取有效的技术措施、加强对电磁兼容的组织管理,最大限度地满足作战系统对电子系统的使用要求,以减小装备间的相互干扰,才能保证舰艇作战能力的发挥和作战任务的完成。

5.4.1 电磁兼容基本概念

1. 电磁干扰

1998年颁布的国家标准《电磁兼容 综述 电磁兼容基本术语和定义的应用与解释》(GB/T 17624.1—1998)中明确:电磁骚扰是指任何可能引起装置、设备或系统性能降低或者对有生命或无生命物质产生损害作用的电磁现象。电磁干扰是指电磁骚扰引起的装置、设备或系统性能的降低。由电磁干扰源发出的电磁能经某种传播途径传输至敏感设备,敏感设备又对此表现出某种形式的"响应",并产生干扰的"效果",这个作用过程及其结果称为电磁干扰效应。在人们的生活中,电磁干扰效应普遍存在,形式各异。如大功率的发射机对不希望接收其信息的高灵敏度接收机构成了灾难性的干扰。干扰效应十分严重,设备或系统失灵,导致严重故障或事故,这被称为电磁兼容性故障。

形成的所有的电磁干扰都是由以下三个基本要素组合而产生的:

(1)电磁干扰源:产生电磁干扰的任何元件、器件、设备、系统或自然现象。

(2)耦合途径(或称传输通道):将电磁干扰能量传输到受干扰设备的通道或媒介。

(3)敏感设备:对干扰能量敏感的接收器受到电磁干扰影响,或者说对电磁干扰发生响应的设备。

相应地,抑制电磁干扰的方法也是从这三要素着手。

2. 电磁兼容

国家军用标准《电磁干扰和电磁兼容性名词术语》(GJB 72—1985)中给出电磁兼容的定义:"设备(分系统、系统)在共同的电磁环境中能一起执行各自功能的共存状态,即:该设备不会由于受到处于同一电磁环境中其他设备的电磁发射而导致或遭受不允许的性能降级,它也不会使同一电磁环境中其他设备因受其电磁发射而导致或遭受不允许的性能降级。"可见,从电磁兼容性的观点出发,除了要求设备按设计要求完成其功能外,还要求设备有一定的抗干扰能力,不产生超过规定限度的电磁干扰。

系统内的电磁兼容性指在给定系统内部的分系统设备及部件相互之间的电磁兼容性。例如,一架飞机可以看作是一个系统,飞机上有雷达也有通信数据链,雷达工作不能干扰通信数据链,反之亦然。系统间的电磁兼容性指给定系统与它运行所处的电磁环境或与其他系统之间的电磁兼容性,影响系统间电磁兼容性的主要因素是信号及功率传输系统与天线之间的耦合。战场电磁环境下的电磁兼容问题主要是要解决自扰和互扰问题,自扰是指系统内各分系统之间的无意识干扰,互扰是指系统与系统之间的无意识干扰。

舰艇电磁兼容是指:在舰艇作战电磁环境下,己方各种用频设备产生的电磁辐射不影响己方装备正常工作的共存状态,即要求同一电磁环境中各装备和各分系统能够正常工作,并不受其他装备的干扰,同时又不对其他装备产生严重干扰。舰艇电磁兼容关注的装备与装备之间的电磁兼容,甚至考虑在一定的空间行动时整个体系的电磁兼容问题。舰艇电磁兼容要求己方通信、雷达、电子对抗等各种系统之间互相兼容,任何一个系统能够承受其他系统产生的合成电磁干扰,同时又要求它不能够产生和其他系统信号组合后对别的系统产生导致性能降级的干扰。因此舰艇电磁兼容考虑的主要是装备之间的电磁兼容问题。

综上所述,电磁兼容性(Electro Magnetic Compatibility,EMC)主要包括两个方面,一方面不产生对其他系统的电磁干扰(Electro Magnetic Interference,EMI),另一方面不易被其他系统产生的电磁辐射所干扰,我们称之为电磁敏感度(Electro Magnetic Susceptibility,EMS)。因此有时认为:EMC = EMI + EMS。

5.4.2 保障舰艇电磁兼容的措施

为了实现战场电磁兼容,需从技术上和组织上两方面采取措施。

所谓技术措施,就是从分析电磁干扰三要素入手,采取有效的技术手段,抑制干扰源,减少不希望有的发射,消除或减弱干扰耦合,增强敏感设备的抗干扰能力,削弱不希望的响应。这就要利用各种抑制干扰技术,包括合适的接地,良好的搭接,合理的布线、屏蔽、滤波和限幅等技术以及这些技术的组合使用,还包括电磁干扰的分析与预测、电磁兼容设计和电磁干扰测量技术等。

除了用技术措施来实现电磁兼容外,还必须采取组织上的措施。为了抑制干扰实现电磁兼容,国际上已成立一系列的组织,还有各国政府及军事部门等,它们制定了一系列电磁兼容的标准、规范与频谱分配,规定了干扰发射的极限值,限制各种设备发射出超过标准的干扰,并使各种系统在指定的频域、时域及空域上工作,尤其是推行强制性电磁兼容认证,以保证电磁兼容的有效实施。

舰艇电磁兼容有其特殊性,有相当多的信息装备的战技指标都是以大功率辐射来实现的。作战时,装备的密集度高,各个装备占用的频带互相交叠,对每一部装备设定电磁兼容指标,从而达到作战系统的完全电磁兼容是不现实的。实现电磁兼容的技术措施与组织措施应该相互结合,统筹考虑。如果从组织上规定的标准过于严格,例如,允许的干扰发射的极限值过低,这将在技术上很难实现或花费很高代价,同时也限制了装备的战技性能。反之,如果组织上规定的极限值过高,许多装备功能得不到保护,必须花费很高代价提高设备的抗干扰能力,甚至受技术水平所限,达不到理想效果。在组织措施上实行舰艇电磁资源管理,在时域、空域、频域、功率域以及调制域对装备实施综合管理,是达到作战系统电磁兼容的重要途径。因此组织措施与技术措施两者必须兼顾,并根据技术水平的提高而相应修改一些标准与规范。

5.4.2.1 装备全寿命电磁兼容管理

为了实现电磁兼容,在舰艇装备的立项、研制、生产到使用的全过程中都需要重视电磁兼容问题,建立起全寿命管理制度。

在装备立项的过程中,要进行严格论证,分析对该装备的频谱支持度。频谱支持度是指在武器装备预期寿命周期(研制、测试、作战运用)中,对支持装备工作的频谱资源的评价。分析该装备与其他装备之间的电磁兼容性,严格落实使用频谱审批制度,全面论证电子信息系统的电磁兼容性能指标。

在装备研制阶段,由于信息化装备是战场电磁环境的源头,必须把好信息化装备的电磁兼容性设计关。设计信息化装备时,考虑到电磁兼容的约束条件。首要的是所研制的系统在给定电磁环境下性能良好,其次应符合有关的电磁兼容标准。电磁兼容主要考虑以下两个方面的问题。

(1)系统不产生对其他设备有影响的辐射干扰和传导干扰,即 EMI 问题。一是要抑制发射机的激励源、振荡器、跟踪器等对外的泄漏;二是提高发射信号的频谱纯度,减小带外辐射;三是降低副瓣电平,从空域上降低对其他设备的干扰;四是加强电源滤波,降低对其他设备的传导干扰。

(2)系统应对其他干扰具有一定的免疫力,即 EMS 问题。同降低 EMI 一样,需要从频域、空域和时域来提高装备的抗干扰能力,合理、有秩序地利用和分配频谱资源,选配好设备的工作频率范围,因为频率资源有限,使得不同类型的电子设备不得不重复使用某些频段,因而易于造成彼此间的干扰;确定好接收机的载频、中频、中频带宽、本振频率之间的关系,降低互调干扰。

在装备生产过程中,必须严格遵照作战需求,选购器件、采取相应的生产工艺,确保满足电磁兼容指标要求,在出厂交付使用之前,还需要进行全面的电磁兼容性能测试,EMC 特性已成为产品质量的一项重要质量指标。为保证产品的电磁兼容性,最为经济的方法是在产品的设计阶段就进行相关的测试,包括电磁干扰(EMI)与电磁抗扰度或称电磁敏感度(EMS)两个方面。

在装备使用过程中,考虑到电子信息系统使用损耗带来的电磁特性变异情况,应该严格执行装备定期维护管理规定,定期检测各项电磁性能指标,建立并定时更新装备电磁特性数据库。最后,必须根据实际运用和战场环境的变化情况,适时调整指标要求,并以此为依据,确定大修要求和报废标准。

5.4.2.2 干扰隔离技术

通过对电磁兼容分析来看,最为关键的是干扰的抑制,目前干扰抑制在技术上已经有多种方法,其中主要有频域滤波技术、空域屏蔽技术以及时域分隔技术等。

1. 频域滤波技术

不论是辐射的干扰电磁场还是传导的干扰电压、电流都可以分解为不同频谱信号的叠加,因此可通过频域控制方法来抑制干扰的影响,亦即利用系统的频率特性将所需的频率成分加以接收,而将其余的频率成分加以剔除。这就是利用要接收的信号和干扰电磁场所占有的频域不同,对频域进行干扰抑制。频域滤波是干扰防护控制的一个重要方法,根据不同条件,采用不同的方法。

频域滤波主要是利用滤波的方法对从天线、电缆辐合进来的 EMI 信号进行吸收或反射衰减。当电磁干扰覆盖很宽的频谱且频域比较确定,而要接收的信号占据较窄的频谱时,可以采用滤波的方法,即让所需的频率成分通过,而将其余来自干扰的频率成分加以抑制、剔除。滤波器分 LC 滤波器和吸收滤波器两大类。LC 滤波器系利用电抗组成的网络,将不需要的频率成分的能量反射掉,只让所需要的频率成分通过。

2. 空域屏蔽技术

在 EMI 的照射下,电子设备机箱上的任何小孔、缝隙的作用都非常像一个微波腔体中的槽口,能让微波辐射直接激励或进入腔体。EMI 进入电子设备腔体后就会对腔体内的集成电路和一些敏感器件直接作用,产生干扰。因此对于辐射耦合方面的防护来说,EMI 一般是宽带、宽波束信号,要从空域上对其防护,一般的空域滤波、旁瓣对消等并不适用。除了利用天线技术,使设备接收天线主瓣波束宽度尽量得窄,同时降低副瓣电平,减少 EMI 进入接收机的机会外,首先考虑的应是阻止 EMI 侵入设备腔体中。减小空间辐射耦合的防护主要靠屏蔽的方法,金属屏蔽体对高频电磁场的屏蔽原理主要是反射及吸收作用。

屏蔽可以分为电场屏蔽与磁场屏蔽。最常用的屏蔽材料是高电导率的金属材料,如铜、铝等。在工艺上也有多种方法,一般针对不同的环节采用不同的屏蔽措施。当 EMI 的波长与孔缝尺寸相当时,EMI 可以很容易通过这些孔缝进入胶体,所以阻止 EMI 进入胶体主要还应从这些小孔、缝隙入手。此外,还有一些材料与工艺对屏蔽是有效的,如在腔体内壁涂上一层微波吸收材料,吸收腔体内的电磁波,使进入腔体的微波能量很快衰减掉,减少 EMI 对元器件、电路的作用时间,以便保护设备正常工作。在外表面喷涂掺金属粉的油漆,在塑料外壳上镀金属屏蔽层,化学涂镀工艺等。

3. 时域分隔技术

除了采取屏蔽与滤波的方法之外,利用 EMI 的时域与能域的某些特征来抑制其危害,这种技术还可以用来防护强 EMI 对信息化装备的损坏,这种防护是以系统停止正常工作为代价的。

当干扰非常强,不易受抑制,取在一定时域内阵发存在时,通常采用时间回避的方法,即信号的接收与传输在时间上避开干扰的作用,这种方法称为时域分隔技术。采用时间回避的时域防护控制有两种:一是主动时间回避;二是被动时间回避。当信号的出现时间和 EMI 干扰出现的时间有确定的关系,而在时域上可以容易分开时,可采用主动时间回避法。当干扰出现的时间与信号出现的时间无确定的规律、无法预测时,只能采用被动时间回避法,即在瞬时干扰的前期征兆出现时,利用高速电子开关将信号通道、电源切断,使系统暂时停止工作,并将存储的信息迅速转移至非挥发存储器中,待瞬时干扰过去后,再重新使信号通道和电源接通,系统恢复工作。

5.4.2.3 装备使用中的电磁兼容管控措施

随着武器装备信息化的发展,各种军用电磁辐射体,如雷达、通信、导航等辐射源的功率越来越大,数量成倍地增加,频谱也越来越宽,使战场的电磁环境十分复杂。由于频谱资源的有限性、现代战争的时效性,在一定作战空间内,不可能给每一部装备分配完全独用的工作频段、工作时间和作用空间,必然导致互相重叠,产生相互干扰。因此必须统筹考虑,采用空分、时分、码分以及频分的方法来解决。

空分就是通过合理的装备部署,使大功率干扰设备与接收设备保持一段距离,实现空间上的分隔,减小相互间的干扰,从而达到作战装备的电磁兼容。合理地部署电磁辐射设备,主要是根据作战需要,采用空间分散配置的措施,利用电磁波在空中传播时的衰减效应和接收干扰的最小灵敏度要求,尽可能地将干扰波的功率保持在能够引发干扰的水平之下。

时分就是将在作用范围、工作频段发生重叠的装备采用分时工作,相互干扰的设备分隔时间工作,就要规定在一定的时间内关闭一部或一组设备。时分隔控制有两种形式:一种是主动时间分隔,适用于有用信号与干扰信号的出现时间有确定的先后关系的情况;另一种是被动时间分隔,它按照有用信号与干扰信号出现的特征使其中某一信号迅速关闭,从而达到时间上不重合、不覆盖的控制要求。时间分隔法能有效地抵抗对本系统任何形式的干扰信号,但是在干扰的持续期中断接收机的处理,所有的信号都会丢失,抑制了干扰也影响了有用信息的获取。

码分就是采用不同的编码对信号进行调制。它可以使在作用范围、工作频段、工作时间都发生重叠的装备间达到电磁兼容。我们日常生活中使用的CDMA手机就是采用码分,可多人同时打电话,尽管使用同一频率,即使在同一房间也不会产生干扰。

频分就是将在作用范围、工作时间发生重叠的装备分配在不同频段上工作;频分要达到战场电磁兼容,就需要通过有效的战场频谱管理来实现。频谱管理的方法主要有:频率分配和频率指配,自动化无线电频率管理系统,无线电监测,等等。频率分配是指给某一种业务划定一个或一组可以使用的频率范围。在有限的时间和空间里,合理地划分频率的使用权,避免使大量的设备集中在同一个工作频段,是实现电磁兼容的有效保证。对无线电设备指定具体的工作频率的过程就是频率指配,是实现频率管理的最终体现。在进行频率指配时,必须进行干扰预测分析,充分考虑使用环境、作用距离、发射功率、谐波与杂波电平、带宽、发射天线的方向性等因素,并根据业务的性质、可靠性要求确定干扰余量及保护比。自动化无线电频率管理系统是基于计算机技术的频谱管理系统,一般由数据库、频谱规划、EMI分析、频率分配、文件生成等部分组成,根据实时的频谱使用情况,确定各频段设备的工作,是实现频谱管理的有力工具。无线电监测是维护电磁波秩序、实现频谱管理和电磁兼容的重要手段,通过实时地监测,确定频谱的实际使用情况,发现空闲频段、拥挤频段,通过合理的调整设备的工作频率,减少工作在某一频段设备的数量,从使用频率的角度保证电磁兼容的实现。

此外,电磁兼容管控方法还有功率管理。功率管理主要用于管理功率可调的无线电通信发射机。通常无线电通信发射机的发射功率根据通信业务的传输距离和天气情况而确定。一般舰上往往会配置多付无线电通信发射天线,对特定危害性大的天线发射功率进行瞬时管理,不会对本舰的通信能力产生大的影响,但能确保天线辐射的电磁场不对其附近的武器发射的安全性构成危害。

5.5 反舰导弹武器控制

舰载导弹武器系统是安装在舰艇上的导弹及其跟踪器、控制设备的总称。根据它所完成的战斗使命的不同,可分为舰对舰型、舰对地型和舰对空型。

舰载导弹火控系统的基本功能是在各种复杂的战斗环境下实施快速、准确、可靠和安全地发射导弹，使导弹以最优的飞行弹道命中预定的目标。

所谓最优的飞行弹道，是导弹在发射后沿这条弹道飞行时能以最大的命中概率命中预定的目标。在这里，"命中"的含义包括导弹与目标直接相撞或装近炸引信的导弹被目标引爆。

5.5.1 舰载导弹武器系统的组成和功能

舰载导弹武器系统主要由以下各部分组成：导弹、发射装置、导弹射击控制（跟踪、制导）雷达、射击指挥解算系统、导弹发射瞄准（制导参数装定）系统、导弹射前检测设备、导弹发射控制系统、射击坐标稳定系统和射击指挥通信系统，如图5-5-1所示。

在导弹武器系统中，除导弹及其发射装置外，其余部分总称为导弹火控系统或导弹武器控制系统。

导弹武器控制系统各部分的功能如下。

1. 导弹射击控制雷达

导弹射击控制雷达可用来接收指挥员分配的射击目标，对目标进行定位跟踪，实时向射击指挥计算系统提供目标的精确坐标参数；对于发射后需要遥控引导的导弹，导弹射击控制雷达在导弹发射后必须同时跟踪导弹和目标，引导导弹沿最优弹道向目标接近直至命中目标。因此，导弹射击控制雷达，有时也可称为导弹火控雷达或导弹跟踪制导雷达。

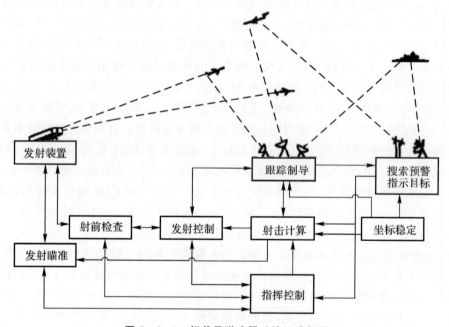

图5-5-1 舰载导弹武器系统组成框图

2. 射击指挥解算系统

射击指挥解算系统在导弹发射前按照指挥员给定的射击计算方式，接收导弹射击控制雷达或其他观测系统传来的目标参数，本舰导航系统送来的本舰运动参数、气象参数和由射击坐标稳定系统送来的本舰摇摆参数，自动连续地计算出导弹武器发射控制参数。

3.导弹发射瞄准系统

导弹发射瞄准系统根据射击指挥解算系统输出的导弹射击控制参数,以自动或半自动的方式控制发射装置和制导参数装定系统,完成随动瞄准和自动装定。指挥员通过射击指挥通信系统协调控制导弹的射击瞄准和姿态瞄准动作。

4.导弹发射前检测设备

按照导弹武器各部位的战斗勤务作业程序,导弹发射前检测设备适时地对导弹进行加电和综合检查测试,完成导弹的发射准备。

5.导弹发射控制系统

当导弹武器发射时机成熟时,导弹发射控制系统提供允许导弹发射的信号。此时,射击指挥员即可通过发射控制系统的逻辑电路,在发射按钮触发信号的控制下触发电源,按发控逻辑程序自动控制导弹发动机点火,完成导弹的发射动作。

6.射击坐标稳定系统

射击坐标稳定系统提供了一个公共的水平稳定的坐标基准,以统一整个导弹武器系统的观测、计算、发射瞄准和制导控制的坐标系统。

7.射击指挥通信系统

射击指挥通信系统用来传送各种战斗指令和报告,使全系统在统一指挥下协调工作。

5.5.2 舰对舰导弹解命中原理和发控参数计算

5.5.2.1 舰对舰导弹的作战过程

目前使用的舰对舰导弹主要是飞航式导弹。除了某些远程导弹在巡航段需要进行引导修正外,大多采用发射后不管(自控+主动末制导)的方式。其作战过程一般包括目标探测和定位、导弹发射火控解算、发射、导弹自控飞行、弹上主动末制导系统开机并截获目标、导弹跟踪并命中目标几个阶段。由于导弹攻击时求取目标运动要素方法与火炮射击基本类似,本节对目标的定位和跟踪不作介绍,而主要介绍舰对舰导弹的解命中问题。

研究舰对舰导弹射击命中原理的目的是寻找一条控制导弹命中目标的理想飞行弹道。所谓理想的飞行弹道是使导弹在发射后沿着这条弹道飞行时,能以最大的命中概率命中预定的目标。导弹射击命中原理所研究的实质问题是分析决定这条理想飞行弹道的控制参数,为舰对舰导弹火控系统进行射击解算提供理论基础。

5.5.2.2 舰对舰导弹射击条件的假设

为了分析和解算方便,对舰对舰导弹的射击条件一般可作如下假设。

1.目标运动规律假设

(1)在导弹自控飞行时间内,目标做等速直航运动,其运动参数(航向、速度)与导弹发射前预测的相同。

(2)对运动速度很小的目标(包括固定目标),可认为目标运动速度等于零。

2.导弹运动参数假设

(1)导弹发射起飞时,先按标准弹道做等加速水平飞行,加速段(时间与距离)是一个常值,然后,导弹做等速直线水平飞行,其巡航速度由导弹发射前预定的最大水平飞行速度确定。

(2) 导弹自控段上的飞行方向与导弹发射前预定的自控飞行方向一致。

(3) 导弹的飞行高度由弹上控制系统独立控制并在发射前预定,巡航高度与导弹射程相比,其数值很小,在求解导弹射击命中要素时,可以忽略高度的影响,即认为导弹与目标都在同一水平面内运动。

3. 发射环境条件假设

(1) 在导弹发射、飞行过程中,不受任何人为的干扰影响。

(2) 导弹在自控飞行区域内,大气温度、密度、风向风速不变,其值与导弹发射前相同。

5.5.2.3 舰对舰导弹解命中问题

1. 舰对舰导弹解命中问题的特点

研究舰对舰导弹射击原理,必须从导弹在其制导飞行过程中具有末制导能力的特点出发。因此,舰对舰导弹在发射瞄准时,首先考虑的问题并不是直接预测导弹与目标在提前点上相遇,而是应保证导弹在完成自控飞行阶段,弹上末制导系统能搜索发现(截获)目标。弹上末制导系统截获目标后,末制导系统跟踪目标并测定目标相对于导弹的视线偏差,弹上制导控制系统自动修正飞行弹道,控制导弹按预定的导引规律飞行,从而使导弹命中目标。故舰对舰导弹解命中的关键是保证导弹末制导雷达可靠截获目标。

2. 搜索扇面

舰对舰导弹末制导系统截获目标的搜索扇面如图 5-5-2 所示。图中,α 为搜索扇面角 ($10°\sim45°$),r_{zd} 为预定导弹末制导作用距离(由火控系统输入),l 为选择波门的宽度。

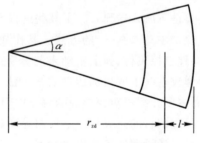

图 5-5-2 导弹搜索扇面

由图 5-5-2 可见,为保证导弹的末制导系统发现和识别目标,搜索扇面在方向上以搜索轴为基准将向左右各扫掠一个扇面角 α,在扫描距离上设置一个距离选择波门范围(波门宽度为 l)。显然,只有当导弹末制导系统的搜索扇面套住目标时才有可能使导弹末制导系统搜索发现目标,而且目标的位置越靠近搜索区域的中心,其被发现的概率就越大。因此,理想的搜索态势应当使目标正好落在末制导系统搜索区域的中心,即目标应当位于搜索扇面的轴线上,它离导弹的距离正好等于导弹火控系统向末制导系统输入的预定的作用距离(r_{zd})上。距离选择波门的宽度用来保证在一定的发现概率条件下,在距离上选择所需打击的目标。在舰对舰导弹在末制导系统截获目标后,便自动转入自导飞行阶段。导弹的自导飞行轨迹将按导弹制导控制系统给定的规律变化,当导弹飞行弹道发生偏差时,末制导系统将从目标相对于导弹的位置和视线方位角的变化中解调出自导控制信号并控制导弹舵机自动修正导弹的轨迹,按命中概率最高的飞行弹道飞向目标。

3. 舰对舰导弹射击命中原理

根据上述舰对舰导弹射击制导命中目标的特点,按照向量的形式作出它的射击命中原理图,如图5-5-3所示。

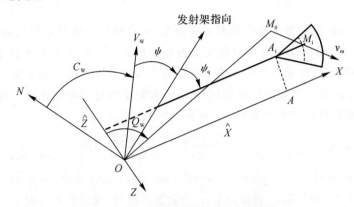

图 5-5-3　舰船导弹射击命中原理图

图中,我舰以航速 V_w、航向 C_w 运动,目标以航速 V_m 航向 C_m 运动。导弹发射瞬间位于 O 点,目标位于 M_0 点,OM_0 为目标现在距离,记为 R,我舰舷角为 Q_w。导弹发射架为固定式,其指向在水平面上的投影与我舰航向间夹角(称为水平面上发射角)为 ψ,与导弹射击方向的夹角(称为前置航向角)为 ψ_q。导弹发射后先沿发射架方向飞行一小段距离,助推器脱落,然后按前置航向角拐弯,最后按射击方向飞行,直到自控飞行段结束,到达 A_i 点,此时目标运动到 M_i。因此,A_iM_i 应为自导作用距离 r_{zd}。导弹在自控段的飞行弹道是环境温度 τ、风速 W、风向 λ、导弹速度 V_d、自控飞行时间 t_{zk}、前置航向角 ψ_q、水平面上发射角 ψ 和我舰航向 C_w 的函数。它通常分解为射击方向和侧向2个分量,记为 $\hat{X}$ 和 $\hat{Z}$,由对导弹的弹道实验数据进行回归分析后得到的公式进行计算。

根据射击命中原理图可以得出如下向量关系式,即

$$\boldsymbol{OM}_0 + \boldsymbol{M}_0\boldsymbol{M}_i = \boldsymbol{OA} + \boldsymbol{AA}_i + \boldsymbol{A}_i\boldsymbol{M}_i \tag{5-5-1}$$

现以发射瞬间导弹所在位置为坐标原点 O,以导弹完成转向后保持直航飞行的射击方向为 X 轴,与 X 轴相垂直并指向右方为 Z 轴,在该坐标系中,将向量关系式(5-5-1)进行投影后得到如下射击方程,即

$$\left.\begin{array}{r}R\cos(\psi_q+\psi-Q_w)+KV_mt_{zk}\cos(C_m-C_w-\psi_q-\psi)=\hat{X}+r_{zd}\\ R\sin(\psi_q+\psi-Q_w)+KV_mt_{zk}\sin(C_m-C_w-\psi_q-\psi)=-\hat{Z}\end{array}\right\} \tag{5-5-2}$$

式中:K 为目标机动修正系数,它反映了目标机动而导致在原航向上目标速度的下降,取值为 $0.6 \sim 1$,由指挥员选定;t_{zk} 为自控飞行时间,为导弹发射后,由 O 点起经自控转向后保持直航飞行到 A_i 点的飞行时间;$\hat{X}$ 为导弹弹道的纵向分量,它是导弹自控段飞行弹道在 X 轴上的分量;$\hat{Z}$ 为导弹弹道的侧向(横向)分量,它是导弹自控段飞行弹道在 Z 轴上的分量。

$\hat{X}$、$\hat{Z}$ 对导弹弹道实验数据进行回归计算后得到的解析式进行计算,记为

$$\left.\begin{array}{l}\hat{X}=f_x(\tau,\omega,\lambda,V_d,t_{zk},\psi_q,\psi,C_W)\\ \hat{Z}=f_z(\tau,\omega,\lambda,V_d,t_{zk},\psi_q,\psi,C_W)\end{array}\right\} \quad (5-5-3)$$

由式(5-5-2)、式(5-5-3)进行迭代计算就能求出导弹的自控飞行时间 t_{zk} 和前置航向角 ψ_q。

这里需注意的是：发射架安装在舰艇甲板面上，能直接得到的只是固定发射角 ψ_0 和固定仰角 ϑ_0。它们分别为发射架指向在甲板面上投影与舰首尾线间夹角和发射架导轨与甲板面间的夹角，是在不稳定舰艇参考系中的值。而公式中所需的发射角是水平面上的发射角 ψ，是稳定舰艇参考系中的值。当舰艇有摇摆时，ψ 会随着舰艇的摇摆而变化。因此，ψ_0、ϑ_0 需要将通过坐标变换获取计算公式中所需的 ψ。变换公式为

$$\left.\begin{array}{l}\psi=\arctan\dfrac{\cos\vartheta_0\sin\psi_0\cos\varphi+\sin\vartheta_0\sin\varphi}{\cos\vartheta_0\cos\psi_0\cos\theta+\cos\vartheta_0\sin\psi_0\sin\varphi\sin\theta-\sin\vartheta_0\cos\varphi\sin\theta}\\ \vartheta=\arcsin(\cos\vartheta_0\cos\psi_0\sin\theta-\cos\vartheta_0\sin\psi_0\sin\varphi\cos\theta+\sin\vartheta_0\cos\varphi\cos\theta)\end{array}\right\} \quad (5-2-4)$$

式中：θ 为舰艇纵摇角，规定舰首上仰为正；φ 为舰艇横摇角，规定舰右舷向下为正；ϑ 为导轨俯仰角，发射架导轨与水平面间夹角，规定水平面以上为正。

4. 导弹的发控参数计算

对于发射架固定的导弹来说，导弹的飞行方向和自控段飞行距离的控制主要依靠向弹上装定相应的诸元。它们分别是前置航向角、导弹俯仰角、导弹的倾斜角和自控飞行时间。上述各诸元中，除了自控飞行时间外，其他诸元都关系到导弹的飞行方向。由于导弹的飞行方向受到导弹发射时初始姿态的影响，而导弹的初始姿态受到舰艇摇摆的影响，因此在确定导弹的装定诸元时，需要考虑舰艇的摇摆影响。根据舰艇的纵摇角 θ 和横摇角 φ，经坐标变换可得到以下计算公式，即

$$\sin\gamma=\dfrac{1}{\cos\vartheta_0}(\sin\theta\sin\psi\cos\varphi+\sin\varphi\cos\psi) \quad (5-5-5)$$

$$\Delta\psi=\gamma(\sin\vartheta-K_1\cos\vartheta\cos\psi_q) \quad (5-5-6)$$

$$\psi_{q\Sigma}=-(\psi_q+\Delta\psi) \quad (5-5-7)$$

$$\tan\vartheta_T=\dfrac{1}{\cos\varphi}(\cos\psi_q\sin\vartheta-\sin\psi_q\tan\gamma) \quad (5-5-8)$$

$$\tan\gamma_T=-\sin\psi_q\tan\vartheta-\cos\psi_q\tan\gamma/\cos\vartheta \quad (5-5-9)$$

式中：K_1 为常数；γ 为摇摆中导弹倾斜角；$\Delta\psi$ 为前置航向角摇摆修正量；$\psi_{q\Sigma}$ 为摇摆修正后的前置航向角；ϑ_T 为考虑支架误差后送到弹上的 ϑ 角；γ_T 为考虑支架误差后送到弹上的 γ 角。通过上述各式计算，就能得到弹上的装定诸元。

除此之外，根据作战海区的海况等条件，还需要由指挥员确定并人工输入导弹飞行高度 H_{PI} 和降高度二次平飞高度 H_{PII}，通常情况下，H_{PI} 选择在 15~30 m，H_{PII} 选择在 3~7 m。

5.5.2.4 舰对舰导弹射击的其他问题

1. 确定安全飞行距离

舰对舰导弹是一种杀伤力很大的武器，为保证它在战斗发射时发射舰艇和导弹的安全，防止由于导弹在发射时的强力冲击振动、起飞后的加速、助推器分离、降高机动以及末制导起控

等其他扰动而触发引信误动作引爆战斗部,在发射时必须向弹上战斗部引信系统装定安全飞行距离(解除引信保险的时间),在安全飞行距离范围内,战斗部引信系统处于保险状态。在考虑上述发射安全的同时,还应考虑当导弹在命中目标之前,其战斗部引信系统必须处于解除保险等待引爆状态。由于舰对舰导弹战斗部一般采用直接命中式弹头或兼用过靶近炸式引爆系统,因此,控制导弹战斗部引信系统的安全飞行距离可以近似用相应的解除引信保险时间来表示,即

$$t_n = f_3(d, d_L, V_d, \Delta) \tag{5-5-10}$$

式中:d 为发射距离,$d = \hat{X} + r_{zd}$;d_L 为末制导作用距离;V_d 为导弹的飞行速度;Δ 为保证发射舰安全所需的导弹溅落爆炸距离。

2. 确定发射禁区和危险区

舰对舰导弹虽然是一种精密制导武器,但由于技术的不足,其末制导系统对目标的识别攻击能力存在很大的局限性,这不仅表现在它极易遭受电子干扰,而且表现在它对敌我真假属性缺乏可靠的识别能力。因此,导弹对分布在它末制导系统搜索扇面内的目标,均有可能被自导跟踪乃至命中杀伤。为保证在战斗中我方友邻舰船不被误伤,在舰对舰导弹发射时,应当控制在发射方向上的一定距离范围内没有我方友邻舰船存在,即我方友邻舰船不得进入导弹的发射禁区。

图 5-5-4 所示为舰对舰导弹的发射禁区的示意图。

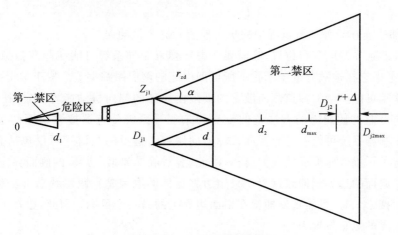

图 5-5-4 导弹发射禁区

由图 5-5-4 可见,舰对舰导弹发射禁区有两个区域。

第一禁区实际上是助推器的坠落区,因为助推器残骸坠落时具有一定的杀伤作用。

第二禁区是导弹末制导起控点至导弹溅落点之间的区域。

第二禁区的范围可以用相应图形的几何参数来描述,最简便的方式就是用第二禁区上能代表一定风险概率的几个特征点来表示。特征点包括近界、远界和近界/远界上的侧向散布位置(近测界、远测界)。第二禁区的近界和导弹自控飞行终点散布及导弹从巡航高度下降至命中目标高度所需的飞行距离有关,即

$$D_{j1} = \hat{X} + d_n - 4E_{x1} \tag{5-5-11}$$

式中：E_{x1} 为导弹在自控飞行终点上的纵向概率偏差，取"一"号是为了安全可靠；d_n 为导弹从巡航高度下降至命中目标高度所需的飞行距离。

第二禁区的近侧界 Z_{j1} 的散布位置为

$$Z_{j1}=\pm D_{j1}\tan\xi \quad (5-5-12)$$

式中：ξ 为导弹自控定向飞行时航迹角散布误差。

第二禁区的远界，通常按导弹在失控脱靶时飞完动力航程 $R_{\max}$ 再滑翔一段时间后到达最大飞行距离溅落点，再加上友邻舰艇机动安全距离 S 而确定。导弹动力航程大体上有一个比较可靠的极限值，但导弹的失控滑翔距离则与飞行姿态、高度和气象条件等有关。因此，第二禁区的实际远界不仅距离较远，而且在数值上难以正确估算。为便于控制第二禁区远界，同时也为了战时友邻舰艇战术机动的方便和导弹技术的安全保密，火控系统应根据作战指挥系统提供的敌我战术态势，向弹上装定导弹自毁距离 d_2（或自毁时间）的控制信号，具有自毁装置的导弹的第二禁区远界 D_{j2}，也就是导弹射击的禁区远界，它可以由自毁距离来决定。导弹自毁距离 d_2 的数值范围为

$$d+V_m t_m+4E_{x2}<d_2<R_{\max}+\Delta R \quad (5-5-13)$$

式中：E_{x2} 为导弹到达预定命中点时的纵向概率偏差；ΔR 为考虑到导弹在巡航速度下降后仍能以一定的过载机动能力自导命中目标的滑翔飞行距离；t_m 为导弹在到达预定命中点所需的飞行时间。导弹的第二禁区远界 D_{j2} 为

$$D_{j2}=d_2+r+\Delta r \quad (5-5-14)$$

式中：r 为友邻舰艇在导弹飞行过程中的机动航程；Δr 为机动误差。

第二禁区的远界侧向散布位置，除需要考虑导弹末制导系统可能在侧向扫掠搜索的范围以外，还需要考虑它在被敌方电子干扰下所可能引起的侧向跟踪偏差。按正常干扰方式，导弹被敌方角度欺骗可能产生的弹道侧向散布的极限由导弹的侧向机动能力决定，比较简单可靠估计导弹侧向可能机动能力的方法是假设导弹末制导系统传感器搜索扇面的边界存在"目标"，则导弹末制导系统可能引导导弹向目标方向跟踪。这里的"目标"不仅包括真实目标，而且包括由于电子干扰效应形成的虚假目标，因此，舰对舰导弹第二禁区的侧面界应当沿制导系统起控时搜索扇面的边界延伸至远界。采用边界延伸的原因是在跟踪状态下丢失目标时，会自动恢复扇面搜索状态，可能重新捕捉在扇面边界上的另一个目标。因此，比较可靠地估计第二禁区侧面远界的散布位置为

$$Z_{j2}=\pm[Z_{j1}+(D_{j2}-D_{j1})\tan\alpha] \quad (5-5-15)$$

式中：α 为导弹末制导系统搜索扇面半角。

如果不考虑存在干扰，射击禁区的侧面远界将可能减小许多。

在导弹射击方向上，位于第一禁区和第二禁区之间区域，是一个危险区，在危险区空中飞行的导弹虽然尚未进入末制导状态，但在这段弹道上将经历加速、降高机动等工作状态的变化，仍有可能发生意外事故而导致导弹坠落或因掠海高度飞行与位于导弹航路上的目标相撞。因此，在一般情况下，友邻舰船不应驶入危险区。

由于舰对舰导弹射击的禁区、危险区等几何参数比较复杂，在战时不便于指挥员指挥控制，因此，可以按禁区的凸点组成的扇形（三角形）来近似描述，例如取发射点为顶点，以侧远界为另两个顶点组成的三角形来划定射击禁区。

5.5.2.5 小结

根据前面对舰对舰导弹射击原理的分析,可知舰对舰导弹火控系统需要解决以下3个问题。

(1)在不考虑发射舰艇摇摆的条件下,按理想优化弹道求解导弹末制导系统搜索扇面中心与目标提前点"相遇"的问题。

(2)处理由于舰艇摇摆和导弹发射姿态和制导控制等坐标系之间不一致对导弹射击控制精度的影响,计算射击控制所需的各种修正量。

(3)根据作战指挥需要、战斗发射安全可靠和快速反应等方面提出的特殊要求,提供一定的辅助作战功能。

前面讨论了舰对舰导弹武器控制系统问题求解的原理数模,在实际过程中必须分析导弹在发射过程中敌我双方的相对位置和运动规律。需要建立一系列与导弹射击控制有关的坐标系。常用的坐标系除原点建立在发射平台上的大地(稳定)坐标系、舰面(稳定与不稳定)坐标系和弹道计算(稳定)坐标系外,还要用到与导弹制导控制系统有关的弹体坐标系和弹道坐标系等。它们的形式在平面上可以是极坐标或直角坐标、在空间上可以是球坐标、柱坐标或直角坐标。

5.5.3 舰对空导弹武器控制原理

5.5.3.1 舰对空导弹的攻击特点

与舰对舰导弹不同的是,舰对空导弹发射后,一般需要由武器控制系统组成的地面站对导弹进行无线电遥控引导(即制导),舰对空导弹的制导方法不同,它们的射击原理也将有所区别。

1. 舰对空导弹采用的制导方法

舰对空导弹采用的制导方法基本上可分为3类,即指令制导、波束制导、自动寻的制导。

(1)指令制导。所谓指令制导是指发射平台用雷达观测目标和导弹运动参数,测出导弹的飞行偏差,按照一定的导引法形成控制指令,用无线电发送给导弹,使其按照规定的弹道飞向目标。

(2)波束制导。波束制导是指控制平台提供控制基准(由雷达发射波束形成),由弹上设备测出导弹与控制基准的偏差并形成控制信号控制导弹飞向目标。

(3)自动寻的制导。自动寻的制导有三种方式,即主动式自动寻的制导、半主动式自动寻的制导和被动式自动寻的制导。

主动式自动寻的制导是制导头装有主动雷达自动寻的系统,可以"发射后不管",是舰对空导弹制导系统的发展方向。

半主动式自动寻的制导是目前广泛使用的一种制导方式,在弹上装有雷达接收机,接收舰上照射雷达发射和经目标反射的连续雷达波信号形成导引信号对导弹进行导引。

被动式自动寻的制导是利用弹上传感器探测目标的物理场形成导引信号,控制导弹跟踪直到命中目标。

2. 舰对空导弹飞行弹道的特点

从射击控制角度看,舰对空导弹的飞行弹道,一般可划分为两个阶段。

发射段:在发射段上飞行的导弹,通常按舰对空导弹火控系统事先给定的发射条件,以程序控制的方式控制导弹飞行,其目的是保证导弹可靠准确地达到理想的制导起控条件。

引导段:导弹从发射段终点开始接受制导站引导遥控飞行,其飞行弹道按制导站给定的导引规律变化,并以尽可能高的概率使导弹与目标在提前点上相遇并杀伤目标。

5.5.3.2 舰对空导弹射击条件的假设

舰对空导弹火控解算时根据具体系统和条件的不同进行如下假设。

1. 目标运动规律假设

(1)对投掷炸弹的飞机有以下几点假设。

1)在空中做等速直线运动。

2)在空中做等加速直线运动。

3)在一定高度上做水平盘旋运动。

4)做俯冲或跃升运动。

(2)对反舰导弹有以下几点假设。

1)在掠海高度上做等速直线运动。

2)做俯冲运动。

在一些先进的舰对空导弹火控系统中,可以事先不对目标运动规律作出具体假设,而从实时采集的目标观测数据中自动拟合出最优的符合目标运动规律的数学模型。由于舰对空导弹绝大部分都在中、近程范围内作战,快速反应是武器系统特别重要的性能,因此,只要在导弹允许的过载能力条件下,应当尽可能简化目标运动规律的模型。

2. 导弹运动参数

舰对空导弹运动规律,需要考虑两个基本因素进行假设:第一是根据导弹实际飞行实验中得到的统计标准弹道数据给出导弹的速度特性;第二是根据导弹的飞行力学性能给定的制导飞行的导引规律。由于舰对空导弹的动力装置几乎全部使用固体火箭发动机,其作战空域面临从接近海面的超低空到 10 km 以上的稀薄大气层的复杂环境,在这个宽广的活动空间内导弹的飞行力学性能有很大差异。因此,实际上使用的导弹飞行弹道,将可能由两种以上不同的导引规律组合而成。例如,在发射时,为防止导弹失控,通常采用目标、导弹和跟踪制导站三者近似成一直线的三点式导引规律。而在导弹接近目标时的末制导阶段,为保证导弹脱靶量小,则采用导弹向目标前置点飞行的比例导引规律。即使导弹在使用同一种导引规律时,也可能在不同高度、不同距离上采用不同的导引规律常数。

5.5.3.3 舰对空导弹解命中问题

1. 舰对空导弹解命中问题的特点

根据舰对空导弹攻击方式的特点,舰对空导弹解"命中"问题的实质是保证导弹的弹上制导装置能可靠地截获目标和使舰面制导站截获导弹,并在截获目标和导弹后,按预定的导引规律以尽可能高的引导概率使导弹命中目标。

舰对空导弹在空中飞行,其飞行弹道可以按射击方向分解成在水平与垂直面内两条投影弹道来分析。若要使导弹在引导段上按预定的导引规律命中目标,就要使导弹在发射段终点上的位置、速度和姿态角等控制参数,同时满足导弹制导系统在水平面和垂直面内进行制导的最佳初始条件即可。

2. 舰对空导弹射击命中原理

(1) 命中原理应解决的基本问题。舰对空导弹射击命中原理应解决的具体问题,基本上有以下几个方面。

1) 导弹发射瞄准时,必须尽可能保证导弹的发射段终点(即制导站对导弹的起控点)以最大概率落在制导波束电轴上(即制导雷达视场的中心)。

2) 导弹在发射段终点上的飞行姿态,应与导弹自导飞行时预定的导引规律相接近,以保证导弹在起控点只用尽可能小的操纵信号控制导弹沿光滑的弹道过渡到引导段弹道飞行,使导弹的引导概率最大。

3) 由射击控制与制导雷达、火控计算机和弹上制导装置组成的制导站,对引导段上飞行的导弹按相对于目标的空间态势,提供实时的制导信息,使导弹尽可能沿着理想的命中弹道飞行,以尽可能小的脱靶量命中目标。

4) 向射击指挥员提供必需的辅助作战功能,其中包括估算舰对空导弹的杀伤区、发射区包络(作战空域边界的标志)、开火时机和制导持续时间等。

(2) 解命中问题的几何关系。解命中的几何关系如图 5-5-5 所示。

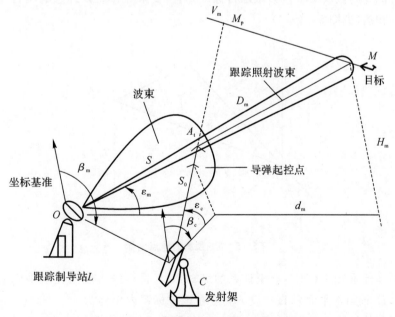

图 5-5-5 舰对空导弹武器的射击原理

图 5-5-5 中: O 为制导雷达及坐标原点所在位置; C 为发射架位置; M_0 为导弹发射时目标位置坐标 (M_0 坐标为 $D_0, \varepsilon_0, \beta_0$); β_c 为导弹发射瞄准角; ε_c 为导弹发射高低瞄准角; A_t 为导弹发射段终点(起控点); M 为导弹到达 A_t 点时的目标位置; M_p 为相遇点位置。

设射击基线(观弹距离)为 $OC=l$, 高度为 H_0, 导弹发射段长度为 S_0, 导弹在起控点的姿态角与发射姿态角相同, 导弹起控点的位置取决于发射瞄准角和发射段长度 S_0。导弹的射入时间一般为 3~6 s, 它是一个常量。为遮盖射入误差保证导弹被舰面制导雷达截获, 使导弹可靠地起控, 舰面制导雷达对导弹采用宽波束照射。根据舰空导弹解命中的特点, 舰对空导弹发射的基本要求如下:

1) 确定发射瞄准角 (β_c, ε_c), 使 OA_tM 为一直线。

2) 确定 (β_t, ε_t), 使弹上制导雷达电轴指向目标 M, 即弹轴与弹目视线 A_tM 间水平投影角为 β_t, 垂直面投影角为 ε_t。

导弹按火控系统给定的初始视线角 (β_t, ε_t) 在起控点上截获目标后, 导弹便在制导系统引导下沿预定导引规律飞行, 直到在目标提前点上与目标相遇杀伤目标。

(3) 确定射击控制参数。舰对空导弹武器所需计算的射击控制参数, 按它们的用途可区分为 3 大类, 即舰对空导弹发射瞄准控制参数、导弹制导飞行控制参数、射击指挥控制参数(辅助作战功能战术数据)。具体说明如下。

1) 舰对空导弹发射瞄准角。如图 5-5-5 所示, 假设目标做等速直线运动, 发射舰采用单站跟踪制导雷达进行射击控制和制导。

导弹以方位瞄准角 β_c 和高低瞄准角 ε_c 发射。在正常的发射条件下, 导弹的发射瞄准角 (β_c, ε_c) 应能保证导弹到达发射段终点(起控点)时, 舰上跟踪制导雷达能同时观测跟踪导弹和目标, 即 OA_tM 应当是一条直线。此外, 导弹发射瞄准时给定的导弹空间姿态角, 在 A_t 点上正好能以尽可能高的截获概率搜索跟踪目标。并且, 要求导弹能以理想的飞行弹道在预测的炸点上与目标相遇(见图 5-5-6)。

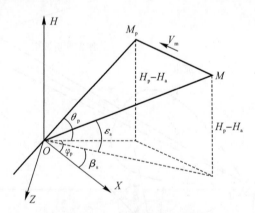

图 5-5-6 预测的炸点坐标

建立火控坐标系 $O-XHZ$, 取坐标系的纵轴 X 与目标进入航路在水平面上的投影相平行, 指向相反, H 轴与水平面垂直。设 M_0 点在该坐标系内坐标为 $M_0(D_0, \varepsilon_0, \beta_0)$, 预测目标在导弹起控时刻的位置坐标为 $M(X_m, H_m, Z_m)$, 预测导弹命中目标时炸点的坐标为 $M_p(X_p, H_p, Z_p)$, 则有

$$\left.\begin{aligned}x_m &= x_0 + V_{m\chi} t_a \\ H_m &= H_0 + V_{mH} t_a \\ z_m &= z_0\end{aligned}\right\} \quad (5-5-16)$$

$$\left.\begin{aligned}x_p &= x_0 + V_{m\chi} t_p \\ H_p &= H_0 + V_{mH} t_p \\ z_p &= z_m\end{aligned}\right\} \quad (5-5-17)$$

式中：$V_{m\chi}$、V_{mH} 为目标速度 V_m 在 X 轴、H 轴上的分量；t_a 为导弹从发射到起控点的飞行时间；t_p 为导弹从起控点到预测炸点所需的飞行时间。设导弹在起控点上的坐标为 $A_t(x_a, H_a, z_a)$，则

$$t_p = \frac{1}{V_d}\sqrt{(x_p - x_0)^2 + (H_p - H_a)^2 + (z_p - z_a)^2} \quad (5-5-18)$$

式中：V_d 为导弹平均速度。

由式(5-5-17)和式(5-5-18)迭代可求解有关参数。显然，设导弹在起控点上的姿态角为 (ψ, θ)，其中 ψ 为偏航角，θ 为俯仰角，则

$$\psi = \arctan \frac{-z_p}{x_p} \quad (5-5-19)$$

$$\theta = \arctan \frac{H_p}{\sqrt{x_p^2 + z_p^2}} \quad (5-5-20)$$

舰对空导弹在发射时，除必须使导弹的起控点位于斜距视线 OM 附近外，同时，又必须使导弹在起控点上满足上述空间姿态角的要求。从离开发射架飞到起控点，导弹将受到重力、风力、发动机推力和发射舰牵连运动的作用。由于发射架与跟踪制导雷达之间的基线距离与导弹射击距离 D 相比，是一个很小的量值，导弹飞行速度要比风力和发射舰的牵连运动速度大许多倍，而导弹发动机的推力则主要受发动机火药温度变化的影响。因此，这些因素对导弹发射段弹道的姿态角的影响，都可以用一阶近似的小修正量来描述。对于重力的作用，由于它不仅与导弹本身的质量有关，而且与导弹俯仰姿态角有关，因此，控制舰对空导弹发射的稳定发射姿态瞄准角 (β_c, ε_c)，将可用下式来表达，即

$$\left.\begin{aligned}\beta_c &= \psi + \Delta\varphi_1 + \Delta\varphi_2 + \Delta\varphi_3 + \Delta\varphi_4 \\ \varepsilon_c &= \theta + \Delta\varepsilon_1 + \Delta\varepsilon_2 + \Delta\varepsilon_3 + \Delta\varepsilon_4\end{aligned}\right\} \quad (5-5-21)$$

式中：$\Delta\varphi_1$、$\Delta\varepsilon_1$ 为发射基线修正量；$\Delta\varphi_2$、$\Delta\varepsilon_2$ 为风力修正量；$\Delta\varphi_3$、$\Delta\varepsilon_3$ 为发射舰牵连运动修正量；$\Delta\varphi_4$、$\Delta\varepsilon_4$ 为发动机药温修正量；$\Delta G\cos\varepsilon_c$ 为重力修正量。

2) 舰对空导弹导引头天线电轴预定角。由于导弹按导引规律采用向目标提前点发射，使导弹射入起控点时导弹的速度向量按理想的最优弹道指向预测命中目标的炸点。此时，导弹实际的弹体纵轴指向，将偏离导弹在起控点上观测目标实际位置的视线方向。为使导弹在起控点上能及时、准确、可靠地截获到目标，就必须使弹上导引头天线的电轴瞄准目标点 M 的散布中心，这就必须在导弹发射时向弹上制导系统提供导引头天线电轴相对于弹体纵轴的初始视线角——方位预定角 β_t 和高低预定角 ε_t 信号。

求解的基本思路是先求解出在火控坐标系中的空间视线角坐标，通过坐标变换求解初始视线角，如图 5-5-6 所示。

设导弹在起控点上观测目标 A_tM 的空间视线在 $O-XHZ$ 坐标系内的视线方位角和视线

高低角分别为 β_s 和 ε_s，则

$$\left.\begin{array}{l}\beta_s = \arctan \dfrac{-(z_m - z_d)}{x_m - x_d} \\[2ex] \varepsilon_s = \arctan \dfrac{H_m - H_d}{\sqrt{(x_m - x_d)^2 + (z_m - z_d)^2}}\end{array}\right\} \qquad (5-5-22)$$

由于导引头天线的控制坐标的基准是弹体坐标系，导引头天线必须按弹体坐标系调转一个方向预定角 β_t 和 ε_t，以便使天线电轴指向视线 A_tM 方向重合。

取视线 A_tM 上单位向量在火控计算坐标系各轴上的投影为

$$\left.\begin{array}{l}x = \cos\beta_s \cos\varepsilon_s \\ H = \sin\varepsilon_s \\ z = -\sin\beta_s \cos\varepsilon_s\end{array}\right\} \qquad (5-5-23)$$

弹体坐标系 (X_d, Y_d, Z_d) 与发射舰火控计算坐标系 (X, Y, Z) 各轴之间，相差导弹空间姿态角 (ψ, θ, γ)。将视线单位向量在火控计算坐标系的各投影分量转换成在弹体坐标系中的分量，利用方向余弦矩阵 $\boldsymbol{A}$ 进行坐标变换可得

$$\begin{bmatrix}X_d \\ Y_d \\ Z_d\end{bmatrix} = \boldsymbol{A}\begin{bmatrix}X \\ Y \\ Z\end{bmatrix} \qquad (5-5-24)$$

$$\boldsymbol{A} = \begin{bmatrix}\cos\theta\cos\psi + \sin\theta\sin\gamma\sin\psi & \sin\theta\cos\gamma & -\cos\theta\sin\psi + \sin\theta\sin\gamma\cos\psi \\ -\sin\theta\cos\psi + \cos\theta\sin\gamma\sin\psi & \cos\theta\sin\gamma & \sin\theta\sin\psi + \cos\theta\sin\gamma\cos\psi \\ \cos\gamma\sin\psi & -\sin\gamma & \cos\gamma\cos\psi\end{bmatrix}$$

若将上述表达式展开，可得

$$\left.\begin{array}{l}x_d = \cos\varepsilon_s \cos\beta_s (\cos\theta\cos\psi + \sin\theta\sin\gamma\sin\psi) + \sin\varepsilon_s \sin\theta\cos\gamma + \\ \qquad \cos\varepsilon_s \sin\beta_s (\cos\theta\sin\psi - \sin\theta\sin\gamma\cos\psi) \\ y_d = \cos\varepsilon_s \cos\beta_s (\sin\theta\sin\gamma\sin\psi - \sin\theta\cos\psi) + \sin\varepsilon_s \sin\theta\cos\gamma - \\ \qquad \cos\varepsilon_s \sin\beta_s (\sin\theta\sin\psi + \cos\theta\sin\gamma\cos\psi) \\ z_d = \cos\varepsilon_s \cos\beta_s \cos\gamma\sin\psi - \sin\varepsilon_s \sin\gamma - \cos\varepsilon_s \sin\beta_s \cos\gamma\cos\psi\end{array}\right\} \qquad (5-5-25)$$

视线上单位向量 $\boldsymbol{I}$ 在弹体坐标系各轴上的投影分量，还可以采用直接投影方法得到，这时的投影分量表达式为

$$\left.\begin{array}{l}x'_d = \cos\varepsilon_i \cos\beta_i \\ y'_d = \sin\varepsilon_i \\ z'_d = -\cos\varepsilon_i \sin\beta_i\end{array}\right\} \qquad (5-5-26)$$

由于同一条视线在同一个弹体坐标系中的各投影分量应该是相同的，因此有

$$\begin{bmatrix}x'_d \\ y'_d \\ z'_d\end{bmatrix} = \begin{bmatrix}x_d \\ y_d \\ z_d\end{bmatrix}$$

由此可得导引头天线预定角有关的公式为

$$\left.\begin{array}{l}\sin\varepsilon_i = y_d \\ \tan\beta_s = \dfrac{-z_d}{x_d}\end{array}\right\} \qquad (5-5-27)$$

考虑到实际视线的方向与舰对空导弹的发射飞行方向之间夹角不大,用上述公式计算导引头天线预定角时只取主值范围内的数值即可,将式(5-5-25)代入式(5-5-27)可得舰对空导弹发射时导引头天线的预定角,即初始视线角。

3)其他参数。

A. 导引头速度门(目标径向速度)多普勒预定信号。舰对空导弹的作战环境,一般均面向多目标或集群目标的威胁,为保证舰对空导弹能有选择地拦截威胁等级较高的指定目标,导弹的导引头天线电轴除按照预定角(β_t, ε_t)方向搜索外,在径向上还必须利用指定目标的运动特征信号加以识别。舰对空导弹是半主动制导的导引头,由于目标相对于导弹在起控点上的径向速度使制导无线电波的返回频率发生变化,形成多普勒频率,在导引头接收电路中设置有一个与上述多普勒频率相对应的速度门,只要导引头实际接收到的目标反射波信号中解调出的多普勒频率落在预定的速度门范围内,即可认为导弹已搜索发现所指定的攻击目标。在导弹起控点上,目标相对于导弹的径向速度为V_{mx},即$\dot{D}_m$与多普勒频率f_d及制导波工作波长λ的关系为

$$f_d = \frac{2V_{mx}}{1\ 000\lambda} \tag{5-5-28}$$

式中:λ单位为m,目标径向速度V_{mx}可根据目标现在坐标上的速度向量预测得到。

B. 导弹初始航向误差修正信号。为保证快速反应,舰对空导弹一般采用向目标提前位置概略瞄准发射。采用概略瞄准,自然会使导弹在发射时实际的初始航向与火控系统计算出的理想初始航向之间存在误差。虽然导弹具有自动引导能力,一般情况下,导弹会在截获目标后自动消除初始航向误差的影响。但当射程较近时(在射击位于近界附近的目标时),导弹发射时初始航向误差的存在,会使导引精度下降,使导弹与目标交会时脱靶量增大,影响导弹命中目标。为此,导弹火控计算机应计算出导弹的初始航向误差信号,并将这个信号送入导弹的航向控制回路,控制导弹的方向舵与俯仰舵预定一个修正舵角,以便导弹在发射离轨后,自动沿理想的、准确的航向飞行。

C. 导弹初始倾斜稳定修正信号。为便于对导弹的制导,舰对空导弹一般采用双平面(垂直面、水平面)控制,为保证弹道控制的准确性,通常不允许导弹在倾斜状态下发射。但是,舰对空导弹装备在舰艇上,如果一定要保证导弹只有在不倾斜的条件下才能发射,那将使舰对空导弹的发射机会大大减少。为使舰对空导弹在倾斜状态下仍能实现发射,导弹火控系统必须实时计算出导弹发射的初始倾斜稳定修正信号,并将这个信号送入导弹的保持倾斜稳定的控制回路中,使导弹副翼舵面预置一个修正初始倾斜所需的舵角,以便导弹在发射离轨后在预置修正舵角的操纵下,使弹体自动恢复到倾斜状态角等于零的正确飞行状态。

导弹初始倾斜稳定修正信号是依靠测定导弹(舰体)瞬时倾斜角,并根据导弹副翼舵机在发射段上的操纵性而计算出来的。

D. 导弹制导控制坐标的扭转角信号。对目标与导弹的跟踪引导由舰面设备提供制导信息,而控制导弹执行的修正飞行弹道的任务,则由弹上制导控制系统来完成。舰面制导设备在执行跟踪引导时,是按舰面射击坐标系作为参考基准的,而导弹在执行控制修正飞行弹道时,是按弹体坐标系作为参考基准的。这两个坐标系在执行导弹制导任务时必须协调一致,才能保证对导弹实现精密制导。

当导弹在发射后攻击空中目标时,由于目标与导弹的运动,舰面跟踪制导站的射击坐标系与弹上的制导控制坐标系之间将发生相对扭转运动,这种坐标扭转会使两个坐标系的基准方向不一致,从而使制导控制产生附加的控制误差。

对具有倾斜稳定控制回路的导弹飞行控制系统而言,坐标扭转主要影响导弹的倾斜稳定性。因为方位与俯仰方向上的影响,原则上会被相应的航向与俯仰制导控制系统自动检测与补偿修正。但是,如果由于坐标扭转使弹体坐标相对于舰面制导站射击坐标系发生倾斜,将使导弹的航向与俯仰制导信号发生畸变,而影响正常的制导动作。因此,为保证对导弹的精密制导,就必须向导弹提供制导控制坐标的扭转角信号。

导弹制导控制坐标扭转角,实质上是由于舰面制导站跟踪目标时的方位角变化而引起的,其值可以用下式来计算:

$$\tau = \int_0^t \frac{\mathrm{d}\beta_\mathrm{m}}{\mathrm{d}t} \sin\varepsilon_\mathrm{m} \mathrm{d}t \tag{5-5-29}$$

E. 导弹制导控制系统的参数校正指令信号。舰对空导弹的飞行弹道是一条可控弹道。在理想弹道上飞行的导弹,弹上控制系统在导引头控制下按尽可能减小脱靶量的要求自动控制导弹的各个操纵面(方向舵、升降舵、副翼),依靠空气动力的作用修正飞行的弹道。由于导弹飞行的自动控制过程离不开导弹、目标与舰面制导站之间的空间视线几何关系和大气高度、密度等参数的影响。随着导弹飞行距离相对目标由远到近,要求导弹对弹道的控制修正的反应能力应越来越强;导弹向目标接近时,其飞行高度也随之变化,促使导弹在不同高度上由于大气参数的不同,而引起飞行力学性能的显著改变。为了保证导弹在飞行弹道上始终具有良好的反应能力,就可控飞行力学性能,使导弹在自动寻的制导飞行过程中,保持比较理想的操纵品质,火控系统应实时估计导弹发射后的飞行高度变化,向弹上控制系统提供不同的制导飞行规律和选用控制系统的最佳校正参数,以保证制导系统始终具有对飞行中的导弹进行快速准确的修正控制能力,确保导弹能精确命中目标。

F. 导弹允许发射的瞄准误差。为保证舰对空导弹的快速反应,导弹采用概略瞄准方式发射。为修正由于概略瞄准带来的射击误差,舰对空导弹火控系统需要计算导弹初始航向误差和初始倾斜误差。但是,考虑到实际的上述修正误差的执行过程是一个随机的动态过程,修正误差不仅需要一定的时间,而且修正动作总会存在一定的残留误差,显然,只有这种瞄准误差不超过某一限度,导弹在发射后才能以满意的概率截获目标。为便于舰对空导弹的发射瞄准控制,导弹火控系统计算机应当根据导弹发射瞄准的实际条件,预测出一个允许发射的瞄准误差的边界条件,以便与实际残留的瞄准误差作比较,只要瞄准操作残留的实际误差不超出允许发射的瞄准误差的边界条件,即可控制导弹及时发射。

导弹允许发射瞄准误差的边界条件,可以通过电子视频显示器显示。最方便的一种形式就是根据上述边界条件的特征参数,用一组电子标志线显示,形成一个电子瞄准光栅。导弹发控操作手即可利用这个电子瞄准光栅,作为发射瞄准的参考基准,控制导弹瞄准发射。

G. 导弹允许发射的包络(允许发射区域)。舰对空导弹发射时,必须事先估计到发射出去的导弹要能在导弹武器战术技术性能所许可的条件下命中杀伤目标。导弹命中杀伤目标的空间分布范围,可以用舰对空导弹的杀伤区来描述。

舰对空导弹杀伤区是指舰对空导弹的有效射击距离、射击方位和射击高度所确定的一个空间范围。在杀伤区内,导弹武器系统在技术上可以保证对位于杀伤区内的指定目标,以不低于规定的命中概率进行杀伤。

舰对空导弹的杀伤区如图 5-5-7 所示。

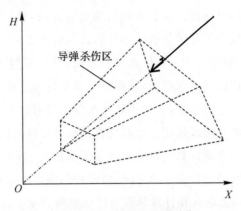

图 5-5-7 舰对空导弹杀伤

图 5-5-7 中导弹杀伤区的近界主要取决于导弹发射段的长度(起控点斜距),杀伤区的远界主要决定于导弹的最大射程,杀伤区的低界和高界,主要决定于导弹允许的飞行高度。对导弹杀伤区边界参数有影响的还有舰面制导站的允许工作范围。另外,舰面跟踪制导雷达天线视界会使制导跟踪出现盲区,发射装置发射瞄准角的有效射界会使导弹实际发射方向受到一定的限制。综合这些因素,即可定出舰对空导弹的杀伤区。

由于舰对空导弹杀伤区是一个立体空间图形,为了便于分析和实际使用,习惯上常用杀伤区在射击方向上的垂直面和目标飞行高度上的水平面的截割剖面图形来表示。在垂直面内的剖面图称为导弹在垂直面内的杀伤区,在水平面内的剖面图称为导弹在水平面内的杀伤区。

舰对空导弹的允许发射包络(允许发射区)是与导弹杀伤区类似的一种空间图形。它所代表的意义是位于允许发射区范围内的目标,导弹发射后均可以在杀伤区内以不低于规定的命中概率将目标命中并杀伤。而位于导弹允许发射区外的目标,导弹将不能以规定的命中概率杀伤目标。因此,目标进入导弹允许发射区,是控制导弹发射的必要条件。

舰对空导弹允许发射区,也可以用垂直面内的发射区和水平面内的发射区来描述。图 5-5-8 所示为舰对空导弹在垂直面内的杀伤区和允许发射区的示意图。

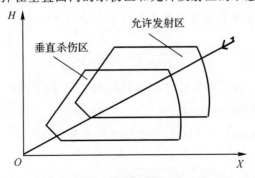

图 5-5-8 舰对空导弹在垂直面的允许发射区和杀伤区

舰对空导弹的允许发射区的形状,除取决于导弹的杀伤区外,还与目标的战术技术性能有关。由于防空作战要求快速反应,因此,在战时舰对空导弹火控系统结合目标特性,计算出导弹允许发射区的特征参数(边界条件),是极为重要的一项内容。

判断目标在射击平面内是否进入发射区的最简便的方法,就是预测导弹发射点与目标命中点之间的斜距是否等于或小于导弹杀伤区远界的杀伤斜距和大于导弹杀伤区近界的杀伤斜距。因为,如果预测的命中斜距大于杀伤区远界斜距时,导弹的射程将够不上目标命中点,如果预测的命中斜距小于杀伤区近界斜距时,导弹将来不及射入起控点。在这两种情况下,导弹均不可能命中目标。为便于作战指挥,上述预测导弹命中斜距的方法,可以采用反推目标相对于发射点的现在实际斜距的方法来描述。也就是将预测的导弹杀伤区远、近界杀伤斜距,按实时的目标和导弹的机动性能反推计算出目标到达发射区的远、近界上的斜距。只要目标的实时斜距位于导弹允许发射区的远界和近界之间,即可控制舰对空导弹发射。

图 5-5-9 所示为利用杀伤区和计算导弹与目标提前点交会时的遭遇距离来确定允许发射区的一种方法。这时所指的遭遇距离 D_x,就是预测弹目交会点至发射舰的斜距。

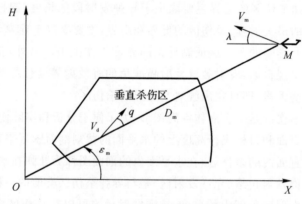

图 5-5-9 计算允许杀伤区的方法

遭遇距离 D_x,可以按导弹平均飞行速度 V_d 和导弹从发射点运动到弹目交会点的飞行时间 t_f 来估计,即

$$D_x = V_d t_f \quad (5-5-30)$$

导弹飞行时间 t_f,取决于目标实时斜距和目标与导弹之间的相对运动,即

$$t_f = \frac{D_m}{V_m \cos(\varepsilon_m - \lambda) + V_d \cos q} \quad (5-5-31)$$

式中:D_m 为目标斜距;ε_m 为目标高低角;λ 为目标俯冲角(向下为正);V_d 为导弹平均速度;q 为导弹速度向量对目标的视线高低角。

将式(5-5-31)代入式(5-5-30),可得预测的遭遇距离为

$$D_x = \frac{D_m V_d}{V_m \upsilon p d(\varepsilon_m - \lambda) + V_d \cos q} \quad (5-5-32)$$

当预测的遭遇距离不大于导弹杀伤区远界时,即可控制舰对空导弹发射。

H. 导弹制导飞行时间。从导弹发射起飞到命中目标,导弹始终处于制导飞行状态,一旦舰面跟踪制导雷达和火控计算机对导弹中止制导,导弹就会失控脱靶。因此,舰面跟踪制导雷达和火控计算机,在没有完成导弹制导飞行命中目标之前,是不允许中止引导或转移火力去跟踪射击其他目标的。为掌握舰对空导弹武器系统舰面跟踪制导雷达和火控系统的战斗工作时间,以及估计舰对空导弹武器转移火力的时机,火控计算机需要对导弹制导飞行时间进行实时计算,提供给射击指挥员和跟踪制导系统的操作手,以保证隐蔽有效地使用跟踪制导雷达。

导弹制导飞行时间取决于导弹的弹道射程,如果用杀伤斜距来估计,则导弹制导飞行时间所对应的命中斜距,一定在杀伤区远界和近界之间。

I. 目标穿越允许发射区时间。舰对空导弹的发射时机,在导弹武器系统战斗准备就绪的前提下,主要取决于目标是否已进入允许发射区。由于导弹制导系统存在各种误差,因此,导弹的单发命中概率均不可能是百分之百的。为确保战斗中可靠地将空中目标击落,舰对空导弹在射击时通常都采用一次齐射 2 发以上的导弹来对付一个空中目标。导弹的齐射或连射均需要花费一定的时间,在齐射或连射时间内目标将飞行相当可观的距离。假如相邻两发导弹的发射间隔时间需要 3 s,以声速飞行的目标将在发射区内飞越约 1 km 路程。如果采用重复装填进行连射,则所需发射间隔时间更远,目标在发射区内飞行的路程将更远,甚至可能穿越允许发射区。预测目标穿越导弹允许发射区时间,将给指挥员选择射击方式、决定对同一目标可能发射导弹的数量提供可靠的根据。

J. 舰对空跟踪制导雷达外推跟踪信号。舰对空导弹中,只有采用主动式或被动式自动寻的方式制导的导弹具有发射后不管的使用特点,其他方式制导的舰对空导弹,它们在发射离舰以后,舰面跟踪制导雷达(或光电跟踪系统)均必须在导弹制导飞行时间内始终对目标和导弹保持跟踪制导状态。鉴于现代舰对空导弹武器作战环境的复杂性,导弹在发射制导飞行过程中,将面临敌方严重的电子对抗环境,导弹和舰面跟踪制导雷达有可能因干扰或战斗操作等意外事故而丢失已经跟踪的目标。为确保在任何情况下不使发射出的导弹失控,维持舰面跟踪制导雷达对目标和导弹的精确跟踪能力,是保证舰对空导弹武器系统战斗有效性的关键。舰面跟踪制导雷达在向火控系统计算机提供目标和导弹信息的同时,还接收由火控计算机外推的目标和导弹的预测位置信息,这个反馈的外推信息将作为舰面跟踪制导雷达的备用控制信号。一旦舰面跟踪制导雷达失去对目标和导弹的跟踪,舰面跟踪制导雷达就转入记忆跟踪制导状态,利用由导弹火控计算机外推的信号控制跟踪目标和导弹,引导导弹沿丢失目标前的弹道继续飞行向目标接近。当在记忆跟踪制导过程中重新搜索跟踪到目标时,舰面跟踪制导雷达恢复原有的战斗工作状态,保证对导弹的精密制导。

5.5.3.4 结束语

在分析舰对空导弹射击原理时,和其他舰载火控系统一样,必然会遇到大量的坐标转换问题。对舰对空导弹火控系统而言,除与舰体观测、计算和发射瞄准等有关的稳定与摇摆的坐标系之外,还会遇到与导弹制导飞行控制有关的弹体、弹道空间坐标系与舰面火控系统所用的坐标系之间的转换运算。

　　为便于舰对空导弹武器系统的作战指挥,舰对空导弹火控系统计算机,还应提供协调导弹和防空舰炮火力、防止误伤空中友邻目标的射击禁区以及确保本舰安全等其他辅助作战功能所需的控制信号。

　　最后必须指出,由于舰对空导弹可能采用不同的制导技术,它们的发射控制所需的战术数据可能有很大差别,其中特别是用于末端点防御系统的低空近程舰对空导弹,最重要的是快速反应。为此,这类舰对空导弹有许多是采用概略瞄准发射,遥控指令方式制导的。导弹射击精度并不要求由发射瞄准参数保证,而主要取决于导弹在引导段上的制导精度。此时,要求遥控指令信号的计算特别精确。

参考文献

[1] 夏惠诚. 舰艇指控系统基础[Z]. 大连:海军大连舰艇学院,2002.
[2] 戴自立. 现代舰艇作战系统[M]. 北京:国防工业出版社,1998.
[3] 潘冠华. 舰艇综合指挥控制系统原理[M]. 西安:西北工业大学出版社,2010.
[4] 董志荣. 舰艇指控系统的理论基础[M]. 北京:国防工业出版社,1995.
[5] 修智宏,张浩. 舰艇指控系统及其作战使用[M]. 广州:海潮出版社,2014.
[6] 刘高峰. 联合作战指挥与控制技术概论[M]. 北京:国防工业出版社,2016.
[7] 吴永杰. 海上舰艇编队系统[M]. 北京:国防工业出版社,1999.
[8] 周宏仁. 机动目标跟踪[M]. 北京:国防工业出版社,1991.
[9] 石章松. 目标跟踪与数据融合理论及方法[M]. 北京:国防工业出版社,2010.
[10] 童志鹏. 综合电子信息系统[M]. 2版. 北京:国防工业出版社,2008.
[11] 王小非. 海上网络战[M]. 北京:国防工业出版社,2006.
[12] ALBERTS D S,HAYES R E. 理解指挥与控制[M]. 赵晓哲,杨健,译. 北京:电子工业出版社,2009.
[13] 杨露菁,余华. 多源信息融合理论与应用[M]. 北京:北京邮电大学出版社,2011.
[14] 王航宇,王士杰,李鹏. 舰载火控原理[M]. 北京:国防工业出版社,2006.
[15] ALBERTS D S,HAYES R E. 信息时代军事变革与指挥控制[M]. 北京:电子工业出版社,2005.
[16] 孙智信,李自力. 世界电子信息装备[M]. 北京:国防科技大学出版社,2001.
[17] 中国军事百科全书编审委员会. 中国军事百科全书:增补[M]. 北京:军事科学出版社,2002.
[18] 蒲星,蒲林科. 美军的网络中心战计划与联合指挥控制系统[J]. 电子科学技术论坛,2005(1):1-4.
[19] 蒲林科,赵宗贵. 美军的联合指挥控制系统(JC2)计划[J]. 现代电子工程,2005(2):1-4.
[20] 王小非. 美军指控系统发展及其对我海军舰载指控系统建设的启示[J]. 舰船电子工程,2010,30(5):1-5.
[21] 谭东风,张辉. 联合指挥控制系统(JC2)的体系与能力[J]. 国防科技,2006(10):31-33.
[22] 石章松,王航宇. 未来海军指控系统在海军网络中心战中的发展及展望[J]. 海军工程大学学报(综合版),2008,5(2):58-63.
[23] 秦继荣. 指挥与控制概论[M]. 北京:国防工业出版社,2012.
[24] 宋跃进. 指挥与控制战[M]. 北京:国防工业出版社,2012.
[25] 宋跃进. 指挥控制与火力控制一体化[M]. 北京:国防工业出版社,2008.
[26] 潘泉,程咏梅,梁艳,等. 多源信息融合理论及应用[M]. 北京:清华大学出版社,2013.
[27] 周献中,郑华利,田卫萍,等. 指挥自动化系统辅助决策技术[M]. 北京:国防工业出版社,2012.

[28] 胡志强.优势来自联合:关于海上联合作战及其系统实现的思考[M].北京:海洋出版社,2012.

[29] 宁凡译.宙斯盾舰:高性能防空战舰的秘密[M].北京:人民邮电出版社,2012.

[30] Committee on C4ISR for Future Naval Strike Groups, National Research Council. 美国未来海军打击群 C^4ISR 系统[M].北京:国防工业出版社,2009.

[31] 董强.指挥所系统[M].北京:国防工业出版社,2012.

[32] 曹雷.指挥信息系统[M].北京:国防工业出版社,2012.

[33] 苏锦海.军事信息系统[M].北京:电子工业出版社,2010.

[34] 尤晓航.国外海军典型 C^4I 及武器系统[M].北京:国防工业出版社,2008.

[35] 邢昌风.海军武器系统[M].北京:海潮出版社,2006.

[36] 高隽.智能信息处理方法导论[M].北京:机械工业出版社,2004.

[37] 王嘉清.信息化条件下海上合成编队防空[M].北京:海潮出版社,2008.

[38] 罗继勋.预警机指挥控制飞机及编队作战原理[M].北京:解放军出版社,2009.

[39] 张鸿海.海上舰艇编队指挥控制系统发展趋势[J].舰船电子工程,1998(1):8-17.

[40] 李瑞.美国海军指挥控制系统未来发展研究[J].舰船电子工程,2013,33(6):6-9.

[41] 刘传波.现代海军指挥控制系统发展趋势及启示[J].舰船电子工程,2014,235(1):8-12.

[42] 陈康.CEC 条件下的舰艇编队防空问题[J].火力与指挥控制,2006,31(4):32-34.

[43] 傅冰,曹渊,肖玉杰.跨平台非制导射弹命中末端火力兼容性判断研究[J].兵工学报,2019,40(2):377-383.

[44] 邱志明,王亮,桂秋阳.舰艇火力兼容技术[M].北京:解放军出版社,2011.

[45] 马永龙.基于全舰计算环境的智能化舰载指控系统技术研究[J].舰船电子工程,2018,38(10):28-33.

[46] 王达,左艳军,郭俊.美国海军新一代水面舰艇作战系统体系架构[J].指挥控制与仿真,2018,40(1):132-140.